女巫 La Sorcière

【目錄】本書總頁數共368頁

第二部

The witches Sabbath, 1880, by Luis Ricardo Falero (1851-1896).
來源：Wikipedia Commons

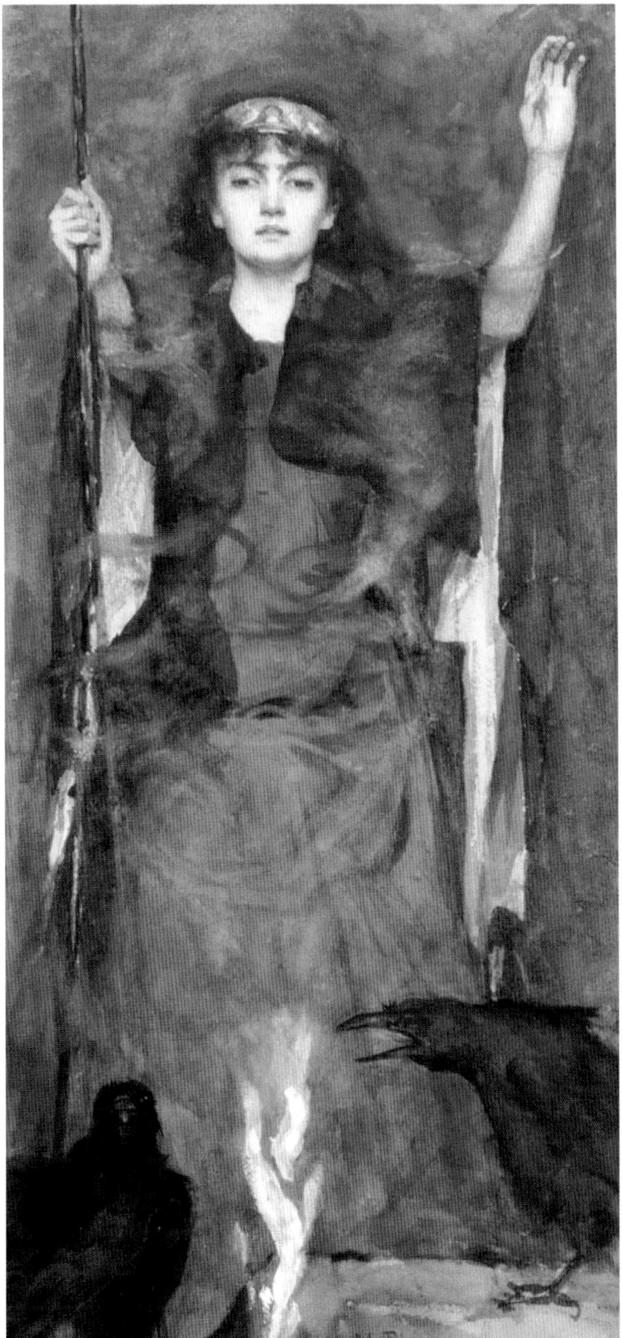
The Sorceress,1898, by Henry Meynell Rheam(1859-1920).
來源：Wikipedia Commons

La jeune sorciere, by Antoine Wiertz (1806-1865). 來源：Wikipedia Commons

The Sorceress , 1913 , by John William Waterhouse (1849-1917).
來源：Wikipedia Commons

La Sorcière bretonne , 1872 , by Robert Wylie. 來源：Wikipedia Commons

L'Envoûteuse , 1883 , by Georges Merle. 來源：Wikipedia Commons

Consultation with a witch MAN Napoli Inv9987（拿不勒斯，國家考古博物館編號9987）, by Dioscoride de Samos. 來源：Wikipedia Commons

Champion des dames Vaudoises , 1451 , by Martin Le France (1410-1461).
來源：Wikipedia Commons

導言

斯普蘭格神父（Sprenger）於公元一五〇〇年前說：「我們應該說女巫異端，而非巫師異端，男巫的數量微不足道。」路易十三世時期也有一說法：「每有一名男巫，就有一千位女巫。」

「是老天（Nature）把她們造就為女巫。」——意指女性基於天性和特質比男性容易成為巫師。她生來即是魅惑人心的仙女。由於情緒時常激昂，她是女先知；由於心中有愛，她是魔法師；由於直覺敏銳、心思靈巧花招百出（往往莫測高深，往往樂於行善助人），她是女巫，施展的魔法至少得以緩解、祛除病痛。

所有原始民族皆有相似的起源，各方的異地奇聞遊記皆有闡述。男人出外狩獵和戰鬥。而女人動腦、想像；她創造出夢想和神祇。她時而洞燭先機；她乘著欲望和夢想之翼自由翱翔。為了更精確掌握四季的更迭，她觀察天象變化。她也同樣傾心大地。她垂眼細賞愛情之花，而自己則是青春正盛的嬌豔花朵。她與群花結為莫逆，以女人之心，請求它們治癒所愛的男人。

宗教和科學之始在質樸之中帶著悲憫！爾後，職責開始分化，各人各司其職，魔法師、占星家、預言者、巫師、神職人員、醫師。然而，女人起初是一切的一切，無所不能的萬能者。

強健、生命力旺盛的宗教，如希臘異教，始於女預言者，而以女巫為結束。女預言者啊，這位被聖潔光輝環繞的美麗處女，將它從襁褓中撫育茁壯，賦予它魅力和光環。爾後在中古黑暗時代，女巫將奄奄一息的它藏匿於荒野和森林；她以頑強無畏的憐憫之情餵養它，使其倖免於難。因此，女人是宗教的母親，是溫柔的守護者，也是忠心耿耿的哺育者。眾神們就像男人一樣；降生於世間，而後在女人懷裡死去。

但是她為忠誠付出何等代價！……古波斯的占星家女王，魅力非凡的巫女瑟茜（Circé）！偉大崇高的女先知！唉！妳們如何失勢，地位如何一瀉千里！……她高踞在東方王座上，教導植物療效和日月星辰運行的法則；她端坐在德爾菲的三腳架上，將光明之神阿波羅的神諭傳達給朝拜者；也是她，在千年之後，像野獸一樣遭到獵捕，被辱罵、鞭打、扔擲石塊，被綁上烈焰熊熊的火刑柱！……

對這位不幸女人的迫害，還不止於教會的火刑處決、群眾的咒罵和孩子扔的石頭。不只是小孩，連詩人也朝她扔擲另一塊石頭，這是對女人而言更為殘酷的攻擊。他毫無來由地認定她又老又醜。女巫一詞令人想起《馬克白》裡三位猙獰的老巫婆。然而殘酷的女巫審判證明事實截然相反，許多受審者正因為年輕貌美而遭到處死。

女先知預言未來，女巫則去實踐它。這是至為重要的根本區別。她召喚、改變、操縱命運。她不像古代特洛伊的女預言家卡珊德拉（Cassandre），清晰看到往後命運之後，只能徒然悲嘆，等待它的發生。女巫是命運的創造者。她比瑟茜（Circé）、美狄亞（Médée）更勝一籌，從親如姊妹的大自然中得到協助，以一根魔杖點石成金、呼風喚雨。猶如普羅米修斯再世，以她為中心傳播出各種技能知識，特別是強身治病的方法。和注視晨曦的女先知不同，她凝望的是夕陽，遠在黎明到來之前（在阿爾卑斯山峰頂乍現的曙光），正是日暮餘暉帶來了提前破曉的天光。

教士清楚窺見危險所在，他所佯裝鄙夷的這一位大自然女祭司，正是他的敵人，一位可怕的對手。她藉古代神祇創造出全新神祇。在古代撒旦旁，一位未來的撒旦正逐漸成形。

長達千年的歲月裡，女巫是平民大眾僅有的醫師。皇帝、國王、教宗、權貴顯要們，有薩勒諾（Salerne）醫學院出身的醫生效勞，或是摩爾人、猶太人醫師可仰賴；然而各國大多數人民，甚或是所有人，只能求助於薩加（Saga）賢婦與產婆。倘若病沒能治好，人們就破口大罵，稱她作女巫。不過一般來說，人們基於敬畏，稱呼她為「好夫人」（Bonne dame）或「善良夫人」（Belle dame），如同給予仙女的稱謂一樣。

她己身的境遇，就跟她最愛的藥草顛茄（Bella done）和種種常用的毒藥草——那些她用以對付中世紀瘴癘疫疾的靈丹妙藥——有著異曲同工之妙。

對這些花草效用一無所知的孩童和路人，見著那些詭譎的花朵就大呼小叫，被那些渾濁可怕的顏色嚇得退避三舍。但它們這些「慰籍性」作物（Solanées，茄科），確有慰藉（Consolantes）的效果，只要審慎服用，往往能藥到病除，紓解許多病痛。

它們生長在最陰森幽暗的地點，在荒涼的不毛之地，在殘屋破瓦當中，又一個和藥草使用者的相同點。遭到緝捕放逐、人人喊打的這位可憐女人，除了荒野曠原，又能在哪裡找到容身之處？她以毒藥草治病救人，是惡魔的新娘、撒旦的同路人，然而根據文藝復興時代偉大醫者的說法，她的貢獻卓著。一五二七年在巴勒（Bâle）焚燬阿維森納（Avicenna）的醫典時，巴海塞斯（Paracelse）宣稱自己從女巫那裡學到所有的藥草知識。

她們獲得了回報嗎？是的，她們的回報是：得到酷刑和火刑。五花八門的刑求、折磨手段應運而生。她們接受大審判，有任何一點點理由即遭到定罪。人命未曾如此輕如螻蟻。更別提最常動用火刑處死異教徒的西班牙，那裡的摩爾人、猶太人總是和女巫劃上等號，在德國特里爾（Trèves）燒死七千人，在法國土魯斯（Toulouse）處死的則不知其數，在日內瓦三個月內燒死五百人（一五一三年），在德國維爾茨堡（Wurtzbourg）有八百位犧牲者被集體燒死，班堡（Bamberg）有一千五百人（兩個都是相當小的主教區！）。連狂熱的天主教徒費迪南二世（Ferdinard II），引發三十年戰爭的殘酷皇帝，也不得不約束這些位高權重的主教，否則他們恐怕會燒死所有人！我在維爾茨堡的受害名單中發現一位還在上學的十一歲巫師和一位十五歲的女巫，而在巴約納（Bayonne）有兩名十七歲女巫，兩人都出奇的漂亮。

注意了，在某些時代，一個人只消以「女巫」兩字為武器，就能隨意殺死他憎恨的任何人。嫉妒的女性、貪婪的男性，都樂於緊抓如此便利的武器。哪個女人富有嗎？……她是女巫。哪個女人美麗嗎？……她是女巫。於是區區一個小乞丐繆古伊（Murgui）能用這顆恐怖的石頭擲向蘭西雷納（Lancinena）城主夫人，在她的額頭烙上死亡印記，而這位貴族女士只是美貌過人罷了。

被指為女巫的這些女人，儘可能在遭受刑求前自行了斷生命。燒死八百名女巫的洛林區法官雷米（Remy），得意洋洋地吹噓這等恐怖統治。「我如此明察秋毫，無枉無縱，」他說，「有一天，我逮捕的十六名女巫都不由分說的先行自縊。」

投身歷史研究的漫長三十年歲月裡，我一再讀到與巫術相關的可怕文獻。我先是讀遍宗教法庭指南和多明我會（dominicain）匪夷所思的著作（諸如《鞭笞》、《鎚子》、《蟻穴》、《棍毆》、《燈籠》之類的書名）。再來閱讀世俗法庭的史料，接手審判工作的世俗法官，他們鄙夷教士，但其愚昧的程度倒不惶多讓，我在別的作品裡曾有著墨。在這裡，我只說一點，從一三〇〇到一六〇〇年，甚且到以後，對巫術的審判不曾改變。除了巴黎最高法院有過一次冤案平反，審判向來都殘酷到愚蠢的地步，各處皆如此。縱使是賢能之士也一樣。亨利四世當政時期的一位波爾多法官德拉克（De Lancre），為人睿智聰明，政治思想極為開明，而一旦審理巫術事件，就跟十五世紀的愚笨教士奈德（Nider）、斯普蘭格（Sprenger）毫無差別。

教人愕然的是，這些不同時代、不同文化的人，對女巫的心態還在原地踏步。箇中原因再簡單不過，每個人都已成為基本教義的禁臠，無可救藥地遭受蒙蔽、毒害，變得殘酷野蠻。正是「原罪」這基本教義導致了普世的不公正：「人人因罪而失去恩寵，不只受刑罰，也必受處罰，在出生之前就已墮落犯罪，在神的眼裡已是死人。襁褓中的嬰孩已是罪人。」

誰說的？所有人都這麼說，甚至是波舒哀（Bossuet，譯註：Jacques-Bénigne Bossuet, 1627-1704，十七世紀法國神學家）。羅馬教皇使徒宮總管、重量級神學家司比納（Bartolomeo Spina）曾清楚闡述：「上帝何以讓清白無辜的人死去？祂行事正確。他們就算不因犯罪而死，終究也會死於原罪。」（見《審判女巫》〔*De Strigibus*〕）

這個極其荒謬的理論導致司法和邏輯上的兩個結果：法官始終自認判決公正；受審者肯定有罪，若開口辯白就罪加一等。司法不需要絞盡腦汁、累得汗涔涔來分辨是非。面對任何案件，一開始即有定論。邏輯學家、經院神學家（scolastique）們毋需勞神分析人類的靈魂、細察其變繹和複雜性、理解其內在的矛盾和鬥爭。毋需和我們一樣，汲於理解一個聖潔靈魂如何逐漸走向邪惡墮落。他們要是能理解這些精細思辨、躊躇摸索，該會嗤之以鼻地搖搖頭或哈哈譏笑，空洞腦袋瓜旁的一對傲慢耳朵該是如何優雅地晃動！

特別是涉及魔鬼契約的時候，多麼可怕的一宗交易啊，為了一時的些微好處出賣靈魂，最後永遠在地獄裡受苦。我們試圖回溯這條詛咒之路，是哪些駭人的不幸和罪行築起沉淪的階梯。而神學家可曾在意？在他看來，靈魂和魔鬼為彼此而生，魔鬼發動首次誘惑時，人可以因一時心血來潮，為了突生的一個欲望、念頭，衝動地步入可怕的極端。

我也不見當代文人學者多加探討女巫的道德層面演變。他們過於關注古代與中世紀之間的聯結。關聯確實存在，然而薄弱得微不足道。古代的老魔女，塞爾特（Celtique）、日耳曼女先知，還不是真正的女巫。無害的酒神節，這類直到中世紀還在農村舉行的小型狂歡聚會，跟十四世紀堂而皇之瀆聖的黑彌撒天差地遠。這些可怕的概念並非長久以來的世代相襲；它們是從黑暗時代的恐怖深淵中蹦出來的。

女巫誕生於何時？我毫不猶豫地回答：「從絕望時代開始。」

由於教會帶給世人的深沉絕望，我毫不猶豫地說：「女巫是教會犯下的罪行。」容我一語帶過教會用來減輕己罪的一連串似是而非的理由：「女人生性輕浮、意志薄弱，易於被誘惑，受淫慾的驅使而走上歧途。」唉！那些時代的苦難、飢荒，並不足以誘發對於魔鬼的狂熱。倘若有戀愛中的女人妒火中燒或慘遭遺棄，倘若有孩子被惡毒的繼母趕出家門，倘若有母親遭兒子毒打施暴（民間傳說的老掉牙題材），他們或許會受到誘惑去召喚邪惡魔鬼，但這一切都不足以造就女巫。就算這些可憐的女人呼喚撒旦，並不意味他便欣然接受她們的效忠。她們的條件還未臻成熟，離他的標準還差十萬八千里。她們還沒憎恨上帝。

想更瞭解這一點的話，不妨讀一讀令人髮指的宗教審判紀錄，可不是羅倫特（Llorente，譯註：Juan Antonio Llorente, 1756-1823，曾任馬德里宗教法庭祕書長，著有《西班牙宗教審判史》）、拉默斯朗貢（Lamothe-Langon）等人在著作裡摘錄引用的片段，而是土魯斯當地原汁原味的案卷。讀一讀那些極其殘忍卻也千篇一律、了無新意的內容。只消幾頁，你就會感到一股寒意直透心扉、深入骨髓。死亡，死亡，死亡，處處如影隨形。你已經入棺，或是被幽禁在四壁霉苔的狹小石室。被處死的人其實是幸運，最駭人的被判是進入安息所（I'in pace）。幽禁（Emmurés）這個字眼就像一再敲響的恐怖鐘聲，讓人陷入絕望的境地。

那是壓潰靈魂的可怕裝置，殘酷的壓榨機。螺絲不斷擰緊，直到被害者再也無法呼吸，骨頭應聲碎裂，從這具嚇人的機器飛彈出去，墜入未知的世界。

女巫橫空降生，她無父無母，沒有丈夫、兒子或任何親人。她是不知從何處來的一個怪物，一塊天外隕石。天啊！誰膽敢接近她？

她潛藏在何處？皆為難以履足的不尋常地點，荊棘遍布的森林，野草蔓生、令人寸步難行的荒野。夜裡，可能現身在一座史前巨石墓碑的下方。就算找到了她，她依舊因為鄉野村民的集體恐懼被孤立；在她的周圍似乎環繞著一圈火焰。

誰會相信呢？她還是不折不扣的女人。那樣可怕的生活甚至擠壓出她的女性活力和電流。她從而擁有兩樣天賦。

一是半清醒半瘋狂狀態的神通能力（Illuminisme），而根據程度不同，分別呈現為詩歌、千里眼、陰陽眼、鐵口直斷，而首要是對自己的謊言深信不移的能力。男巫沒有這種才能。他們還沒能理解這一類事。

由此也衍生出第二種天賦，獨自生育的非凡能力，現今生理學家承認眾多物種的雌性所具備的單性生殖能力，即使落實在精神的傳承繁衍，一樣能開枝散葉。她獨自懷胎生育。生出什麼孩子呢？相像到難以分辨的另一個自己。

一個因愛而出生，卻屬於恨的孩子。因為有愛才能創造。女巫看著孩子又驚又懼，然而眼見這個新偶像和她自己彷彿是一個模子刻印出來的，她感到洋洋得意，即刻把他供奉在祭壇上崇拜，獻上自己當作活祭品。她本人也時常對法官說：「我只害怕一件事：為他所受的苦還不夠。」（據朗克審判官〔譯註：Pierre de Lancre, 1553-1631，法國波爾多地區審判官〕所言）。

你們可知道這個孩子甫出生時做了什麼嗎？他縱聲狂笑。自由自在地徜徉在開闊的草原上，遠離西班牙的地牢和土魯斯遭到幽禁的受害者，他沒有理由感到興高采烈嗎？他的安息所就跟世界一般遼闊。他悠哉游哉四處溜達。無邊無盡的森林，綿延到地平線盡頭的原野，任他隨心所欲的遨遊！全世界的土地和金銀財寶都歸他所有！女巫溫柔喚他為：「羅賓，我的羅賓！」這名字取自快活消遙的綠林好漢羅賓漢。她也喜歡幫他取一些其他的別名：綠小子（Verdelet）、森小子（Joli-bois）、綠林小子（Vert-bois）。蒼翠綠林正是這位頑童最愛流連的地方。他一見林子就逍遙快活去了。

讓人感到驚異的是，女巫初試聲啼即造就出一個活生生的人。他具備一個真實人物的所有要件。他能夠被看見、聽見，任何人都可以描述他的樣子。

教會則與之相反，繁衍力極弱。瞧瞧那些天使多麼蒼白黯淡、毫無血色！透明到一眼就能夠看穿。

從猶太教原封不動照搬過來的種種魔鬼樣貌，諸如一群嚎叫的骯髒豬仔，教會力圖在其中找到恐怖駭人的一面，卻未能如願。這些形象與其說是可怕猙獰，不如說是滑稽古怪；它們千變萬化，像喜劇丑角一樣引人發噱。

從女巫滾燙的胸脯，鑽出另一類型的撒旦，生龍活虎，張牙舞爪。

無論如何提心吊膽，人們還是不得不承認，若生活裡少了撒旦，就會無聊至極。在天災人禍肆虐的那個時代，無聊乏味應是最沉重的災難。倘若讓三位一體的三個位格（譯註：聖父、聖子、聖神（東正教和新教譯為「聖靈」））彼此對話，就像米爾頓（Milton）有過的失敗嘗試，無聊更是達到極致。三個位格之間，永遠答以「是」。天使和聖徒之間，同樣的回應：「是」。在傳說裡，這兩種角色起初都非常可親，彼此極為相似，也跟耶穌相似，大家系出同宗。上帝讓我們生活在所有人都彼此酷似的國度裡，享有修道院或教堂裡的那種齊頭式平等。

相反的，女巫的兒子，這位朝氣勃勃的男子，懂得答辯反擊。他和耶穌抗辯。我相信這讓百無聊賴的祂為之一振，之前那些乏味聖徒可讓祂悶得慌了。

反觀聖徒們全是宅男，對四周殊少注意，只管直視和做白日夢。他們耐心等待，深信有朝一日一定會獲得上帝獎賞。他們的少許活動僅限於「效法」（譯註：《效法基督》〔*The Imitation of Christ*〕是中世紀基督教一本名著。此處的字面意義是中世紀的聖徒只會「效法」基督，實質意義是諷刺中世紀的人因循守舊，只敢「模仿」前人）——這個詞可以涵蓋中世紀的精神。但那位飽受萬人詛咒的私生子從不耐於等待。他從不停歇，總是忙於在天上地下探索一切事物。好奇心濃厚的他這裡翻翻，那裡瞧瞧，到處嗅聞，無不探究一番。他取笑耶穌的肅穆之言「完成了」（Consummatum est，譯註：據《新約．約翰福音》記載，耶穌在十字架上斷氣前說了「完成了」這句話，意指他已完成天父交託的重責大任）。他掛在嘴邊的話總是：「還沒完！」、「繼續前進！」

儘管如此，他並不挑剔。他回收所有殘渣餘屑，把天堂扔掉的都撿拾起來。例如，被教會視為不潔、有危險性的大自然，撒旦拿它來裝點門面。他甚且善加利用，從中催生出各種學科，並欣然接受教會用來醜化他的名號——俗世王子。

教會不智地宣告：「願災禍降臨喜笑的人！」這等於先給予撒旦一項大好優勢，說歡笑專屬於他，說他引人發笑。進一步來說：他的存在有其必要，因為笑是人類的天性。無論如何，在悲傷痛苦的時候，如果無法笑，人生該怎麼過下去呢？

教會只把人生視為一場試煉，小心翼翼不讓它延長。它開出的藥方是順從、等待，並期望死亡的到來——給予撒旦何其廣大的疆域。他搖身一變成為醫生，負責醫治活著的人。甚且是人們的安慰者；富於同情的他召喚亡者，讓我們和天人永隔的摯愛再次相見。

教會拋棄的另一件小東西是邏輯，理性的自由運作。這又是一道讓敵方貪婪大啖的美味珍饈。

教會造出堅固狹窄的小安息所，拱頂天花板低矮，只有細縫穿入日照。這是所謂的經院哲學。把一些修士送進去，告訴他們：「不用拘束。」他們都成了跛足難行的殘疾者。經過三百年、四百年，他們的癱瘓程度變本加厲。從阿伯拉（Abailard，譯註：Peter Abelard, 1079-1142，法國經院哲學家）到奧坎（Occam，譯註：William of Occam, 1287-1347，英國哲學家）都只是原地踏步！

說我們得在那裡找文藝復興的濫觴，不啻可笑。文藝復興發生了，但是它如何開始？全靠有人大逆不道衝破經院哲學的束縛，全靠這些罪人們為了看見天堂所做的戮力奮鬥。文藝復興起源於遠離學院和經院哲學家的地方，就在撒旦追著女巫和牧羊人施以教導的大自然裡。

這些課程大膽而危險，但正是風險激發了對知識的熱烈好奇心，想看見、想知道的狂烈渴望。黑色科學於焉誕生，諸如遭到禁止的毒藥煉製學和罪大惡極的人體解剖學。牧羊人除了仰望星辰、觀察天象，也調配毒物處方，用動物進行試驗。女巫從鄰近墓地盜取屍體，人類首次（冒著被處以火刑的風險）得以仔細端詳上帝創作的奇蹟，「我們愚蠢地隱藏，而不是加以理解」的精巧傑作（塞利先生〔Serres，譯註：Etienne Serres, 1786-1868，法國生理學家〕所言甚是）。

有幸參與課程的唯一一位醫生巴海塞斯（Paracelse），留意到還有另一個人不時溜進陰森的祕密集會所，為手術操作貢獻一己之力，正是那些寬厚仁慈時代的外科醫生——行刑劊子手。他出手勇猛無畏，能操用各式刑具，打斷人的骨頭，再將它們置回原位，他殺人無數，有時也救人一命，執行絞刑時不拉緊，留人一線生機。

女巫、牧羊人和劊子手齊聚一堂的這所犯罪大學，每一次的實驗無一不是褻瀆罪，對手為了迎頭趕上，被迫變得更為大膽。因為雙方都想存活下去，要是由女巫獨掌醫學，另一方恐怕就會永遠揚棄此門學識。教會不得不睜一隻眼閉一隻眼，默許種種褻瀆罪行。它承認有好毒藥（葛瑞蘭迪斯〔Paolus Grillandus〕說法）的存在；被迫許可公開人體解剖。一三〇六年，義大利人蒙迪諾（Mondino）解剖一具女屍，一三一五年又完成一例。——何其重大的發現，猶如發現新大陸（遠勝於哥倫布的成就）。愚人們瑟瑟戰慄，發出抗議的咆哮；賢人智者們則雙膝發軟跪倒在地。

連番攻城掠地的撒旦，理所當然活了下來。單憑教會的力量永遠無法撼動他分毫。火刑無濟於事，另一番策略反而更見效果。

撒旦帝國的領土被巧妙地分割。他的兒子和妻女反目成仇，醫生和女巫從此誓不兩立。

極度憎恨醫生的教會，仍然為之建立霸權以徹底消滅女巫。教會在十四世紀公開聲明，倘若不曾習醫的女人膽敢為人治病，她就是女巫，必須處死。

而她該如何光明正大地學習醫術呢？想像一下這位貧窮村姑妄想踏進學校，該是多可笑又可怕的一幕景象！何其盛大的一場歡宴！成群的貓被串起來放在聖約翰節的篝火上烤。想像喵喵哀號的貓兒換成女巫，在熊熊火焰裡尖叫嘶嚎燒烤而死，對那些溫順良善的年輕修士和迂腐學究而言，該是何等愉悅的一場饗宴！

我們會看見撒旦逐步衰微的過程，是何其悲涼的一段故事。我們見他被招降撫順，變成一個老好人。他的一切家當遭到強取豪奪，連他在巫魔夜會所戴的兩張面具，也被《偽君子》（Tartuffe，譯註：莫里哀劇作）取走最邪惡的那一張。

他的精神無所不在。至於他自己，他的特質，已隨著女巫的消失而蕩然無存。巫師全都乏味之至。

促使魔鬼失勢敗亡的敵對陣營，確實明白這番結果的意義嗎？對於現今略微失調的宗教信仰系統而言，他不正是不可或缺的零件和必要的一份子嗎？任何運作良好的有機體都有雙面性，具有正反兩面，沒有它們的交互作用，生命也難以為繼。不對等的兩股對立、對應力量彼此拉扯，達到某種平衡。弱的一方與強的一方相抗衡。優勢的一方不耐對方糾纏，一心想除之而後快。——這可是大錯特錯的想法。

柯貝（Colbert，譯註：Jean-Baptiste Colbert, 1619-1683，路易十四的首相）在一六七二年明令禁止國王法官審理巫術案件，輕而易舉將撒旦打入冷宮。冥頑保守的諾曼第最高法院以合情合理的諾曼第邏輯，歷歷指陳此一決定可能導致的風險。魔鬼的存在恰是教義之一，與其他教義密不可分。傷害永遠的敗北者，不也讓勝利者受害？質疑一方的所行所為，不也等同懷疑另一方的行為——那些用以擊敗魔鬼的種種奇蹟？天堂的柱子立基於黑暗深淵。要是有誰莽撞地動搖地獄的根基，天堂四壁也將隨之碎裂。

柯貝充耳不聞，他有太多事要操心。不過，魔鬼或許聽見了。他受傷的心靈得到莫大慰藉。他認命地經營碩果僅存的小生意（唯靈論、靈動桌之類），相信日薄西山、奄奄一息的不只有自己。

第一部

1 諸神之死

一些作家文人信誓旦旦地宣稱，在基督教大獲全勝之前不久，一個神祕的聲音在愛琴海沿岸迴盪，說：「潘恩大神死了。」（Pan，譯註：古希臘神話中半人半羊的山林和畜牧之神，象徵自然界）

古代普世的自然神崇拜宣告終結。可真令人歡欣雀躍。人們料想大自然既已覆亡，誘惑也不復存在。長久以來騷動不安的人類靈魂總算得以回歸平靜。

這僅僅是古代自然崇拜的結束、古老信仰的挫敗、舊有宗教形式的衰落嗎？絕非如此！瞧瞧早期基督教的建築，每一道線條都訴說其願望，但願大自然消失、生命消逝，而世界末日終將到臨。讓生生不息這一幻相延續良久的生命之神走向滅亡。他們的世界崩塌傾圮，一切化為烏有：「潘恩大神死了！」

諸神必須死去的說法並非頭一遭出現。許多古代宗教正是以神祇死亡的觀念為根基。歐西里斯（Osiris，譯註：埃及冥王，掌管死亡和復活）死去，阿多尼斯（Adonis，譯註：閃族神話中的自然之神）死去，都是為了再度復活。只在諸神慶典才上演的劇碼裡，劇作家愛斯奇勒斯（Eschyle）甚至藉普羅米修斯之口告知諸神，說他們有一天必然死去。但是如何死去？被古代大自然力量的化身——泰坦神族（Titans）所擊敗。

這裡說的卻是截然不同的一件事。不論就整體或單一部分，不論在過去或是未來，早期基督徒都憎恨大自然。他們譴責整個自然界，甚且在一朵花裡①都能瞧見邪惡的化身魔鬼。歡迎昔日毀滅靡押平原（Morte）城邑的天使儘早蒞臨，收起覆蓋世界的虛妄面紗，將聖徒們從長久的誘惑中解救出來。

《羅馬書》說：「白晝將近。」，聖父們說：「快了。」羅馬帝國崩解和蠻族入侵激起聖奧古斯丁的希望，不久之後將只有上帝之城留存下來。

這個世界卻是頑強地苟延殘喘，堅決地活下去！它像希西家王（Ezéchias，譯註：見《以賽亞書》第三十八章）一樣要求多活一段時日，要日影倒退十度。這樣吧，就到公元一千年為止，但是不容再多一天。

我們一再聽見諸神已死，然古代神祇真的死去了嗎？他們感到了無生趣，失去活下去的動力嗎？他們沮喪得打算自行退位，基督教只用一口氣就能吹走這些虛無的幻影嗎？

---

①請參照穆拉多利（Antonio Muratori）《穆拉多利抄本》（*Script*）第一卷關於聖西彼廉的記載；以及莫里（Alfred Maury）的《魔法》（*Magie*）。

眾神被帶進羅馬城，前往卡皮托利（Capitole）山頂，神祇們以死亡為先決條件才受到接納，我的意思是，他們得拋棄家鄉、捨棄故土的滋養，不再是屬於特定民族的神祇。羅馬帝國善盡地主之誼，確實施以鐵腕，使他們變得虛弱無力，失去光采。受到集中管理的偉大諸神淪為鬱鬱寡歡的帝國官吏。所幸奧林帕斯山的這群貴族僅是獨自頹朽，眾多民間神祇仍然保有山林溪野的廣大疆土，密切融入當地居民的生活。棲居在茂密橡林、潺潺溪水、幽邃深潭裡的這些神祇，無法被掃蕩驅逐。

誰說的？正是教會。可不是嚴重的自相矛盾，它先宣布眾神已死，隨之又氣惱他們仍然活著。世世代代以來，教會透過大公會議②發出威脅，命令眾神們死去……什麼！他們竟然還活著？

「他們是魔鬼……」——所以還活著。既然無法除之為快，教會放任天真的民眾為他們著裝打扮，掩去原貌。圍繞著他們的傳說流傳開來，他們領受洗禮，甚至被納入基督教體系。但是他們改宗皈依了嗎？還沒有。人們發現他們仍舊暗地維持異教徒習性。

他們身在何處？在沙漠、曠野、森林裡嗎？當然，但主要在家宅裡。他們在最私密的家庭習慣裡屹立不搖；女人將他們留藏在家裡甚或是床上。他們擁有世上最安全的堡壘（好過神廟），就是家裡。

狄奧多西大帝（Théodose）那場改革的激烈程度，在歷史上無人能出其右。在古代不曾有過如此大規模的異教迫害活動。拜火的波斯人追求至高純潔，大可迫害其他有具體形象的神祇，卻允許他們繼續存在。波斯人對待猶太人相當寬容，既提供保護又給工作。光的後裔希臘人嘲笑黑暗神祇，但對於那些肚腩奇大、怪模怪樣的卡皮里（Cabires，譯註：古希臘記載中一群法力高超的魔法師），卻容許他們的存在，甚至依其形象創造出火神伏爾坎（Vulcain），被工匠尊為守護神。全盛時期的羅馬共和國將伊特魯里亞（l'Etrurie）併入版圖之時，也張開雙臂迎接義大利老農夫膜拜的鄉野林間神祇。只有德魯伊教徒被視為危及安定的反抗勢力而遭到迫害。

成為羅馬帝國國教的基督教，卻想剷除異己，以為能成功達成目標。雅典的哲學學院被關閉，邏輯學遭到禁止，眾多哲學家在瓦倫斯皇帝（Valens）下令迫害異教徒期間被殺害。神殿、神廟被劫掠一空、夷為平地，聖像、神像被砸毀。新的傳說原本可望倡導家庭價值，只要聖約瑟的父親角色沒有被完全邊緣化，只要不特別去突顯母親瑪利亞是以信德養育耶穌長大。大有可為的路徑卻在一開始即遭屏棄，改而追求杜絕一切欲念的至高純潔境界。

基督教就此步上遠離俗世的孤獨路徑，連皇帝諭令也無法制止的獨身主義。修道院

②請參見曼西（Giovanni Domenico Mansi）、巴盧茲（Etienne Baluze）編輯的大公會議文件集；公元四四二年亞爾（Arles）大公會議、公元五六七年圖爾（Tours）大公會議、公元七四三年利普丁（Leptines）大公會議、《查理曼法令集》等等；甚至是熱爾森（Jean Gerson）在一四〇〇年左右的著作。

制度更讓它朝此方向一去不復返。

在沙漠裡隱修的人們真是孤伶伶的嗎？魔鬼與他們作伴，準備施以各種誘惑。他們得重建社會秩序，建造獨居隱修者的城市。死氣沉沉的隱修城如雨後春筍，在埃及提伯德（Thébaïd）沙漠林立；而某個狂暴野蠻的幽靈鼓動他們到亞歷山大城大開殺戒（譯註：

區利羅一世〔Cyrillus Alexandrinus, 376-444〕擔任亞歷山大主教期間將猶太人驅逐出城，與埃及總督奧雷斯特斯〔Orestes〕產生權力衝突。五百名在尼提亞〔Nitria〕苦修的隱士入城聲援主教，引發一場暴動）。他們宣稱受到魔鬼驅使，此言不假。

世界出現一個巨大的真空。由誰來填補呢？基督教會給出答案：魔鬼，無處不在的魔鬼（Ubique daemon ③）。

希臘跟其他民族一樣，也有énerguménes——受鬼魂侵擾、附身的人。但提伯德（Thébaïd）這些附魔者與他們的相似處僅在於外顯症狀，作祟的幽靈並非等閒之輩，他們是來自地獄深淵的黑暗子嗣，集邪惡、墮落於一身。從此在各處沙漠可見到這些自怨自哀、鬱鬱寡歡的可憐人漫無目標地遊蕩。請試著理解這是什麼滋味——感覺到自己有雙面人格，確實相信有另一個自己的存在，而這一位殘酷的外來客在你體內來去自如，隨他所欲讓你漫步至沙漠或懸崖。受害者越來越瘦弱。他可憐的身體越是虛弱，魔鬼騷擾的威力就越猛烈。女人特別容易被這些暴君附身導致身體發脹變形，他們以地獄氣息灌滿她的身體，在她體內掀起狂風暴雨，恣意玩弄操控，強迫她犯罪，讓她陷入痛苦絕望。

唉，不只是人類，整個自然界都遭到魔鬼附身。如果一朵花裡有魔鬼，一片黑暗森林裡又會有多少！看似純淨的光線充斥著黑夜之子。天空滿是地獄！這何其褻瀆神聖！清晨啟明星的崇高光輝曾經照耀指引蘇格拉底、柏拉圖、阿基米德，它成了什麼？它成了魔鬼，大惡魔路西弗，夜裡的魔鬼金星，以柔和的光芒誘惑世人。

如果那樣一個社會變得瘋狂野蠻，我絲毫不感訝異。它自覺無力對抗魔鬼而憤恨難平，於是四處追捕他們，先是摧毀古代信仰的神殿、神廟，再來是處死異教徒。一切慶典活動被禁止，因為它們可能是偶像崇拜者的集會。連家庭也成了可疑的嫌疑犯，因為一家人可能依循古羅馬習俗祭祀家神拉爾（Lares）。何必有家庭的存在呢？羅馬帝國即是僧侶的王國。

靜默的獨居者依舊仰望天空，在日月星辰裡再次找回崇敬的古代神祇。羅馬皇帝狄奧多西（Théodose）說這些神「是飢荒和帝國境內所有災難的罪魁禍首。」這番話語挑起民眾對無辜異教徒的激憤怒火。他頒布的御命引發暴民盲目排他的殘暴私刑。

古代神祇，都進入墳墓吧！愛之神、生命之神、光明之神，都死去吧！男人穿上連帽修士服。未出嫁的女性去做修女。妻子拋下丈夫進入修道院，要是還留在家庭裡，她們對待丈夫的態度就和冷漠的修女無異。

---

③請參見《沙漠聖父的生活》（*Les Vies des Péres du désert*）一書和莫里（A. Maury）在《魔法》（*Magie*）所引述的著作。四世紀的梅薩良派（Messaliens）自認身上附有鬼魂，於是不斷擤鼻吐痰，竭力透過種種方式來排除。

但是這一切真有可能達成嗎？誰能強到一口氣吹熄上帝這盞火火熊熊的閃亮明燈？這種不敬神的莽撞企圖可能導致怪異驚人的結果……罪人們顫抖吧！

在中世紀，「科林斯的新娘」這個陰森故事屢屢舊瓶裝新酒。最早由哈德良大帝的自由民弗肋貢（Phlégon）講述，十二世紀時再次出現，十六世紀時又再度還魂，猶如憤怒大自然忍無可忍所發出的深切譴責和抗議──

「雅典的一位年輕男子前往科林斯，到締結婚約的女方家。他仍然是異教徒，並不知道未來親家剛剛成為基督徒。他在深夜抵達，除了未婚妻的母親，一家人都已經入睡，她殷勤地張羅餐點待客。他用過餐後入房就寢，筋疲力盡癱倒在床上，才快要朦朧睡去之際，一道身影走進房裡：是一名身著白衣、戴著白面紗的少女，額頭上綁著黑色和金色相間的帶子。見到他，她大吃一驚，伸出雪白的手捂住嘴，說道：『我已經對這個家那麼陌生了嗎？……唉，可憐的隱居者……我感到羞愧，我得告辭了，請好好休息。』──『美麗的姑娘，請留步，這裡有穀神希瑞思（Cérès）和酒神巴克斯（Bacchus），而妳帶來愛神！別害怕，臉色別那樣蒼白！』──『年輕人！退後，離我遠一點！我不再有快樂的權利。由於我患病的母親所許下的誓願，青春和生命永遠結合在一起。諸神已經遠離，僅存的犧牲品是人類的靈魂。』──『什麼！是妳嗎？是我摯愛的未婚妻，自幼與我有婚約的妳嗎？在上天的祝福下，父親們的誓言將我倆緊緊相繫。姑娘！做我的新娘吧。』──『不，親愛的，我不行。你將會娶我的妹妹。當我在寒冷監牢裡呻吟，請你在她的懷抱裡記得想起我，只思念你一人、日趨衰竭的我，就要永遠長眠於地底。』——『不，我請火焰作見證，這是婚姻女神的火炬。我會帶妳回家。親愛的，請留下。』他送她一個金杯當結婚禮物。她回送項鍊，卻要了他的一綹頭髮而不要金杯。

『這是幽靈的方式。』她張開蒼白的嘴唇喝下血液般暗紅的酒液。他跟著急切地把酒飲下，一邊祈求愛神。她可憐的心奄奄一息，但仍然苦撐著。他絕望地倒在床上哭泣。她撲到他身邊說：『啊！你的憂傷令我心痛！不過，你要是碰我，會多驚嚇！唉！你的未婚妻，就像冰雪一樣白，一樣冰冷。』——『過來！我會讓妳暖和起來，離開墳墓過來吧……』兩人又是嘆息又是親吻。『你沒感到我渾身炙熱嗎？』愛火高漲的兩人緊緊擁抱，混合了痛苦和快樂的淚水泉源而出。她饑渴地飲入他嘴裡的火焰，凍結的血液因為狂烈的愛而熊熊燃燒，胸口的心臟卻是靜止不動。

但是她的母親就在現場，聽著他們的溫柔誓言、悲傷和喜悅的叫聲。『噓！公雞在啼叫！明天見，明晚見。』接著是難分難捨的道別，纏綿不斷的吻！

母親怒氣沖沖走進房裡。她看見什麼？自己的女兒。他想藏起她，將她抱住。但是她掙脫開來，身體開始長高，從床上竄高到拱頂天花板：『母親啊！母親啊！妳嫉妒我度過美妙的夜晚，要趕我離開這溫暖的地方，把我包在裹屍布裡送進墳墓還不夠嗎？但是有一個超凡的力量掀開墓板。你們那些教士誦讀的禱文毫無用處。青春烈火在心裡燃燒時，鹽和聖水又奈我何？冰冷的土壤不會讓真愛凍結！你們應允過，我只是回來討應得的幸福……

『唉！親愛的，你必須死。你將在這裡憔悴凋零。我有你的頭髮；它們明天會一夕花白。④……母親，最後再唸一段禱文！打開我的黑暗牢房，升起焚屍的柴堆，讓我的愛人在火焰裡得到安息。讓火光飛舞，讓餘燼燒紅！我們將重回古老神祇的懷抱。』」

中世紀為這個傳統故事披上怪誕外衣，讓我們畏懼魔鬼金星。一位年輕男子送他的雕像一枚戒指，不假思索的為她戴上，她緊握住，把它當作婚戒。入夜後，她上了他的床，要求履行婚姻義務。他為了擺脫地獄來的妻子，找人驅魔（S. Hibb，第三部第三章）。同一個故事也出現在喬叟的《短篇俚語故事》（*Fabliaux*），但是荒唐地用聖母像取代。如果我記得沒錯，馬丁路德（Luther）在《桌上談》（*Propos de Table*）一書重新講述這個古老的故事，處理方式卻極為粗俗，讓人聞到腐屍味——西班牙人德里歐（Del Rio）將場景從希臘搬到布拉班特（Brabant）。未婚妻在婚禮前不久離開人世。喪鐘敲起。悲痛欲絕的未婚夫在野外徘徊。他聽見一聲悲嘆，是他的愛人在曠野裡遊蕩……「你沒看見，」她大叫，「我的嚮導是誰嗎？」——「沒看見。」，他抓住她，將她帶回家裡。故事到此可能變得過於纏綿悱惻。冷酷的宗教法庭法官德里歐讓它戛然而止。「掀起面紗，他們看見包著屍皮的木柴。」——儘管德里歐法官欠缺感性，他倒是為我們重現這則傳奇故事的原始樣貌。

從那以後，不再有人講述這些陰鬱的故事，它們再無用武之地。因為自此邁入現代，未婚妻已經重見天日。被埋葬的大自然已經復活，它不再需要偷偷摸摸，它已是當家的女主人。

④我在這裡刪除了令人震驚的一個字眼。歌德的書寫形式如此高尚，內容意旨卻遠遠不及。他以斯拉夫風格的駭人概念毀掉一個精彩的希臘故事。這對愛侶淚漣漣話別的時刻，他把女孩寫成吸血鬼。她因為渴望鮮血而前來，打算吸食愛人心臟的血。歌德讓她冷漠地說出這一段邪惡、瀆神的話：「吸完他的血，我會去找別人，我的滾滾怒火將席捲年輕男子。」

2 中世紀何以被絕望籠罩

「像初生的嬰孩」（*quasi modo geniti infantes*；譯註：《彼得前書》第二章第二節）；臣服在耶穌基督的手下，像初生的嬰兒一樣擁有純淨的心，忘卻世俗紛爭，找回平靜安詳。這是教會在大災難翌日給予這個風雨飄搖世界的美妙建言。換句話說即是：「讓火山、火山礫、火山灰、火山熔岩轉為一片青綠。讓祝融肆虐後的焦土開滿鮮花。」

有一件事確實在望，即是世界重新恢復和平寧靜：所有哲學學派壽終正寢，邏輯學被捨棄。一個再簡單不過的方法使得辯證再無存在之必要，所有人眼前是一條下坡路，他們只須沿著路往下走。就算宗教信條晦澀難解，人生道路已照傳說鋪就而成。第一個字和最後一個字都一樣：模仿。

「模仿吧，事事都會順利。只需要依樣畫葫蘆，只需要有樣學樣。」不過，這確實是到達真正初生狀態的道路嗎？使人類的心得以復甦，再找到活力和豐饒生產力的泉源嗎？首先，在這個培育幼兒與孩童的世界，我只見到垂垂老矣、繁瑣矯飾、卑屈奴性、萎靡無力。這樣的夸夸空談怎能和希臘人及猶太人的輝煌偉業，甚至跟羅馬人的天才創作相提並論？印度也正巧走向相同的墮落，從婆羅門教到佛教，叨叨絮絮的長篇冗論取代崇高的神啟。一本書抄襲另一本書，一間教堂仿造另一間教堂，直到再也無法仿效為止。它們互相劫掠。從拉文納（Ravenne）拆來的大理石被用來裝飾艾克斯禮拜堂（Aix-la-Chapelle）。整個社會如此運作。從城邦的主教國王到部落的野蠻國王都仿效羅馬法官。正如夏多布里昂（Chateaubriand）的精闢看法，一般咸認創新的修士制度，不過是在修道院裡重現古時的隱修院。他們不打算創造一個新社會也不願讓舊社會繁衍茁壯。這些東方僧侶的仿效者首先希望信徒就是奉行誡律的農夫，一群守獨身的世俗修士。然而他們的願望落空，家庭生活重獲新生，世界也隨之煥然一新。

我們目睹這些老修士如何急速老朽，在短短一個世紀，從聖本篤（Saint Benoît）這樣的睿智隱修士，退化為阿尼亞納的本篤（Benoît d'Aniane）這種迂腐學究，我們很清楚這些人士跟廢墟裡產生的偉大民間創作沒有關係：我指的是「使徒行傳」。它們由修士撰寫，卻由民眾創造。這種幼嫩的植物，可能在修道院殘存的古羅馬斷壁殘垣間，伸展成茂密的枝葉、盛開的花朵，但可以肯定的是，它並非憑空產生。它的根深扎在土地裡，是人民撒下的種子，一家人勤奮耕作，從男人、女人到孩子都貢獻一己之力。在那些黑暗暴力的年代裡，朝不保夕的生活讓這些窮苦的人們富於想像，樂於相信任何為自己帶來慰藉的夢。他們的奇特夢境充滿種種奇蹟與荒誕美妙的狂想。

在山野幽林遺世獨居的這些家庭（一如現今仍住在蒂洛爾地區〔Tyrol〕、上阿爾卑斯省〔Hautes-Alpes〕的人們）一週才下山一次，離群索居的生活令他們幻覺叢生。孩子看到這個，女人夢見那個。一位新聖徒於焉誕生，他的一生傳奇有如韻腳尚粗糙的民謠在鄉野間傳唱開來。夜裡在橡樹下的噴泉邊，人們一面吟唱一面跳舞。每週日來森林小教堂主持彌撒的教士聽見這首人人朗朗上口的傳奇歌謠。他心想，「這個故事畢竟美妙，可教化人心……為教會增添榮耀。*Vox populi, vox Dei*（人民的聲音即上帝的聲音）……不過，他們是如何發現這首歌的？」人們將真實可靠的證人指給他看：目睹顯聖奇蹟的樹木、石頭。還需要再說什麼？

不久後，以歌謠傳誦的傳說被帶回修道院，由某個只會搖筆桿、好奇心濃厚且輕信任何神奇事物的修士寫下，以平淡無奇的文筆為這個故事潤飾加工。雖然傳說因此不復原味，但它被記載了下來，並被賦予神聖性，先是在修道院食堂裡傳閱，不久後，上教堂的信徒也讀得到。在抄寫流傳的過程中，傳說內容經過不斷加油添醋，通常是奇異怪誕的情節，歷經世代相承，最後晉升為黃金傳說。

即使到了今天，當我們閱讀這些美妙的故事，聆聽鄉野民眾傾心創作的這些簡樸莊嚴的旋律時，無疑能覺察它們都是真正的神來之筆，想起這些人最終的命運時更不由得唏噓。

他們確實地奉行教會動人的呼籲：「像初生的嬰孩」。但他們落實的地方卻和教會的原始初衷南轅北轍。基督教越是懼怕、憎恨大自然，這些鄉村民眾越是愛它，堅信它純潔無害，甚至將它神聖化，寫入傳說。

聖經嚴厲稱之為「毛茸茸的野獸」，修士們嚴加提防、擔心是魔鬼化身的動物，卻被以最動人的方式寫入這些美妙故事（比如給吉納維芙〔Geneviève de Brabant〕溫暖和慰藉的母鹿）。

甚至在傳奇故事之外，在真實的日常生活裡，夜間陪在壁爐邊的溫順友伴，日間農活幹勁十足的幫手，逐漸贏得人類的敬重。牠們擁有專屬的權利①和慶典。如果上帝無邊的仁慈都能容納最低下階層的人，如果祂似乎特別憐憫關切他們，那麼鄉村百姓要問：為什麼我的驢子不該進入教堂呢？牠固然有缺點，正因如此，牠和我更是相像。牠刻苦耐勞，卻也固執、倔強、難以駕馭，總之，就像我的翻版。

中世紀最盛大、最美麗的節慶就此誕生，如愚人節、驢子節。人們在當天扮成驢子，以醜陋、滑稽、謙遜之姿，也以另一個自己的形象來到祭壇前！感人的場面！由巴蘭（Balaam）領著牠莊嚴地走到西比爾女先知（Sibylle）和維吉爾（Virgile）②之間，為的是做見證。倘若牠曾經反抗巴蘭，那是因為牠看見舊律法的利刃在眼前閃耀。然而此時律法已告廢止，恩典的世界似乎敞開大門接納最卑下低微的人。民眾單純地信以為真。因

---

①請參見雅各・格林（Jacob Grimm）的《德國古代法》（*Deutsche Rechtsalterthümer*），以及米榭勒的《法國法起源》（*Origines du Droit*）。

②此為盧昂的儀式。請參見杜康日（Ducange）的《中世紀拉丁詞彙》（*Glossarium mediae et infimae latinitatis*）Festum（譯註：節日）條目；卡彭提耶（Carpentier）增補版的 Kalendae（譯註：每月的第一天）條目；Edmond Martène《論教會早期之禮儀儀式》（*De antiquis ecclesiæ ritibus*）第三卷。先為女先知加冕，再來是猶太人、非猶太人、摩西、先知、巴比倫王尼布甲尼撒（Nabuchodonosor）等等。教會早從七世紀起即竭力禁止驢子節、聖嬰節、兒童節、愚人節這類盛大民間節日，直到十六世紀都徒勞無功。現代精神的崛起才讓它們絕跡。

而有這一首獻給驢子的頌歌，也像是對自己唱：

跪下來，向主禱告！
你吃夠了青草和乾草！
拋下舊東西，起身離開！
……
新戰勝舊！
真理照亮暗影！
光明驅走黑夜！③

何等的厚顏無禮！他們要求你們成為這樣桀驁不馴的孩子嗎？他們給你們牛奶，而你們喝酒。他們手握韁繩，小心翼翼引領你們通過窄徑。你們倒是溫順、膽怯，畏縮不前。然後，繩子突然斷裂……你們一躍而起，往前飛速奔馳。

這是何等不智啊！讓你們創造出自己的聖徒，立起祭壇，用花朵裝飾點綴，終至滿滿地覆蓋，再也看不出它原有的形貌。還辨識得出的是教會譴責已久的古代異端邪說，純潔的大自然，我說這是古代異端嗎？毋寧是一種新出現且將風行長久的異端觀念：人類的獨立自主。

現在聽命服從：不准再發明、創造，不准再有傳說，不准再有新的聖徒，現有的已經夠多了；不准使用新曲子來革新禮拜儀式；禁止神靈啟示；若再發現任何殉道者，他們得在墳墓裡謙卑地等候教會認可；禁止教士、修士為佃農和農奴行剪髮禮，以免他們藉由成為修士而獲得自由。這正是加洛林王朝時期教會④的狹隘、怯懦心理。它自相矛盾，自我推翻，現在卻對孩子們說：「成為老人吧！」

驚人的改弦易轍！確實能當真嗎？他們不是要我們和嬰孩一樣嗎？——喔！不！教士再也不和平民百姓站在同一邊。兩邊就此拉開距離，一道無盡深淵橫亙其中。從此以後，教士、貴族領主、身著金色長袍的王子，以不復存在的偉大帝國的官方語言吟唱聖歌。而我們，田裡可憐的牲畜，失去了人類的語言，上帝唯一想聆聽的語言。我們還能怎麼做？只能夠跟從那些不嘲笑我們、冬天以皮毛溫暖我們的天真無邪的朋友為伴，不住咆哮和嚶嚶哭訴。我們和不會說話的動物一起生活，自己也變得沉默無言。

事實上，我們也不再那麼需要上教堂。但是教會不讓我們離開。它要求我們回去，

---

③拉丁原文：

Vetustatem novitas,
Umbram fugat claritas,
Noctem lux eliminat!（盧昂儀式）

④請參見《查理曼法令集》（*Capitulaires*）。

聆聽我們無法理解的語言。

從那時候起，一股沉滯、巨大、鉛灰色的濃霧包圍整個世界。請問持續了多長的時間？長達一千年的歲月！整整十個世紀被過往不曾有過的萎靡不振氣氛籠罩，整個中世紀，甚至往後的一段時期，陷入半醒半睡的狀態，在陰鬱無聊的氣氛中頻頻打呵欠。

聽到教堂的鐘聲天天在固定時間響起，人們打呵欠；聽到用鼻音哼唱的古老拉丁文聖歌，人們打呵欠。一切都已注定，整個世界再無希望可言。同樣的事日復一日地重複。必然無聊的明天讓人在今天就呵欠連連，想到接下來每一天、每一年的沉悶無聊，心情就提前沉重起來，對活著感到厭煩。不由自主、無法抑制的痙攣從頭蔓延到胃，從胃再到嘴巴，使得下巴自然張開，開始接連不斷、無法止住的呵欠。這真可稱得上是一種病症，信仰虔誠的布列塔尼居民將之歸咎於魔鬼的詭計。布列塔尼農民說魔鬼蹲伏在樹林裡，對著帶牲畜經過的牧羊人誦唸晚禱經和日課經，讓他不停打呵欠，打到沒命似的⑤。

變老即是變得虛弱。在面臨撒拉遜人（Sarrasins）及北方人威脅之際，如果人民都已垂垂老矣，我們會有什麼命運？查理曼大帝落淚，教會也一起哭泣，它坦承聖骨再也無法保護祭壇免受這些蠻族惡魔的攻擊⑥。不仰仗桀驁不馴的孩子和年輕巨人的力量，那些我們原本打算束縛、癱瘓的驍勇手臂呢？九世紀自始至終充斥著自相矛盾的行動。人們一會兒受到箝制，一會兒受到鼓舞；一會兒引發恐懼，一會兒又成為求救對象。人們提供協助，胼手胝足，迅速築起防止蠻族入侵的屏障和庇護所，保護從教堂逃出的教士和聖徒倖免於難。

儘管禿子查理（譯註：Charles le Chauve, 823-877，法蘭克王國加洛林王朝國王，自八七五年起為羅馬帝國皇帝，稱為查理二世）下達禁建令，山上矗立起城堡。逃亡者來到門前，「請看在上帝的份上收容我，至少請收容我的妻子和孩子，我會帶著牲口在您的城堡外紮營露宿。」城堡使得他恢復自信，他終於覺得自己是個男人。城堡給他庇護，他守衛它的安全，捍衛他的保護者。

早期的窮人弱者因為飢荒，自願歸順於有權有勢者，成為他們的農奴。但是在這裡截然不同，他做為附庸，以英勇彪悍的戰士身分⑦來投靠效忠。

他投靠城堡主人，然而並不隸屬於任何人，保有隨時放棄效忠的權利。「我不會一直待在這裡。土地如此寬廣，我也和別人一樣可以在山崖上築起我的城堡……我既然看守過城堡，等到自己成為裡面的主人，也會知道如何防守。」

⑤我的友人，著名的布列塔尼人勒南（Ernest Renan），猶如仍活在中世紀。有次他想遊說羅馬教廷進行改革，卻徒勞而返。他在羅馬倒是收到五花八門的提議。「您想要什麼？」教皇問他。「只有一件事：豁免日課的義務……我無聊死了。」

⑥這是蘭斯（Rheims）主教辛克馬（Hincmar）著名的坦實自白。

⑦一些作者大談特談個人自薦的舉動等等，鮮少留意、辨別出兩者的差異。

這正是封建社會崇高偉大的起源。城堡的男人接納附庸，卻告訴他們：「你想要離開的話，隨時悉聽尊便，如果必要的話，我還會協助你；如果你陷入泥坑，我會下馬拉你一把。」這正是古代奉行的準則⑧。

然而在某一天的早晨，我看見什麼？我眼花了嗎？這個山谷的主人正騎馬巡視周邊的土地，設立界標，不准任何人越雷池一步，甚至拉出看不見的界線。「這是什麼？是什麼意思……我不明白。」意思是圈起領地——「從天空到地上的一切，全歸領主所有。」

唉啊！何其可怕！這位 vassus（意即勇士）憑什麼遭到禁錮呢？啊！不，他們主張 vassus 的另一個意思是奴隸。

同樣地，用來指僕人的 servus 這個詞（往往出身高貴、身分崇高的僕人，宛如是一名公爵或帝國的王子），將演變為 serf，意指農奴，弱小卑微、生命輕賤的可憐人。

他們被這一張可恨的大網捕獲。然而在那邊，在山谷領主劃定的土地上，有一個男人主張這片土地是自由地，是一塊 aleu（自主地，譯註：指土地由上帝處領有，不屬於任何領主所有，也不存在對領主的義務），是太陽領地。他在一塊界石上坐下來，把帽子緊緊戴好，看著領主，看著皇帝⑨經過。「皇帝閣下，儘管走你的路，繼續前進，你穩穩坐在馬鞍上，我在界石上坐得更穩。你從這裡經過，而我留在原地……因為我本身就是自由。」

不過，我真不忍述說這個男人最後的下場。他周圍的空氣越來越濃，他越來越難以呼吸。他似乎中了魔法。他再也無法動彈，全身像是癱瘓一樣；他的牲口也越來越瘦，像是被施咒一樣；他的僕人們死於飢餓。他的土地再也長不出東西。鬼魂幽靈在夜裡剷平了他的農作物。

他堅持不屈，他說：「一個人的家就是他的城堡。」

但是他們沒有輕易放過他。他被傳喚，得在帝國法庭上答辯。他前往赴會，這樣一個舊世界的幽靈，再也沒有人認得出來。「那是什麼？」青年們面面相覷。「什麼！他既不是領主，也不是農奴。那麼他是誰？他什麼人也不是。」

「我是誰？我興建了第一座城堡，為你們防守城堡，在橋上英勇迎戰北方來的異教徒……我還築起水閘，開墾河谷沖積地，一如上帝從水裡把地分離出來，我自己創造出土地……誰能將我從這片土地趕走？」

「不，我的朋友，」他的鄰人說，「你不會被趕走。你來耕作這片土地……但是跟你料想的情況不同……親愛的朋友，別忘了，你年輕時（五十年前）輕率地娶了我父親的農奴之女賈克琳……別忘了這句格言：『跟我的母雞交尾就成了我的公雞』。」

——「你是我雞棚裡的雞。卸下腰帶，丟下配劍……你從這天起是我的農奴。」

---

⑧請參見雅各．格林的《德國古代法》和米榭勒的《法國法起源》。

⑨請參見雅各．格林對 *Aleu* 此字的說明。

這可是鐵錚錚的歷史事實。如此駭人聽聞的故事在中世紀一再上演。何等鋒利的宰制武器！我刪節、省略了許多，因為每次都是雷同的事件，同樣的利刃，同樣的刀尖刺穿心臟。

這個男人面對如此殘暴的迫害，憤怒得說不出話來。他像在龍塞沃之役遭到突襲的羅蘭伯爵（Rolan，譯註：十一世紀法國史詩《羅蘭之歌》的英雄，八世紀的武士）。全身血液往喉嚨衝去……他的雙眼冒火，嘴脣緊閉，但雙脣卻透顯著強烈的說服力讓與會者臉色發白……他們驚駭得往後退……他死了……他的血管爆開……鮮紅血液噴濺到兇手們的額頭⑩。

毫不穩定的地位狀況像一道極其滑溜的斜坡，自由民順著它下墜為封臣，再從封臣降為奴僕，從奴僕降為農奴，這是中世紀籠罩的恐怖陰影，也是絕望的根源。毫無逃脫的可能，因為再往前一步就粉身碎骨。他是外來者、飄泊的流浪者、野生獵物，要麼成為農奴，要麼死去。黏滯的土地讓人舉步維艱，讓路過者陷入泥濘動彈不得。有毒的空氣殺了他，亦即以死亡之手攫住他，讓他成為死人、虛無、牲畜，用五分錢就能買的一條賤命。

這即是中世紀苦難的兩大外在特徵，促使人們獻身給魔鬼。接著來探索那個時代的內在部分，深入它的習慣風俗，一窺堂奧。

⑩這是發生在阿韋勒（Avesnes）伯爵身上的事，他的自由地被宣告為封地，而他只是埃諾（Hainaut）伯爵的封臣。也可讀一讀法蘭德斯大法官的駭人故事，身為布魯日首席法官的他仍舊被斷定為農奴。請參見古爾特瑞斯（Gualterius）《法國歷史學》（*Scriptores rerum Francicarum*）第 XIII 卷。

3 家裡的小魔鬼

在傳說醞釀的中世紀早期，給人的感覺像是一場幻夢。我們很自然地認為服從教會、擁有敦厚心靈（傳說自可證明）的鄉村人民是極為純真的。想必那是個上帝賜福的時代。然而，供人們懺悔日常小罪的悔罪所，記錄了那些在撒旦影響下的奇行劣蹟。

這出自兩個原因：完全的單純無知，以及和家族近親共居的生活。他們似乎還不具備現今世界的道德觀念。儘管有教會當局的禁令，他們仍沿襲遙遠古代的父權家長制，只允許家族內的通婚，娶其他家族的女人被視為大逆不道。聯姻的家庭同住一個屋簷下。他們還不敢自立門戶，散居到周圍的曠野裡，只在墨洛溫王朝王居（Merovingian Palace）或修道院外圍的土地耕種，每晚帶著牲口回到宏偉的莊園別墅。其中的不便類似古羅馬囚禁奴隸的私人監獄 ergastulum。這類共居的大家族，有不少在中世紀甚至之後還繼續存在。封建領主不甚關注這類生活方式的可能後果。他將這個大家族視為同一家人，一大群「一起起床，一起就寢，同吃一塊麵包，同喝一鍋湯」的人。

在這樣全體一視同仁的生活裡，女人缺乏照料和保護，她的地位卑微。理想女性的典型聖母瑪利亞，數世紀以來其地位越來越崇高，而現實生活裡的女人，在男人和牲口組成的這些鄉村團體裡卻無足輕重。這是同堂共居必然的、可悲的結果，只能靠分家才能改善，只要人們終於鼓起勇氣自立門戶，定居在村子裡，或是到稍遠的地方開墾沃土，在森林裡的空地搭蓋茅屋居住，有了獨立的居所，才能擁有真正的家庭生活。有鳥巢才有鳥。從此之後，他們不再是東西，而是活生生的人……這才開始有了母親和妻子。

多麼感人的時刻。她終於擁有自己的家。可憐的女人，她總算可以成為純潔、高尚的人。丈夫到森林去時，她可以靜靜沉思，一邊紡紗一邊做白日夢。小屋簡陋、潮濕，冬天呼嘯的風從各處縫隙鑽進來，屋裡卻是靜寂無聲。有一些陰暗的角落可供她安置自己的夢。

她現在擁有一點點自己的東西。就像古老歌謠①所唱的，紡紗桿、床、箱子是她所有的家當。不久後會添個桌子、長凳或幾把矮凳子……十分寒傖的屋子！不過這些擺

①往長凳跨三步，
往睡床跨三步，
往箱子跨三步，
再跨三步，回到原處。（《舞蹈大師》（*Maître* de Danse，譯註：一七二五年出版，皮耶・拉莫〔Pierre Rameau〕作的古老法國歌謠）。

設還包含著一個活生生的靈魂。爐火帶來朝氣蓬勃的光輝；祝聖過的聖枝守護著睡床，通常還添上一束美麗的馬鞭草來增色。這座宮殿的夫人坐在門邊紡紗，一邊照看幾隻羊。這時她們還沒有足夠的錢買牛，但是如果上帝保佑這一家人，他們往後會擁有牛隻，大片森林，一點牧草地，在荒野覓食的蜜蜂，這就是他們賴以生存的依靠。他們還不太種小麥，因為他們對生長期較長的作物還不放心。如此赤貧的生活對女人來說並沒那麼艱苦，她沒有因此筋疲力盡，也沒有變得憔悴醜陋，像日後大規模開墾時代的女人那樣未老先衰，她還享有許多閒暇的時光。別因為聖誕節傳說和寓言詩裡那些中世紀粗俗文學的內容，以及後人那些粗鄙故事描寫的愚蠢笑聲和放蕩的行為，就對她妄下斷語。她獨自一人，沒有鄰居。那封閉黑暗小鎮的不道德、病態生活，互相窺探一舉一動，卑鄙、危險的嚼舌根說長道短行徑，統統還沒有開始！也還沒有醜惡老太婆在晚上潛伏於陰暗窄巷裡煽惑年輕妻子的芳心，說有人愛她愛得快要死掉。我們上述所描述的這個中世紀早期農奴的妻子，除了自己的夢外就沒有朋友了，她只跟家裡養的牲畜或森林裡的樹木交談。②

它們（譯註：指床、箱子、凳子這些家具）會與她交談，而我們知道談些什麼。它們會喚起祖母曾告訴她母親，再由母親告訴她的故事，總之是女人代代相傳下來的故事。各種遠古的精靈傳說，打動人心的家庭信仰，在嘈雜混亂的共居生活裡無疑起不了多少作用，但是它現在像幽靈一樣復返，出沒在這間孤立的小屋。

一個有仙女、小妖精的奇妙世界，正打動女人的心靈。打從曾經江河滔滔的聖徒傳說創作枯竭、中斷以後，這一種更為古老、更為詩意的傳說，以全然不同的方式，悄然、祕密地進駐女人的溫柔心田。它們是女人愛惜、撫弄的珍寶。仙女也和她一樣是女人，她透過這面神奇魔鏡的反射，看見自己變得更加美麗。

仙女是什麼人？據說古時高傲任性的高盧王后們，對帶著使徒到來的耶穌無禮地相應不理。她們那時正在布列塔尼跳舞，就此一直跳下去。這是她們得到的殘酷刑罰。她們被判處得活到末日審判那一天③。其中一些人被縮小到兔子或老鼠一般大。比如夜裡在德魯伊教巨石陣前圍著你們跳舞的Kowrig-gwan（小精靈）。比如以胡桃殼當馬車的梅寶（Mab）仙后。她們有點反覆無常，有時情緒惡劣——考量到她們的悲慘命運，著實不足為奇。就算她們這麼小、這麼古怪，仍然擁有一顆渴望被愛的心。她們時而善良，

②學養豐富的莫里（Alfred Maury）將所有時代的作品收錄在《仙女》（*Les Fées*, 1843）和《魔法》（*La Magie*, 1860）。北歐國家的作品，可參見雅各・格林（Grimm）的《神話》（*Mythologie*）。

③對舊信仰的這份忠誠，何等感人！儘管五世紀有過宗教迫害，農民們仍然用布縫製或用麵粉捏製這些偉大古代宗教的神祇——丘比特、密涅瓦、維納斯，帶著這些粗糙的神像上街遊行。即使在德國最荒僻的角落，月神戴安娜的地位也堅若磐石（請參見雅各・格林）。到了八世紀，仍然可見異教神祇的遊行。人們在小屋裡進行獻祭、占卜等等。（埃諾省拉普丁〔Leptines〕大公會議的《異教索引》〔*Indiculus paganiarum*〕）。《查理曼法令集》以死刑恫嚇，仍毫無成效。到了十二世紀，伯查德主教（Burchard de Worms）重新檢視每個禁令，證明它們全數不起作用。在一三八九年，索邦大學再次聲討異教的殘餘勢力，到了一四〇〇年左右，熱爾森（Jean Gerson, 1363-1429，索邦大學校長）還將占星學視為仍然蓬勃存在、難以杜絕的迷信。

時而惡毒，滿腦子的奇誕幻想。每當有孩子降生的時候，她們從煙囪進入屋子，賦予他才能，確立他的命運。她們喜歡紡紗能手，她們自己也有神乎其技的紡紗技巧。賢妻良母們總是這麼說：跟仙女一樣擅於紡紗。

剝去童話故事裡由近代編輯所增潤的可笑內容，我們會看到它們最初是民眾內心深處的反射。它們標誌著一段詩意的年代，是介於早期家族共居生活到新興資產階級和諷刺寓言詩出現之間的一段過渡時期。

這些故事有史實的成分，令人想起當時的大飢荒（如「吃人妖魔」等故事）。不過一般而言，它們是以「青鳥」的翅膀，翱翔於史實之上，以不朽的詩歌語言說出人類相同的願望，與人類內心永恆不變的故事。

可憐的農奴想得到喘息、休息，渴望找到寶藏以終結不幸的生活，這樣的情節在故事中一再反覆出現。不過，這些故事往往又會受更崇高靈感的啟迪，把「寶藏」寫成是一段等待被喚醒的愛情（如「睡美人」的故事），哪怕故事中的美女有時會因為中了魔咒，被遮蓋了美貌。從而出現了動人的三部曲，從《髮髮里克》（*Riquet à la houppe*）、《驢皮公主》到《美女與野獸》，正是一段令人讚嘆的美妙漸強奏。真愛讓人不屈不撓，無視外表的醜陋，堅持不懈，終於發現深藏其下的美。三部曲的最後一個故事尤為淒美絕倫，我相信讀完它時無人不落淚。

有一種非常真實、非常真摯的情感潛藏在不幸與無望的愛中，殘酷的大自然往往在社會階級落差過大的可憐人之間播下愛的種子，農婦因為無法盛裝打扮贏得騎士的歡心而憂傷，農奴犁田時見到敬愛的美麗領主夫人騎白馬經過，懾人心魄的光芒讓他不住低聲嘆息。就像東方傳說裡，夜鶯和玫瑰花之間無望愛情的憂傷故事。不過，絕大的差異在於，鳥和花都很美麗，美麗的程度甚至不相上下。這裡卻是一位下等人，地位如此低賤，他卑微地自承：「我很醜，我是怪物！」真遺憾！……但是他比東方故事的主人翁更勝一籌，具有英雄般的意志力，憑藉著強大的欲望衝破層層險阻和虛妄表象。這個怪物真心去愛，也得到真心的愛，愛讓他變美。

這裡頭有無限的溫柔。——這個沉醉在愛裡的靈魂不只想著她自己。她也汲汲於拯救整個大自然和社會。那個苦難年代的所有受害者都是她特別關注的對象——遭後母毒打的孩子，被姊姊們嘲笑、虐待的么女妹妹。她甚至同情起城堡裡的夫人，可憐對方嫁給殘酷的伯爵（藍鬍子）。她對牲畜懷抱惻隱之心，安慰降生為動物的牠們。耐心等候吧，光明的日子終會到來，牠們受俘的靈魂將展翅飛翔，能夠自由自在，惹人愛也受到疼愛。這是《驢皮公主》和其他類似童話的另外一面。女人的溫柔心腸顯而易見，粗暴的農夫對牲畜相當殘忍，但女人看見的不是牲畜。她以孩子般的心靈看待牠們。在其中看見人性，看見神聖。在她的眼裡，整個世界變得崇高華貴。美妙的魔法啊！儘管地位卑微，自認平庸素樸，她將內心的美麗、魅力投射到整個大自然。

然而這位卑微的農奴之妻，當真那麼其貌不揚？她沉醉在白日夢中，以形形色色的幻想餵養自己，我描述過她的生活，她忙於家務，一邊紡紗一邊看羊，到森林裡拾柴火。她還沒有從事艱辛的勞動，她不是後來那種因為麥田繁重的農活而變得憔悴、醜陋的農婦。她也不是許多民間粗俗故事裡的主人翁，城鎮裡肥胖、懶散的自由民。這個女人害羞、溫柔，缺乏安全感，意識到自己的命運由上帝支配。她看到山崖上聳立的陰森可怕城堡，從那裡隨時可能飛來橫禍。她敬畏丈夫，他在別處是農奴，在她身邊是國王。她把好東西都留給他，自己幾乎沒東西可吃。她像教堂繪畫的聖女一樣纖瘦苗條。在那些糧食匱乏的時代必然造就纖瘦孱弱的女人，極高的嬰兒死亡率足以證明。這些蒼白的玫瑰只靠精神力量支撐，於是才爆發十四世紀的癲癇病。目前大約還在十二世紀左右，女人的兩個弱點和半挨餓狀態不脫關係，夜裡夢遊，白天看見幻覺、耽於幻想、動不動就流淚。

儘管純真無邪，這個女人仍然有祕密，我們之前說過，她有一個絕不會在教堂坦承的祕密。她心裡深藏對古代神祇④的記憶，儘管他們目前已淪為幽靈，她對他們的可憐處境深感憐憫。千萬別認為他們既是神靈就不會受苦。他們棲息在石頭上、橡樹樹幹裡，一到冬天就冷得難受。他們非常喜歡溫暖，總在屋子周圍徘徊。人們發現他們在畜棚裡挨著牲口取暖。再也得不到焚香、祭祀供品，他們有時候會偷拿屋裡的牛奶。而勤儉持家的妻子並不會撙節丈夫的飲食，她只減少自己的食量，在每晚留下一點白奶油。

這些神靈現在只在夜裡出沒，悲傷地懷念已經和他們絕緣的白晝，他們渴望光亮。

夜裡，妻子鼓起勇氣踏出家門，怯生生地攜著一盞小燭火前往他們棲身的大橡樹或是一處神祕的水泉，燭光透過水面反射而更顯輝煌，能讓這些悲傷的流放者眉開眼笑。

天哪！她要是被人發現該怎麼辦！她的丈夫生性謹慎，極度畏懼惹怒教會。如果他知道這件事，肯定痛打她一頓。教士無情地向這些可憐的神靈宣戰，四處追捕他們。他們大可安穩地住在橡樹裡。難道他們在森林裡還會造成什麼危害嗎？但是不行，一次又一次的大公會議發出緝捕令。某些時候，教士甚至進入橡樹林祈禱和灑聖水以驅趕惡靈。

如果完全沒有人同情他們，他們會有什麼下場呢？而這個仁慈的女人保護他們。身為虔誠基督徒的她，會在心裡為他們留一個溫暖的角落。這樣一位貞潔妻子認為，無傷大雅的女人小心事，若在教堂坦白告解即會遭到嚴厲譴責，她只能跟他們傾訴。他們是她的知己密友、告解神父，她不畏懼對他們吐露動人的內心祕密。燒耶誕柴的時候，她想著他們。聖誕節到了，這一天也是北歐古代的鬼節，黑夜最長白天最短的冬至節。五月節種樹時也想著他們。在聖約翰節前夕的篝火前，這場生命、鮮花和初萌愛情的真正盛宴裡，她也惦記著他們。沒有孩子的妻子尤其盡責地喜歡這些節慶，虔誠地參與。向聖母瑪利亞許的願望或許不會應驗，畢竟她祈求的內容並不是聖母瑪利亞能感同身受的事。心焦的妻子寧願向某個古代的神祇低聲祈求，那是昔日農村崇拜的神祇，現在有座

---

④請參見莫里《魔法》。

在中世紀，人們相信小妖精、小家神能為家裡帶來幸福，而教會則將之視為魔鬼的化身。

Beehive and witches, 1880, by Luis Ricardo Falero (1851-1896).

來源：Wikipedia Commons

地方教堂願意奉為聖徒⑤。如此一來，床和搖籃，一位純潔、柔情女人所隱藏的最甜美的祕密全屬古代神祇管轄。

神靈們不會忘恩負義。有一天早上她剛醒來，根本還沒碰任何東西，發現家務已經全部完成。她目瞪口呆，只是劃了個十字，沒說任何話。丈夫出門後，她自問這一切是怎麼回事，卻沒有答案。想必是精靈做的。「是什麼精靈呢？是什麼樣子呢？……喔！我真想看看他！……但是我覺得害怕……不是說看到精靈的人都死了嗎？」這時搖籃擺動起來，它自己在晃動……讓她大驚失色，她聽到一個非常輕柔、低微的聲音，低到她以為是自己發出的聲音：「親愛的，我最親愛的女主人，如果我喜歡替您的孩子搖搖籃，正因為我自己也是小孩。」她的心臟還在撲通狂跳，但是稍微安下心來。搖動搖籃的天真行為讓這位精靈看來無害，他應該是善良、溫順的，至少上帝會容許。

從這一天開始，她不再是獨自一人。她清楚感覺到這個精靈就在近旁，離她並不

⑤這是小貪吃鬼最喜歡躲藏地方之一。瑞士人深知他的喜好，到今天仍然送他牛奶當禮物。瑞士人叫他troll（滑稽）。德國人叫他 kobold（小妖精）、nix（水妖精），法國人稱他為 follet（家神）、goblin（妖精）、lutin（淘氣小妖精）；在英國是 puck（惡作劇小妖精）、羅賓漢、羅賓好漢。莎士比亞描述他幫貪睡女傭的忙，早上為了喚醒她們，掐她們掐到瘀青。

遠。他剛輕掠過她的裙子，她可以聽見窸窣聲。他隨時都在她周圍打轉，顯然無法離開她身邊。她到牲畜棚，他也在那裡。她幾乎可以肯定，有一天曾在奶油罐裡見到他⑤。

可惜她無法抓住他，把他瞧個仔細！有一次，她正撥弄壁爐中的柴火，以為看見這個淘氣鬼在點點火星裡打滾跳舞。另外一次，她差點在玫瑰花裡逮到他。小不點的他勤奮工作，打掃整理屋子，免除她的家務之苦。

但是他也有缺點。他體態輕盈，大膽無畏，就算抓住他，也大有可能逃脫。他也看得太多、聽得太多。他有時在早上複誦她上床熄燈後的輕聲呢喃，聲音極其細微的低語，她很清楚他嘴巴不緊、太愛探問。她覺得自己被亦步亦趨地跟隨，深感困擾，對此抱怨連連，卻也樂在其中。她有時會威脅他，打發他離開。她總算確信自己是獨自一人了。但是下一刻，她感覺有什麼東西掠過臉頰，像是微風的吹拂或鳥兒的翅膀。這個小淘氣躲在一片葉子下面……他哈哈大笑……以不帶嘲弄的柔和聲音訴說搔弄這位害羞女主人的樂趣。她勃然大怒。但是淘氣鬼說：「不，小主人，親愛的小主人，不要生氣。」

她覺得羞愧，不敢再多說任何話。不過此時她已稍稍察覺他付出過多的愛，她有所顧忌，卻也更愛他了。夜裡，她感覺到他溜上床，鑽進被窩。她感到害怕，向上帝禱告，緊緊挨著丈夫。她該怎麼辦？她沒有勇氣告訴神父。她對丈夫吐實，他先是一笑置之，半信半疑。她又吐露更多，說這個小妖精生性調皮，有時過於放肆……「沒關係的，他這麼小！」——他這麼說，要她放心。

看得更清楚的我們，也能放心嗎？她依然純真善良。如果像城堡裡的領主夫人那樣，當著丈夫的面接受一眾騎士侍從的殷勤追求，可會讓她厭惡地渾身戰慄。然而我們必須承認，淘氣小妖精已經大有斬獲。一個能夠躲在玫瑰裡的小侍從，對名譽的影響可說微乎其微。正因如此，他儼然是情人。身型如此小巧，他可以鑽進任何地方，要攻城掠地，沒有人贏得過他。

他甚至鑽入丈夫的心，對他獻殷勤，討得歡心。他照管丈夫的工具，幫忙打理花園，到了晚上，得以在溫暖的壁爐前有一個位置，蜷縮在孩子和貓兒後方一起烤火就是報償。他細小的聲音聽起來就像蟋蟀在叫，但是他不常被看見，除非是微光照亮他喜愛棲身的某處裂縫。這時他們瞥見，或說以為瞥見一個小小的臉蛋。他們對他說：「喔！小不點，我們看見你了。」

教會殷殷告誡他們，得提防惡靈，說這個能像風一樣鑽進屋裡，被認為無害的小妖精，實際上可能是魔鬼，但他們並不願相信教會的說法。認為這樣的小不點怎麼看都純潔無害。再說，自從他來到家裡以後，一家人的生活更為富足。丈夫和妻子都這麼認為，丈夫或許更深信不疑。他確信這調皮的小家神為家裡帶來幸福。

4 誘惑

在上一章，我還沒提起讓那個時代更黑暗駭人的可怕陰影。尤其是鄉村家庭慣於面對的無常命運，心頭無時無刻不懸著一顆大石，畏懼城堡領主橫施的暴力。

封建制度正好有兩件事造就了人間煉獄：一是完全的固定不動，人被釘牢在土地上，不可能遷移到他處，再來是身分地位能否延續的高度不確定感。

樂觀的歷史學家大談免役稅、特許狀和贖買自由，卻忘記後續的保證付之闕如。該支付給領主的東西那麼多，領主要是嫌不夠的話，也可以取走剩下的一切。這即是所謂的攫握權（droit de préhension）。努力工作吧！天真的傢伙，你在田裡工作的時候，從城堡傾巢而出的恐怖大軍可能突襲你的家裡，帶走看上眼的東西「供領主使用」。

不消說，看看他，那個犁田的男人，一臉抑鬱，垂頭喪氣！……沒錯，他一直是這個樣子，眉頭深鎖，心事重重，彷彿隨時等著壞消息從天而降。

他琢磨著復仇計畫嗎？沒有，他的腦海裡縈繞著兩個念頭：「今晚回家時，家裡會是什麼情況？」——再來是：「啊！如果翻土時可以找到寶藏該有多好！如果仁慈的魔鬼賜予寶藏讓我們贖回自由該有多好！」

據說在這樣的呼喊下（就像伊特魯利亞守護神有一天以孩子的形貌從犁頭下現身），通常會有一個小小的矮人、一個地精從土裡冒出，站在犁溝裡對他說：「你在找我嗎？」——可憐的男人這下目瞪口呆，再也不想要任何東西。臉色慘白的他劃了個十字，於是眼前一切消失無蹤。

他事後感到懊悔嗎？他不曾對自己說：「你真蠢。你打算永遠過著悲慘生活嗎？」我相信這是他心甘情願的選擇。但是我也確信有一道不可跨越的可怕障礙阻止他付諸行動。我並不認同修士們記述巫術事件時的說法，說與魔鬼定契約是被愛沖昏頭的戀人或貪財的吝嗇鬼一時興起的衝動。只消從常理和人性判斷，我們就能確定事實截然相反，如果不是在暴虐傷害、苦難不幸的可怕壓力下陷入絕境、無計可施，否則人們不致訴諸如此極端的手段。

「然而，」學者們表示，「在聖路易國王（saint Louis）明令禁止領主之間私人戰爭的時代，這些極端的苦難應該已經銳減。」我認為事實恰恰相反。在這個禁令頒布到百年戰爭爆發（一二四〇—一三四〇）之間的八十年到一百年，領主們被剝奪了焚燒、掠奪鄰近領地的慣常消遣，於是轉而殘暴地對待自己的附庸封臣。聖路易國王的和平時期對他們而言實為戰爭時期。

《尤迪斯・里戈的日記》（*Journal d'Eudes Rigault*）裡的教會領主、教士領主令人不寒而慄。此書所描繪的種種狂暴、野蠻放縱行為如此怵目驚心。教士領主特別偏愛襲擊女修道院。這位嚴厲的里戈，聖路易國王的告解神父、盧昂的總主教，自行調查諾曼第的狀況。他每晚拜訪一座修道院。所到之處，他發現這些修士過著跟貴族領主無異的生活，佩劍外出、飲酒作樂、與人決鬥、在田裡狂奔狩獵、肆無忌憚地踐踏農作物；修女們和他們共居一處，總有人懷上他們的孩子。

這就是教會的狀況。世俗領主又該是什麼模樣？從平原仰望即令人生畏的那些黑暗城堡，內部會是什麼樣子？《藍鬍子》和《格麗瑟莉蒂絲》（*Grisélidis*）這兩則無疑取材自史實的童話讓我們略窺一二。如此殘忍虐待家人的暴君，又會如何對待自己的附庸、農奴呢？我們只能從唯一一位因暴行受到審判的領主事蹟判斷，即十五世紀綁架孩童的吉爾．德．萊斯（Gilles de Retz）。

華爾特．史考特（Walter Scott）筆下的牛面將軍雷金納德男爵（Reginald Front-de-Boeuf），以及通俗劇和小說裡的貴族領主，跟這些可怖的現實人物對比，都成了可憐人。《艾凡赫》（*Ivanhoé*）這本小說裡的聖殿騎士也同樣是欠缺血肉、充滿斧鑿痕跡的虛構人物。作者不敢碰觸聖殿騎士團守獨身的生活，以及封閉城堡裡的邪惡淫穢現實。城堡裡其實罕有女客，她們被視為只吃不做的無用之人。騎士文學的內容恰好和現實截然相反。事實上，文學作品呈現的內容往往反映當時生活的反面（例如在法國大革命的恐怖統治時期上演的是平淡的抒情劇）。

比起書籍的陳述，我們可以從一些原始格局仍原封不動保留的中世紀城堡中得到更多訊息。我們因此清楚了解，當時的鐵甲武士、侍從、僕役，夜裡全擠在大廳低矮的穹頂下同室共眠，白天則在城垛、狹窄的平台執行防守，日日呈受最難以忍受的無聊，只有下山突襲時才得以喘息，感覺自己還活著；這裡所說的突襲不再是征討鄰近領地的戰爭，而是狩獵，捉捕活生生的人，我指的是對農奴家庭的無數凌虐、暴行。領主對此也心知肚明，但要讓這一大群沒有女人的男人不造反，只能偶爾縱容他們。

在地獄裡，上帝利用邪惡的靈魂，罪孽最深重的那些靈魂，去折磨罪行較輕微的靈魂，讓後者成為前者的玩物，這樣驚人的想法，這個中世紀的崇高教義，在此一絲不差地得以實踐。人們感覺上帝遠在千里之外，屢次遭受的侵略只是再三證明世界乃由撒旦統領，人們相信從此以後得向撒旦禱告。

這些城堡的男人除了施暴還訕笑取樂。「農奴的妻子真是醜。」美麗與否並沒有關係。樂趣在於虐待、痛打，讓這些女人落淚。即便到了十七世紀，貴族夫人聽洛林公爵講述他的手下如何騷擾平靜的村落，虐待、殺害村裡的每個女人，連老婦人也不放過，還會大笑到直不起腰。

正如一般所料，凌辱和虐待是特別針對家境相對寬裕、地位相對崇高的農奴家庭，那些從十二世紀起就世代相襲村長地位的農奴家庭。貴族憎恨他們，嘲笑他們，樂於折磨他們。那些家庭初萌芽的道德尊嚴是不可原諒的罪過。他們的妻子、女兒若是貞潔端莊也是不可原諒的罪過。她們有什麼權利受到尊敬？她們的名譽不屬於自己。身體的奴隸，她們不斷承受這種殘酷字眼的襲擊。

很難相信在日後的基督徒世界，法律所明文剝奪的更甚於古代的奴隸制度，它將讓人痛心的最殘酷凌辱明定為權利。

教會領主和世俗領主都能享有此一卑劣的特權。在布爾日（Bourges）附近的教區，身為領主的教區神父對每位新娘要求行使初夜權，但是實際上，他十分樂意讓新郎贖回妻子的初夜權①。

人們認為這樣的凌辱只是形式，未曾真正執行。然而，在某些國家的初夜權贖金遠遠超出農民的能力範圍。比如在蘇格蘭，封建領主要求「幾頭牛」。這不啻天方夜譚的鉅額代價！因此農奴可憐的年輕妻子只能任憑領主處置。此外，貝阿恩領地法（Fors de Béarn）相當明確地陳述此一權利確實被執行：「農民的長子向來被視為領主的兒子，因為他可能懷有領主的血統②。」

即使有些地方的記載並未提及此事，封建制度習俗規定新嫁娘得親自將「婚禮菜餚」送進城堡。這個可憎的慣例迫使可憐的新娘冒險踏進一群粗野無禮單身漢環伺的場所，隨時可能遭受侵擾。

我們可以想見這可恥的一幕。年輕新郎將新娘帶到城堡，這對不幸的夫妻一進門就面對騎士、侍從們爆開的哄堂大笑和侍童的惡作劇捉弄。——「無論如何，有領主夫人在場，他們不致任意妄為吧？」才不是。騎士文學裡呈現的領主夫人如此嬌弱③，事實上，丈夫不在時，她可以對手下人馬發號施令，她習於審判、處罰，施用酷刑；也由於她帶來的封地嫁妝，丈夫總是對她言聽計從，這位夫人絕非宅心仁厚的保護者，尤其面對的若是一個面貌姣好的女農奴。根據當時的習慣，貴族夫人可以公然炫耀寵愛的騎士、侍從，她樂於容許丈夫隨心所欲地尋歡，以便讓自己享有同等的自由。

她不會阻止手下們戲弄渾身顫抖、急於想贖回妻子初夜權的可憐農奴。他們先和他討價還價，嘲笑這位「小氣農夫」受到的痛苦折磨；最後搾乾他的骨髓和身上的每一滴血。為什麼緊咬這對夫妻不放呢？因為他的衣著得體，老實規矩，備受村民尊重。因為她開朗、端莊、純潔，因為她愛他，因為她恐懼得哭泣。她那雙美麗的眼睛乞求著赦免。

不幸的丈夫願意獻出自己擁有的一切東西，甚至包括嫁妝，卻是枉然……沒用的！還不夠！這時，他被如此嚴苛的不公平對待惹惱，不由得喊道：「我的鄰居什麼也沒有付……」哇！這個無禮的傢伙開始爭辯了！於是所有人團團圍住他，咆哮辱罵，棍棒、掃帚齊飛，像冰雹般猛烈地落到他身上。他被推出門外。他們對他大吼：「嫉妒的吝嗇鬼，臉孔陰沉的傢伙，誰要奪走你的妻子？我們今晚會把她還給你，還有個更大的恩惠，讓她帶著孩子回去！表達感謝吧，你們現在成了貴族。你的長子將是男爵！」——

---

①L. Laurière, II, 100；Marquette，米榭勒《法國法起源》。

②《法國法起源》於一八三七年出版，《女巫》於一八四二年出版。

③貴族夫人的御用詩人，《玫瑰傳奇》（*Roman de la Rose*）的作者（一三〇〇年左右）尚・德・梅恩（Jean de Meung）曾經領受這樣的嬌柔攻勢。

所有人擠在窗邊看這個新郎面如死灰的可笑臉孔……隆隆的笑聲，喧鬧的一群人，連最低階的廚房傭人也參與其中，一路緊隨這位「可憐的戴綠帽丈夫」④！

這名男子本來會死去，如果他沒有懷抱最後一個希望——得到魔鬼的幫助。他獨自回到家。屋裡空盪盪嗎？不對，他有夥伴。撒旦就坐在爐火旁。

不久以後，她回到家裡，臉色慘白、披頭散髮，唉！唉！多麼淒慘的狀態！……她撲通跪下，祈求他的原諒。這時男人的心臟像要爆開一樣……他伸出雙臂環住她的頸子，開始嗚咽啜泣，怒吼咆哮的聲音之大，令牆壁也為之震動……

她的返家也帶回了上帝。不管她受到什麼磨難，仍然純潔、清白、神聖。撒旦這一天依然一無所獲。魔鬼協議的條件還未臻成熟。

所有愚蠢的中世紀寓言詩和可笑的童話，都認為妻子由於這個致命的凌辱，以及後續必須承受的種種傷害，而站在加害者這一方來對抗她的丈夫，它們想讓我們相信，受到粗暴凌辱的可憐女孩會因為懷上身孕而開心雀躍。——怎麼可能？階級地位、禮貌、優雅無疑能吸引她，但是城堡裡的人不願勞神這麼做。如果有人以文雅教養來對女農奴示愛，無疑會引來訕笑。這一幫人，從小教堂的神父、膳食總管到僕人，相信如此凌辱對她而言是無上的光榮。即便地位最卑下的侍從在做愛時如果蠻橫粗魯，就自以為是偉大的領主。

有一天，可憐的女人於丈夫不在時再次受到虐待，隨著起身的動作，長髮披落在後背，她嚶嚶哭泣，高聲說：「可悲的森林教堂聖徒，向他們許願有什麼用？他們耳聾了嗎？年紀太老了嗎？……我為什麼沒有一個強大、有力（邪惡，怎樣都好）的神靈來保護我！我看到他們被刻在教堂的門口。他們在那裡做什麼？他們為什麼不去該去的地方，到城堡去帶走那些罪人，將他們丟進烈火熊熊的地獄？……啊！我需要力量。啊！我需要能力。誰能給我這些？我很樂意獻出自己做為交換……唉！我能給什麼東西呢？我擁有什麼東西呢？我什麼也沒有了——只有一具可憐的身體。只剩下灰燼的靈魂！——我不需要毫無用處的小精靈，我要一個巨大、強大、有力的神！」

「喔！我親愛的女主人！我會這麼小，無法長大，都是您的錯……再說，如果我個子很大，您絕不會喜歡我，您不會容許我跟在身邊，您的丈夫也不會。您們會讓教士帶著聖水獵殺我……如果您希望的話，我可以變大變強……女主人啊，神靈既不大也不小，既不強也不弱。只要願意的話，最小的精靈也可以變為巨人。」

——「怎麼做？」——「再簡單不過了。只要給精靈禮物，他就能變大。」

——「什麼禮物？」——「女人美麗的靈魂。」——「啊！太可怕了。你究竟是

④沒有任何故事比古老法國故事更歡樂，只不過這些故事幾乎千篇一律。它們只包含三個玩笑：戴綠帽丈夫的絕望，被鞭打者的哀叫，被吊死者的蹙眉怪相。第一個玩笑很有趣，第二個讓你笑到流眼淚，到了第三個，歡樂達到頂點；你會笑到直不起腰來。請注意，這三個玩笑的本質相同。總是針對地位低下、無力自衛反擊的弱者施加凌辱。

誰？竟然做這種要求？」——「天天都有人獻上這種禮物……您不想比城堡裡的夫人更高貴嗎？她把靈魂抵押給丈夫、情人，卻還將整個靈魂獻給她的侍童，一個孩子，一個小傻瓜。我不只是您的侍從，我不只是僕人。我是您的小女僕！……不要臉紅，不要生氣……讓我告訴您，我在您的周圍，也許已經在您的體內。不然我怎會知曉您的想法，甚至是您不敢坦承的想法……我是誰？我是您的小靈魂，一向對您的大靈魂直言不諱……我們不可分離。您曉得我已經和您在一起多久了嗎？……超過一千年了。因為我曾屬於您的母親、她的母親——您的外婆、曾外婆、曾曾外婆……我是家神。」

「誘惑者！……你會怎樣做？」——「讓您的丈夫變得富有，讓您變得有權力，人們將會敬畏您。」——「你說什麼？所以你是掌管寶藏的魔鬼嗎？」——「我只是做一件正當、仁慈、敬畏天主的事，為什麼稱我作魔鬼？……上帝不可能無所不在，祂不可能一直在工作。祂喜歡偶爾休息一下，讓我們這些神靈照管小事，補救上帝的疏漏和失誤……您的丈夫就是一個例子……這樣一位值得嘉許的勤奮勞動者，每天忙碌得筋疲力盡，卻僅能勉強餬口……上帝還沒有時間想到他……儘管有點嫉妒，我依然愛這位善良的主人。我同情他。他無法再撐下去了，必須屈服。他會像你們的孩子一樣死於赤貧。這個冬天，他生病了……下一個冬天他會如何呢？」

這時，她把臉埋在雙手裡開始痛哭，兩小時，三小時，或許更久。當眼淚流乾以後（雖然仍在抽噎），她說：「我別無所求……我只求你，救救我的丈夫。」

她未作任何承諾，但是從這一刻起，他已擁有了她。

5 魔鬼附身

恐怖時代卻也是黃金的時代。我的意思是，在那樣的殘酷年代，黃金首次取得支配力量。當時是一三〇〇年，美男子腓力四世（Philippe IV）統治的時期，這位沉默是金或說沉默是鐵的偉大國王似乎生性寡言，卻有一雙強而有力的手臂，強到將聖殿騎士團送上火刑柱，強到伸及羅馬，以戴著鐵手套的手給予羅馬教皇第一次重擊。

自此以後，黃金才是真正的偉大羅馬教皇和萬能上帝。這樣的演變不是沒有理由的，一切始於十字軍東征，在歐洲，只有猶如擁有翅膀能夠到處自由移動、快速流通的財富，才被視為貨真價實的財富。國王為了發動遠征，只想得到黃金。他派出黃金軍隊和國庫軍隊深入國土的每個角落。從東方帶回豪奢美夢的封建領主，更渴望獲得各式各樣的東方奇珍異寶——金銀絲圖案的武器、地毯、辛香料、珍貴馬匹。想擁有這一切東西，需要有黃金。當農奴帶來小麥，領主一腳踢開他：「這不是我要的東西；我想要黃金。」

世界從那一天起風雲變色。在那以前，儘管有種種天災人禍，租稅無論如何也不致構成問題。好年冬，壞年冬，租稅的多寡隨著大自然賜予的收穫而定。如果領主說：

「太少了。」農民會回答：「領主大人啊，上帝只給這麼一些。」

而黃金！唉！要去哪裡找黃金呢？……我們沒有軍隊可以橫掃法蘭德斯（Flanders）的富裕大城，以奪取黃金。要去哪裡才能挖到領主要的黃金呢？啊！如果有寶藏妖精①帶我們去尋寶該有多好！

在所有人陷入絕望時，有小精靈幫助的女人已經帶著收穫的小麥，來到鄰近小鎮的市集，坐在一袋袋麥子上等待買主，她獨自一人。其他村民還在家裡躊躇不決、不知如何是好。

她賣到想要的價錢。甚至當其他村民也來到市集兜售麥子時，大家仍舊來找她買麥子；某種魔力將顧客帶向她，甚至完全沒有人跟她討價還價。她的丈夫在期限前帶著叮噹作響的錢幣到村裡的榆樹下繳租。所有人都說：「太驚人了！……肯定有魔鬼的幫忙！」

他們哈哈大笑，她沒有笑。她悲傷又恐懼。晚上即使做了禱告，全身有如萬蟻鑽動的奇特感覺仍令她難以成眠。她看見許多詭異的臉孔。那麼小、那麼溫柔的精靈轉眼間變成專橫的暴君，膽大妄為。她不安又憤怒，想要起身。而她無能為力，嘆著氣留在床上，感覺失去了獨立自主，心想：「我不再屬於自己了！」

「很好。」領主說，「總算有一位通情達理的農民，懂得提前繳租，我喜歡你。你會算術嗎？」——「一點點。」——「好，由你跟所有村民算帳款。每個週六，你坐在榆樹下收他們的錢。星期日早上，在彌撒前，你把所有的錢帶到城堡。」

多驚人的改變！到了週六，妻子看到可憐的丈夫，僅僅是農奴和勞動者的他，像小領主一樣坐在樹蔭下，她掩不住興奮，心臟怦怦地狂跳。這個男人起初有點暈陶陶，但是他終於適應這個新職位，展現出幾許威嚴。不會有人取笑他。領主要求村民尊敬他。他前往城堡的時候，嫉妒者準備嘲笑、戲弄，「你們都看清楚那裡的炮眼了，」領主說，「你們可能看不到已經掛好的繩子。誰碰他一根汗毛，就準備被我吊在上頭。」

①魔鬼在整個中世紀擾亂人世。不過直到十三世紀，撒旦的特徵才告底定。莫里觀察到：「在這個時代之前，與魔鬼的契約還極其罕見。」我相信他的觀點。要怎麼跟還沒有真正成形的魔鬼締結契約呢？締約雙方的條件皆尚未成熟。要讓人類走上出賣靈魂、永遠在地獄受苦的可怕極端，得先讓他深陷絕望。不幸的人還未達到絕望的地步，得是悲慘到無以復加的人，他也完全知悉自己的慘狀，因而更感痛苦，再不期待任何脫身之道。這個定義的悲慘，正是因為十四世紀的人被要求辦到不可能的事（用金錢付租稅）。——我會在這一章和下一章說明當時的情況、感覺和走向徹底絕望的過程，人們如何陷入走投無路的境地而願意締結非同小可的魔鬼契約，它不只是單純的契約或行使巫術的要件。「魔鬼契約」這個字眼有遭到濫用之嫌，但是它是相當特別的狀況，等同與邪惡勢力締結婚約，獻身於魔鬼。為了讓我的敘述更易被理解，我將這個細緻且困難的分析以一個虛構的故事呈現。故事這個框架畢竟無關緊要。關鍵在於理解這些極端行為並非源於（如同一些作者試圖讓我們相信的）墮落人類的輕率、意志不堅和偶然屈從於色慾誘惑。要讓魔鬼契約得以存在，需要鐵腕時代的致命壓力、強制性的殘酷要求，於是地獄和人間煉獄相比之下，儼然像一個安全的庇護所、避難所。

這些話在村裡傳開，一股恐怖氣氛瀰漫開來。每個人對這對夫妻畢恭畢敬，走在路上時，人們躲得遠遠的，跟他們保持距離。為了避開他們，人們抄捷徑小道、低頭彎腰、偷偷摸摸或假裝視而不見。這種改變起初令他們自豪，但很快的就轉為憂傷。他們被孤立了。敏銳如她，清楚察覺到來自城堡的恨意和鄙夷，以及村民們帶著恐懼的仇恨。她感覺夾在兩種威脅之間，完全的孤立無援。只有來自領主的保護，或者該說是他們繳納的金錢能提供安全感；不過，為了得到這些錢，得對抗農民拖拖拉拉、懶散的習性，甚至將一無所有的人壓乾搾盡，要達成這一切，必須嚴厲地不斷威脅施壓！好好先生做不到了。她鼓勵他、敦促他：「你要嚴厲，必要時得殘忍無情，痛打他們。不然你會錯過繳款期限，我們也會完蛋。」

這是白天的煩憂苦惱，但是跟夜裡的痛苦折磨相比簡直微不足道。她再也無法入睡。她下床來來回回踱步，滿屋子徘徊。一切都那麼靜謐，但是這個屋子變了！它不再是從前安全舒適的小屋！壁爐前的這隻貓在綢繆什麼？牠假裝在睡，「卻瞇著綠眼珠看我」？那隻鬍子長長、一臉老謀深算的山羊，肯定知道她沒說出口的心事。月光下若隱若現的那隻母牛，「為什麼從畜欄裡斜眼看我」？……這一切大有蹊蹺。

她渾身戰慄，重新躺回丈夫身旁。「幸運的人啊！睡得多麼深沉！……而我，沒法再睡了；永遠都無法再入睡了！……」她最後仍是不支地睡著了。不過，何其痛苦！她的精靈朋友在身旁糾纏不休，以蠻橫的態度提出各種要求。他毫不留情地折磨她；假如她劃十字或祈禱讓他遠離片刻，他隨即化為另一種樣貌回來。「魔鬼，走開，當心！

我是基督教徒……不，不行，你不能那麼做。」

為了報復她，他以上百種醜惡可怕的樣子出現：他化為滑溜的蛇爬上她的胸脯，變成蟾蜍在她的腹部跳舞，或是化成蝙蝠，以可怕的尖嘴親吻她顫抖的嘴脣……他的目的何在？他使出渾身解數將她逼到極限，讓她無力再抗拒、俯首稱臣，逼她說：「好」，接受他的卑劣提議。不過她還在奮勇抵抗。她堅持說：「不要」。她寧願承受每晚的殘酷掙扎，這場恐怖戰鬥無止盡的折磨。

「精靈也能是實體的存在嗎？他對我的碰觸、挑逗是真實的嗎？如果就此投降，犯的是肉體的罪嗎？會是真實的出軌嗎？……」他不時提出這些狡猾的問題來瓦解她的抗拒。「如果我只是一股氣息、一陣煙霧、一襲清風，您有什麼好害怕，為什麼膽怯呢？您的丈夫有什麼可指責您的呢？」

信仰虔誠的人們在整個中世紀遭受的嚴酷折磨之一，即是我們認為微不足道、純粹神學式的種種疑問，這些問題令他們心神不寧、驚恐、苦惱，時而化為幻象，時而成為和魔鬼的激烈辯論，或與內在良心的嚴肅對話。著魔者呈現的魔鬼或許狂暴，但是直到羅馬帝國末期，到聖徒馬丁（Saint Martin）時代，到第五世紀，他還是一個精靈。蠻族入侵後，他也變得野蠻，逐漸具體有形。他喜歡扔石頭，以擊壞聖本篤修院的大鐘為樂。教會為了嚇退覬覦教會財產的暴力侵略者，讓魔鬼的模樣越來越具體；反覆灌輸罪人會受到魔鬼折磨的觀念，不僅是精神折磨，還包括可怕的肉體酷刑折磨，不是想像地獄的火焰，而是燒紅的木炭、鐵條或烙鐵所造成的身體劇痛。

魔鬼對死者靈魂進行肉體折磨的概念，對中世紀教會而言等於是一座取之不盡、挖之不絕的金礦。活著的人由於悲痛和憐憫，心裡思忖：「我們難道不能從這個世界為另一個世界的靈魂贖罪？以世間的罰鍰、賠償免除他們的罪罰呢？」連結兩個世界的橋梁是克呂尼（Cluny）修會，它自創立後（公元九百年左右）即一躍成為最富有的修會團體之一。

只要是上帝親自施予懲罰，施行重手壓制那些罪人，或揮動天使之劍（根據崇高的一句古語），還不會那麼可怕；這隻執法之手雖然嚴厲，但畢竟仍是父親的手。祂擊打的天使和所持的劍一樣純潔無瑕。然而，由邪惡魔鬼來執行刑罰時卻非如此。他們不像天使先逃出索多瑪再焚城。他們留在那裡，他們的地獄是一座恐怖的索多瑪，比入地獄的罪人更罪大惡極的這些魔鬼，從酷刑折磨得到邪惡的快感。教堂門口的雕刻栩栩如生地呈現這個教條。人們從中學到可怕的一課——魔鬼多麼享受他所製造的痛苦。以懲罰之名，魔鬼對這些受害者任意橫施暴虐。一個極其邪惡的概念（絕對該受譴責！），美其名為正義，卻偏袒更為卑劣的那一方，供給他施以折磨的玩具，讓他的邪惡更變本加厲，讓魔鬼本身也腐化墮落！

那是一個殘酷的時代！想想那時天空如何陰霾沉重，籠罩在人們的頭頂！想想可憐的孩子，打從襁褓時期就被灌輸這些可怕的觀念，在搖籃裡瑟瑟發抖！想想純潔天真的

在中世紀，女人被認為心智脆弱，容易受到魔鬼的誘惑而墮落。
Bernhardt Performs（Sorceress）, by Bain Collection.
來源：Wikipedia Commons

處女，以為體驗到精靈給予的愉悅，就會讓她被打入地獄。想想已有丈夫的女人，在床上受到同樣的侵擾，她堅決抵抗，但有時能感覺到體內的騷動……體內有蛔蟲的人應能理解這樣的可怕經驗。覺得自己過著雙面生活，感覺得出體內怪物的動靜，有時劇烈翻攪，有時緩緩蠕動，後者的感覺更糟，讓人覺得像暈船一樣！最後開始狂亂地橫衝直撞，極度恐懼自己，只想要逃跑，想要死去……

即使在魔鬼不施加折磨的時候，這個開始受他支配的女人，鬱鬱寡歡地四處遊蕩。因為再也沒有解救的辦法，他像毒氣能鑽進任何地方。他可不只是空氣王子、暴風雨王子，也是內在暴風雨的王子。史特拉斯堡大教堂拱門的雕刻粗野、有力地表達了這一點。一群瘋狂處女裡的領頭者，這一位將她們拉入深淵的邪惡女人，因被魔鬼佔據而全身腫脹，魔鬼無恥地充塞擴張，濃濃的黑煙從她的裙下溢出。

這樣的身體膨脹是被魔鬼附身的一項殘酷標記；既是懲罰也是一項足以誇耀的事。史特拉斯堡這位驕傲的女人鼓起腫脹的肚子，頭往後仰，為自己發腫的模樣而洋洋得意，為身體的醜陋變形而歡欣雀躍。

我們描述的這個女人，還不是怪物。不過她已經被魔鬼佔據，渾身充滿傲氣，為新到手的財富志得意滿。塵世再也扛不起她的重量。一派尊貴、美麗的她，高昂著頭，一臉輕蔑、冷酷地走在街上。鄰居們既畏懼、痛恨而又景仰她。

這位夫人用態度和眼神訴說著：「我才應該是城堡裡的夫人！……被一群男人圍繞、無恥又懶惰的那一位，不知趁著丈夫不在時會做些什麼事呢？」敵對局面就此形成。厭惡她的村民們仍舊以她為榮。「領主夫人是男爵夫人，我們這一位呢，她是皇后……不只是皇后，而是更偉大的……」她駭人、冷酷的美貌混合了驕傲和痛苦。魔鬼就在她的雙眸裡。

他算是已經擁有她，但尚未真正擁有她。她還是她自己，堅決不交出自己。她這時不屬於魔鬼，也不屬於上帝。魔鬼大可以佔據她的身體，像風一樣四處流竄。但是他還未真正擁有任何東西。因為她的意志尚未屈服。她是著魔，被魔鬼附身，但還不屬於魔鬼。有時他對她施以殘酷的虐待，卻徒勞無功。他在她的胸部、腹部、五臟六腑放燃燒的炭火。她痛得全身扭曲，卻依然厲聲說：「不，卑鄙的虐待者，我不會交出自己。」

——「當心了！我會用毒蠍的鞭子抽打妳，我會撕碎妳的肉，妳會淒厲哭喊、涕淚縱橫。」

隔天晚上，他沒有出現。到了第三天早上（這天是星期日），她的丈夫前往城堡。回來時垂頭喪氣。領主對他說：「涓涓細流推動不了磨坊的水輪……你一次帶那麼點錢幣給我，有什麼用呢？……我兩星期後就要動身。國王要攻打法蘭德斯，我還缺一匹戰馬。原來那匹馬從上次比武後就跛了。你去想辦法，我需要一百鎊（farthing，英國古錢幣，約合四分之一便士）……」——「可是啊，領主大人，我要去哪裡找錢呢？」——「把全村的錢都搜刮過來。我可以派人手給你……告訴那些農夫，如果拿不出錢，他們就完了，你將是第一個死的……我受夠你了。你跟娘兒們一樣容易心軟，是個懦夫和懶鬼。你會死去，為你的懦弱、懶散付出代價。啊，你就算不回去，被我留在這裡，也沒什麼影響……今天是星期天，如果他們看到你被吊在城垛上搖搖盪盪，想必會笑得很開心。」

這個可憐的人把這些話一字不漏講給妻子聽，他不抱期望，準備好要受死，把靈魂託付給上帝。她也跟丈夫一樣嚇壞了，煩惱得無法休息或入睡。要怎麼做才好？她後悔把精靈打發走。要是他回來就好了！……隔天一早，丈夫起床後，她筋疲力盡癱倒在床上。才一躺下，她感覺到一股沉重的重量壓在胸口；她大口喘氣，以為就要窒息。這個沉重的重量往下移到肚子，在此同時，她感覺彷彿有一雙鐵手抓住她的雙臂。「妳想要找我……我來了。很好，冥頑不靈的女人，妳終於要把靈魂給我了嗎？」——「閣下，我還擁有靈魂嗎？我可憐的丈夫！您愛過他……您跟我說過……您保證過……」

——「妳的丈夫！妳忘了嗎？……妳確定一直對他忠心不二嗎？……至於妳的靈魂！我出於好意才一再開口跟妳要，事實上，它早已屬於我……」

——「不對，閣下。」儘管身陷絕境，她又露出傲慢習氣，「不對，這個靈魂屬於我，因為婚姻誓約，也屬於我的丈夫……」

——「小傻瓜，妳這個小傻瓜啊！無可救藥！即使已經火燒屁股，妳還在頑固掙扎！……妳的靈魂，我看過它了，我清楚知道它從早到晚每個小時的樣子，甚至比妳更瞭解它。我天天看著妳最初的抵抗，妳的痛苦和絕望！當妳低聲說：『誰能抵抗不可抵抗的？』，我留意到妳的氣餒。妳想屈服投降的時候，我也在場。妳有點受到打擊，妳喊叫出聲，即使聲音仍然細微……如果我開口跟妳要靈魂，表示妳已經失去它了……」

「現在妳的丈夫在垂死邊緣……該做什麼？我憐憫你們……妳是我的……不過我要更多，我要妳自願地承認！否則他會死去。」

她在睡夢中輕聲說：「唉！我的身體和可憐肉體，為了救我可憐的丈夫，都拿去吧……但是我永遠不會獻出我的心。還不曾有人得到它，我不能把它交出去。」

說完後，她躺在那裡，順從地等待接下來的命運……他丟給她兩個字，叮嚀她：「記住它們。妳會得救。」她接著渾身顫抖，驚駭地感覺一道烈火刺穿身體，一陣冰寒浸遍全身……她尖叫出聲。她發現自己躺在丈夫的臂彎裡，他一臉驚訝，而她淚流滿面。

她大力地掙脫出他的懷抱，一躍下床，擔心會忘了兩個絕對必要的字。她的丈夫嚇壞了。因為她像是沒看見他，而是以美狄亞（Medée）似的兇惡目光掃視四周牆壁。她不曾如此美麗耀人。黑眼珠和泛黃的眼白散發出一道令人不敢逼視的炯炯光芒，猶如火山噴發的硫磺熔岩。

她前往小鎮。第一個字是綠色。她看見一家商店門口掛著一件綠色連身長裙（這位世界王子的顏色）。這是一件老舊的洋裝，但是她穿上後就顯得簇新耀眼。她往前走，不用問路就來到一位猶太人家門前，她大力敲門。門慢慢打開。這個可憐的猶太人坐在地上，半個身體埋在灰燼裡。「親愛的先生，我需要一百鎊！」——「女士啊，我哪有錢借你呢？城裡的主教王子為了逼問出我藏匿黃金的地點，把我的牙齒一顆顆拔了②……您瞧瞧，我滿口是血……」——「我知道，我知道。我就是來你家找可以摧毀主教王子的東西。只要打擊教皇，主教的地位也隨之動搖。是誰說的？是托雷多城③流傳的話。」

他垂著頭。她湊近對他耳語……她全心全意說服，而魔鬼在後方支援。驚人的熱氣充斥整個房間。猶太人也感覺眼前有一道噴射的火泉。「女士啊，」他抬眼看她，「一貧如洗的我，還留著一些錢來餵養孩子。」——「猶太人，你不會後悔……我要跟你發毒誓，如果我做不到會死去……你借我的錢，我一星期後會拿來還，那天清早一定還你……我跟你保證，我跟你發誓，我以『托雷多』的名義宣誓。」

一年過去了。她變得圓潤。像黃金一樣光彩奪目。她的魅力顛倒眾生。所有人仰慕她、服從她。由於魔鬼的奇蹟，猶太人慨然借錢給任何有需要的人。以她在城裡的信譽、對村民嚴厲的壓榨和強取豪奪，她獨自一人供應城堡要求的金錢。她趾高氣昂地四處奔走，綠色裙襬在身後飄揚，這身連身長裙變得越來越新，越來越華麗。在光榮勝利和傲慢自負的潤色下，她的美貌越來越驚人，不尋常得讓所有人大感駭然。所有人都說：「她這個年紀還越長越高！」

這時傳來消息，領主回來了。為了避開村落裡那個身著綠裙的女人而許久不敢下山的領主夫人，這時騎上她的白馬。在手下的簇擁包圍下，前去迎接丈夫。

她脫口而出的第一句話是：「我等您等得好苦！您怎能讓忠貞妻子孤單這麼久？讓她像守寡一樣憂傷憔悴？……您如果不送我一個禮物，我今晚不會讓您跟我同床。」——「說吧，說吧，我的美人兒！」領主開懷大笑，「快點說……我的夫人，我等不及想親吻您……我覺得您出落得更美了！」

她對他耳語，沒有人知道她說了什麼。回城堡之前，高貴的領主在村子教堂前下了馬，走進去。他看到門廊下一群貴族裡有一位不認識的女士，仍舊向她致意。由於自視甚高，她戴著像魔鬼頭上尖角的尖頂高帽（hennin），比所有男人還高。領主夫人相形見絀，羞恥得滿臉通紅。接著，憤怒的她低聲說：「那一位可是您的農奴！完了。一切都反了。驢子能侮辱馬呢。」

這話一出口，一位大膽的侍童，最受她寵愛的那一位，抽出腰間鋒利的匕首，俐落地一刀劈開美麗的綠裙④。她差點昏厥過去……人群目瞪口呆。不過眼見領主的所有隨

---

②這是用來逼迫猶太人吐錢的慣用方法。英國的無地王約翰時常採用。

③西班牙有許多巫師、女巫，托雷多（Tolède）似乎是他們的聖城。他們結交文明程度高的摩爾人，以及聰明博學、當時主宰西班牙（王室國庫官吏）的猶太人，因而擁有高度文化素養，在托雷多成立一所專屬的大學。到了十六世紀，巫師成為基督教徒，學院改為只傳授白魔法，請參見德拉克的《無信者》（*Incrédulité*）「巫師阿夏爾的證言」。

從衝去追她，人們明白過來……呼嘯的鞭子迅速、無情地此起彼落……她閃躲、逃跑，但是毫不靈活；她的身材已經有些笨重。還走不到二十步，即絆倒在地，她最好的朋友在路上放了石頭……所有人放聲大笑。她趴在地上大叫……但是冷酷的侍從們不斷對她揮鞭，打到她重新站起來為止。高貴英勇的獵犬加入陣容，咬向她身上最軟嫩的部位。在可怕的隊伍包圍下，慌亂的她總算回到家門前。大門深鎖。她手腳並用，對門又拍又踢，大叫：「親愛的！快！快！幫我開門！」她手腳大張掛在門上，就像被釘在農舍門上的可憐貓頭鷹……鞭子如雨點不斷落下……屋子裡頭悄然無聲。丈夫在裡面嗎？或者，他害怕開門，擔心人群將他的財產洗劫一空？

遭到如此多的凌辱、鞭打、咒罵，她頹然倒下，昏厥過去。她發現自己赤裸蜷縮在家門的冰冷石頭上，氣若游絲，一頭長髮幾乎遮掩不住血淋淋的肌膚。來自城堡的一個人說：「夠了……我們可不想殺死她……」

她被留在原地，跑去躲起來。但是她腦裡可以看見城堡裡舉行的慶祝舞會。有點暈頭轉向的領主忍不住說：「我覺得後悔。」教堂神父不疾不徐地說：「大人，若那個女人如大家所說的是遭到魔鬼附身，你有責任為了那些赤誠效命的附庸，為了所有的村落，把她交給教會。從聖殿騎士團的醜聞和教皇的事件以後，看見魔鬼有如此大的進展真讓人驚恐。只有火刑能對付魔鬼……」一位多明我會修士打斷他：「閣下所言甚是。魔法是最嚴重的異端邪說。著魔的人應該像異端者一樣被燒死。然而，好一些聖父甚至相信光靠火刑已經不再足夠。他們明智地建議，希望有罪的靈魂先透過齋戒禁食慢慢地淨化、試煉、馴服自己；而不是帶著毫無悔意的驕蠻傲氣，得意洋洋地走向火刑柱。假如夫人您如此虔誠，如此仁慈寬厚，您必會花費苦心去鍛鍊這一位，把她關進地牢裡靜修數年，只有您擁有開牢門的鑰匙；您能夠藉由堅定的紀律、適當的處罰，拯救她可憐的靈魂，羞辱魔鬼，讓她謙卑、溫順地回到教會之手。」

---

④這是那些年代常見的可怕、殘忍凌辱手段。在高盧和盎格魯薩克遜律法裡，它被訂為通姦罪的處罰。（參見格林；史坦霍克〔Sternhook〕；杜康日第四卷；米榭勒《法國法起源》。）不久以後，品德良好的女性，已經有自尊心的自由民，因為貴族有心羞辱她們，也慘遭相同凌辱。暴君哈讓巴克（Hagenbach）即常誘使阿爾薩斯地區上層自由民的高貴夫人中這類的埋伏，或許是為了嘲弄她們金縷絲綢的華麗服裝。我也在自己的《法國法起源》裡提到安茹（Anjou）地區的德帕塞（de Pacé）領主對附近地帶漂亮（品德良好）女人主張行使的特權。她們得帶四個錢幣、一頂玫瑰花環到城堡裡和官吏們共舞。對她們而言極為危險，大有可能會遭遇哈讓巴克設下的那種可怕侮辱。為了強制她們赴會，還附加一條但書說抗命者會被剝光衣服，遭到領主拿刺棒擊打。

6 魔鬼契約

只差找到受害人了。大家都知道，現在最合領主夫人心意的禮物，就是將那個女人交到她手裡。誰能將那個渾身是血、模樣淒慘的女人帶來，就能得到領主夫人柔情的感謝，同時證明自己的赤膽忠心。

不過，獵物嗅到了獵人的氣息：再過幾分鐘，她會被帶走，被關入永不見天日的地牢。她抓起畜棚裡破爛的衣服穿上，幾乎可說是一溜煙地插翅飛走，在午夜十二點前就走了好幾里路，遠離大道，來到只有薊草和荊棘的荒野。它位在樹林的邊緣，透過朦朧的月光，她找到幾顆橡實，像野獸般狼吞虎嚥地吃了起來。從昨天到現在，彷彿經過了幾百年光陰，她已經完全變了個人。不再是自負的美人、村裡的皇后，她的靈魂和態度徹底改變。她吞食橡實的樣子像一隻飢餓的野豬，蹲伏在地上的模樣像一隻猴子。她聽到或以為聽到貓頭鷹的呼叫，隨之是一陣尖銳笑聲，腦裡不由得浮現種種非屬人類的念頭。她感到害怕，也許不過是一隻能夠模仿所有聲音的仿聲鳥，正展現拿手的、以假亂真的把戲。

古怪的笑聲又傳來。它從何處來？她什麼都看不到。聲音似乎來自一棵空心老橡樹。

現在她清楚地聽見說話聲：「啊！妳總算來了……妳並非心甘情願地過來。如果不是身陷險境，被逼得走投無路，妳不會過來……驕傲的女人，妳得被人拿著鞭子追到尖叫求饒，受盡嘲笑、咒罵，被丈夫趕出家門而無家可歸。如果今晚我沒有憐憫妳，讓妳預先看見他們在城堡裡為妳準備的靜修地牢，妳會在哪裡呢？……遲了，妳太遲才來找我，他們現在叫妳老女人、老女巫了……妳年輕的時候，我這個小精靈那麼殷切地想伺候妳，妳沒有好好對待我……現在輪到妳（如果我願意要妳）來伺候我，親吻我的腳了。」

「由於妳深藏的邪惡種子，妳無法掩飾的魔鬼魅力，妳打從一出生起就屬於我所有。我是妳的情人、丈夫。妳的丈夫將妳拒於門外。我呢，我敞開大門，歡迎妳來到我的領土，我擁有的遼闊草原和廣袤森林……我能得到什麼好處？我不是早已擁有妳了嗎？我不是以熾熱的火焰席捲、佔領、充滿妳的身心嗎？我已經更換了妳的血液。我在妳全身上下的血管裡流動。妳不知道自己已完完全全是我的妻子。不過我們的婚姻還未完成正式禮儀……我是正派人士，講究禮儀規矩……我們必須正式永結同心，成為一體！」

——「閣下，以我的處境，我能說什麼？啊！我很久以來就確實感覺到了，清清楚楚感覺到了，您是我注定的命運。您狡詐地寵愛我、滿足我，讓我變得富有，將我推向毀滅……昨天，黑色獵犬咬著我可憐的赤裸雙腳時，牠啃咬的牙齒如火般炙燙……

我大喊：『是他！』當天在城堡大廳的晚餐席間，當那位希羅底（Herodias）提出狂肆要求，嚇壞眾人時，有人挑撥慫恿，承諾會帶回我的人頭……又是您的傑作！」

──「沒錯！但我也拯救妳，將妳送到這裡來。妳猜中了，都是我做的。我一手把妳打入絕境。為什麼？因為我想獨佔妳，不讓任何人來妨礙我們。坦白說，妳的丈夫是個麻煩。而妳，妳永遠會爭論不休、討價還價。這不是我的作風。不是全部就是沒有，這是我的座右銘。這是我為什麼稍微施加折磨，訓練妳、磨練妳，讓妳成熟得可以讓我接納……因為這是我細膩講究之處。我並不像大家以為的來者不拒，接受所有獻身的愚蠢靈魂。我想要篩選，我要達到某種狂暴、絕望狀態的可口美味靈魂……瞧！我可以老實告訴妳，我喜歡妳今天的狀態，妳比從前任何時候都更稱我的心；妳是撒旦想望的靈魂……啊！我已經愛妳那麼久！……不過今天，我對妳的渴望如此強烈……」

「我會寬大地對待妳。我不是那種和未來妻子斤斤計較的丈夫。如果妳只想當有錢人，妳即刻就變得富有。如果妳只想當皇后，走進納瓦拉女王讓娜的王宮，沒有人可以違逆我的意願，而國王仍有一個和昔日皇后一樣驕傲、任性的新妻子！「成為我的妻子會更尊貴。不過，說說看，妳想要什麼？」

──「閣下，我只想要為非作歹的力量！」

──「迷人啊，迷人的答案！……妳值得我的愛！……事實上，那樣的力量包含一切，法律和預言……由於如此睿智的這個選擇，妳也會再得到其餘的一切。妳會知曉我所有的祕密。妳會看見地底深處的乾坤。世人會湧向妳，在妳腳邊堆滿黃金……

受到欲望的驅使和貴族的壓迫，女巫最終成為魔鬼的新娘。
La Sorcière 09, 1911, by Martin van Maële (1863-1926).
來源：Wikipedia Commons

此外，我的新娘，我送妳真正的美鑽，即是復仇……小壞蛋，我瞭解妳，我知道妳藏在最深處的心願……我倆心心相映……正是這份禮物讓我確實擁有妳。妳將看見那位敵人跪在面前，乞求妳的寬恕，懇求妳對她以牙還牙，她會萬分快樂地接受。她會哭泣……和藹的妳會拒絕，笑著看她痛苦地喊出：『死亡和下地獄！』……接著該我行動。」

——「閣下，我是您的僕人……我承認自己多麼忘恩負義。您一向待我非常好。我的主人啊！我的神啊！我屬於您。我非您莫屬。您給的快樂如此美妙。您的服務如此美好。」

此時她匍匐在地崇拜他！……她先以聖殿騎士團象徵完全棄絕自我意志的入會儀式表達效忠！她的主人，世界的王子，風的王子，像一陣狂風吹向她。她同時領受三件逆行的聖事：聖洗、聖秩（譯註：將主教等神職傳授給繼位者的「覆手禮」儀式，領受「聖秩」者即成為神職人員）和婚配。這個新生教會跟神的教會截然相反，一切得逆過來做。她由「復仇！」這個字眼支撐著，順從、耐心地接受殘酷的入會儀式①。

地獄閃電非但沒有讓她衰弱無力、奄奄一息，她還變得更強、更可怕，雙眼炯炯生輝。有片刻被雲層遮掩的月亮，再次看到她時大感駭然。她整個人被地獄蒸汽、火焰、憤怒和某種邪惡欲望（新鮮之事）充塞，變得嚇人的腫脹，有一刻顯得無比巨大，恐怖的美貌令人望之生畏。她環顧四周……大自然也變了。樹木現在有自己的語言，述說過往的歲月和傳說。地上的草皆是藥草。她昨天當作牧草隨意踐踏的那些植物，現在是跟她交談、聊著治病方法的夥伴。

隔天早上她在極為安全的地點醒來，離她的敵人們很遠，非常地遠。他們到處找她，只找到那件不幸綠裙的幾片破碎殘縷。她是否在絕望下跳入湍流？她被魔鬼活生生抓走嗎？沒有人知道。不論是哪種，她肯定已墜入地獄。對於沒能逮到她的領主夫人來說，這是多大的慰藉。

人們就算看見她也認不出來了。她變得跟以前截然不同。只有眼睛還維持原樣，但不再炯炯發亮，而是透出一抹極為古怪、令人不安的曖暗微光。她自己也怕嚇壞他人，但她沒有垂下眼睛，而是別開目光，以斜覷來避免對人造成影響。她的膚色突然變深，像是被火烤過。不過只要看得更仔細，會發現火焰就在她體內，邪惡、滾燙的爐火在她胸膛內熊熊燃燒。撒旦的閃電劈穿過她的身體，卻殘留著餘火，就像一盞淒暗的燈，發出極其陰森迷離，卻危險地誘人的火光。人們驚嚇得退避幾步，但是留在原地沒有離開，感官知覺變得模糊了。

她來到一個穴居山洞的入口，就像法國中部或西部一些山丘上多不勝數的穴洞。那裡是梅林王國和仙后國度之間的蠻荒邊境。見證過昔日戰爭、永無休止破壞、恐怖劫殺擄掠的這片廣袤原野，仍然罕有人居。魔鬼在那裡感到無拘無束。稀寥的住民多數是他

①這一點會在稍後說明。我們得留意十七世紀學究們的加油添醋。愚蠢學者對此一可怕實情的渲染讓撒旦的形象淪落到和他們一樣卑鄙拙劣。

的狂熱信徒、虔誠的追隨者。洛林區的崎嶇山林、茹拉區（Jura）的黯黑松林、布爾戈斯（Burgos）的蒼涼荒原或許吸引他，但他偏愛流連的地方或許是法國西部邊陲。「在那裡不只有見到幻象的牧羊人、母羊和牧羊人交媾的魔鬼行徑，還有和大自然更緊密的關係，對於藥物和毒藥，以及那所托雷多魔鬼學院神祕關係的更深入理解。

冬天降臨。寒風將樹木剝光，落葉枯枝層層堆積在地。她發現它們就堆在陰暗庇護所的入口。穿過森林，在荒野走一段路，可以來到沿著小溪形成的幾處村落。「看啊，這是妳的王國，」一個內在的聲音說。「妳今天是乞丐，明天，妳將是統治這個地方的王后。」

7 亡者之王

這些承諾起初並沒有為她帶來任何改變。孤伶伶地住在沒有上帝的隱居所，西部地區終年的狂風、苦痛回憶不停襲來，失去的東西、承受的侮辱、突如其來的殘酷寡居生活、拋下她不管，任她獨自受辱的丈夫，這一切令她悲痛不已。一個無情命運的玩物，她將自己看作荒野裡可憐的野草，沒有根，任由風兒無情地吹刮、折磨、擊打；就像一塊嶙峋、暗無光澤的灰珊瑚，緊附任何東西的結果只會讓自己更容易摔得粉身碎骨。孩子用腳踩踏，人們嘲笑說：「這是風的妻子。」

她把自己類比為這些東西時，狠狠地嘲笑自己。不過從暗黑的洞穴裡傳來聲音：「無知、愚蠢的傢伙，妳不知道自己在說什麼……這個隨風滾動的植物大有資格藐視那些沉甸結實、普通平凡的草。它沒有牢抓泥土的根，卻是完整的，帶著一切，花和種子無一不缺。向它看齊，做妳自己的根，那麼即使迎風飄蕩，妳還會帶著花朵，就像從墳墓塵土和火山灰燼裡綻放的，屬於我們自己的花朵。」

「撒旦的第一朵花，我今天把它交予妳，讓妳知道我最初的名字、我在古時握有的權力。我是亡者之王……我遭到何等的誹謗汙衊啊！……單憑我（這無比的恩惠就該讓我被供上聖壇），單憑我，就能把死去的人都帶回世間……」

進入未來，召喚過去，提前或召回如此快速流逝的時間，藉由過去和未來，來擴大現在，這是中世紀嚴加禁止的兩件事，徒然無效的禁令，這裡的大自然無法被征服。是人類自行違反此一法則，他不會永遠固守一片耕地，低垂著眼，緊跟在耕牛後方，目光所及只有下一步的落腳點。不，我們人類總是看向更高、更遠、更深的地方。這片土地，我們費力地測量它，卻也跺腳頓足，不斷對它說：「裡面有什麼？有什麼祕密？有什麼謎團？你適當地歸還我們播下的種子。可是我們埋入的人類，那些我們出借給你的摯愛亡者，你為什麼不歸還？我們埋在那裡的朋友、愛人們，他們不會萌芽生長嗎？至少一個小時，短暫片刻也好，讓他們回到我們身邊！」

他們進入的那片未知之土（terra incognita），也是我們不久後歸屬的地方。但是我們會再見到他們嗎？我們會和他們相聚嗎？他們身在何處？他們在做什麼？我心愛的那些亡者必然受到嚴格約束，所以才沒捎給我任何一點音訊！我該怎麼做才能讓他們聽見？我的父親啊，那麼深愛我的父親，我是他唯一所愛，他為什麼從來不回到我的身邊？……啊！這邊和那邊都只有限制！束縛！俘虜！對彼此的未知！我們在這樣的幽暗黑夜裡徒勞地尋找一絲光線①。

人類天性使然的永無止息沉思，在古代僅僅是憂傷，到了中世紀，就變得殘酷、苦澀、令人消沉，讓人的心因而變得衰弱微小。這個世界似乎刻意擠壓靈魂，讓它小到得以被放入棺材。四片松木板構築的墓地相當適宜達成這個目的。使人聯想到窒息的感覺。被放入裡面的摯愛亡者如果在夢裡回來，不再是身上帶著天堂光暈的明亮、輕盈身影；而是受盡折磨的奴隸，地獄利爪貓兒的可憐獵物（野獸 *bestiis*、*Ne tradas bestiis* 等等）（譯註：《詩篇》第七十三章十九節拉丁文原文 ne tradas bestiis animam confitentem tibi animas pauperum tuorum ne obliviscaris in finem）。想到我那善良、討人喜歡的父親，我母親全心全意崇拜的父親，淪落為這隻可怕貓兒的玩物，是多麼可憎、不孝的想法！……你們現今會譏笑這樣的想法。但是長達一千年的歲月裡，這不是讓人發笑的事。人們悲痛地哭泣。就算在今天，寫著這些褻瀆的文字，情緒仍無法不感到激昂，憤怒地讓筆尖吱吱劃過紙張！

另一個確實殘忍的創新是將古人訂於春天的死靈祭典改到十一月。它原先在五月舉行，死者被葬在繽紛花朵裡。後來改到三月舉行，那是春耕的開始，雲雀發出春天第一聲鳴叫；人們懷抱著同樣的復返希望，將亡者和種子同時埋入土裡！唉！在十一月，一年的農活已經結束，即將進入漫長陰鬱的隆冬時期，參加祭典的哀悼者回到家裡，一個男人坐在爐火邊，看見眼前的位置將永遠空蕩無人……他只是更感哀痛！……很顯然，選擇這個本身已夠憂傷的時節，垂死大自然的喪禮時期，大概是擔心一個人自身的悲傷

①在阿爾佛德・杜梅尼的《不朽》（*Immortalité*）和《新信仰》（*la Foi nouvelle*）；尚・何諾（Reynaud）的《天和地》（*Ciel et Terre*），以及亨利・馬丁（Henri Martin）等人的作品可見一些微光閃耀。

還不足夠吧……

最為平靜，也最為忙碌的那些人，不管平日生計或煩憂如何分散他們的注意力，有時也有奇特的時刻。在霧氣籠罩的陰暗早晨，在如此迅速掩至的黑夜，經過了十年、二十年，一些微弱神祕的聲音浮上心頭：「朋友，早安，是我們……所以你還活著，像以往一樣辛勤工作……好極了！你不因為失去我們而過度悲傷、一蹶不振，你可以過著沒有我們的生活……但是我們，我們不會忘記你，永遠不會……家庭回復緊密，空缺漸被遺忘。我們的屋子充滿生機，我們祝福它。一切都很好，比你父親懷抱著你的那個時候更好，比你的小女兒對你說：『爸爸，抱我……』那時候還要好。怎麼，你竟然在哭……夠了，再會。」

唉！在說出溫柔、令人心碎的抱怨之後，他們離開了。僅止於此嗎？不。我寧可忘掉自己千遍，也不願把他們遺忘！然而不管如何，某些容貌已逐漸淡出記憶；某些五官輪廓並非消失，而是變得模糊朦朧。感覺自己如此善變、軟弱，像水一樣，船過水無痕，這是何等痛苦、辛酸、羞恥的事；最終感覺失去了我們那樣珍若寶物、希望永遠維持不變的痛苦！我請您把痛苦還給我；把我那麼看重的那座豐沛的眼淚泉源還給我……我懇求您重新描繪那些珍貴的人像……至少讓我在夜裡夢見他們就好！

許多人在十一月提出這類要求……在鐘聲響起，枯葉紛紛飄落之時，他們走出教堂，低聲交談：「我的鄰居啊，您知道嗎？……在荒野那邊有一位人們批評也稱讚的女人。我不敢多加評論什麼，但是她對地下世界擁有支配的力量。她可以召喚亡者，讓他們返回人間。啊！要是她能夠（無罪地，也就是說，在不觸犯上帝的前提下）讓我摯愛的家人們回來！……您曉得，我在這個世上只剩孤伶伶一個人。」——「可是那個女人，誰知道她是何方神聖？來自天堂或地獄？我不會（他其實想得要命）去找她……我不會去……我不想拿自己的靈魂冒險。再說，那座森林有幽靈出沒。常常有人在那片荒野看到不該看到的東西……您不知道嗎？那個叫賈克琳的女人有一晚去那裡找一隻走失的綿羊，結果變得瘋瘋癲癲地回來，我是永不會去的。」

儘管如此，仍有許多人暗中去找她，都是男人。女人們還不敢冒險。她們想著路途有多危險，只敢探問已經去過的人。女預言家不是為國王掃羅（Saül）召喚撒母耳（Samuel）的隱多珥（Endor）女巫；她不召來幽靈，而是使用咒語和藥水，讓人們在夢裡見到亡者。啊！多少悲傷的人前仆後繼來找她！風燭殘年、步履蹣跚的八十歲祖母想再次看見孫兒。在即將踏進墳墓的年紀犯下如此的罪行，令她不無悔恨自責，但她仍使盡最後力氣，巍巍顫顫地走向女巫的屋子。那是紫杉圍繞、荊棘遍布的荒涼之地，這位無情命運女神粗獷、陰鬱的美貌令可憐的老婦驚恐不安。全身顫抖伏臥在地，一邊流淚一邊祈求。聽不到任何回答。但是等她敢稍微抬頭看一下時，她見到來自地獄的女人的淚痕。

這位冥后為不由自主的憐憫之淚羞紅了臉。她生自己的氣。「墮落的人，」她心想，「軟弱的人！妳帶著只想作惡的念頭來到這裡……這是主人的教導嗎？他會怎樣恥笑妳啊！」

——「才不會！我不是引領幽靈的偉大領路人嗎？指引他們來來去去，為他們打開夢境之門嗎？你們那位但丁描繪我的肖像時，忘了我真正的特質。他給我加了這條無用多餘的尾巴，完全忽略了我握有歐西里斯（Osiris）從墨丘利（Mercure）那邊繼承的權杖。人們想築起一道不可跨越的牆，永遠封鎖兩邊世界的來往。但是我的腳有翅膀，我飛過障礙物。我受到卑劣的汙衊，被指為無情的怪物，但我仍然心懷憐憫，援助痛苦的人，撫慰悲傷的情人、痛失孩子的母親。身為魔鬼，我憐憫他們，厭惡這位新上帝的嚴厲。」

中世紀的史實記錄者（他們全是教會神職人員），小心翼翼地不去承認民眾的思想已有深刻卻不露聲色的變化。憐憫和惻隱之心現在顯然被歸類為撒旦的行為。聖母瑪利亞這樣的慈悲典範毫不回應民眾的心靈需要，教會也毫無回應。召喚亡者的行為當然明確被禁止。當所有書籍還繼續誇大渲染早期的豬形魔鬼或後期的利爪魔鬼、折磨者魔鬼時，對那些未受教育的人來說，撒旦已經換了樣貌。有點像陰間之神普魯多（Pluto），有他的蒼白外貌和威嚴，但是絕不像他一般冷酷，而是願意聆聽祈禱，讓亡者回到陽間，讓生者得以再次見到亡者，撒旦的形象越來越像他的父親或祖父——接引亡者的歐西里斯。

這一點的改變帶來骨牌效應。人們嘴裡掛著教會版本的地獄和它滾滾沸騰的鍋爐。他們心裡真正相信這些事嗎？對於內心悲痛的他們來說，是否輕易就願意以一個更合己意的地獄來取代傳統的酷刑地獄？一個新觀念並沒有消滅舊觀念，而是兩者彼此融合，越來越接近維吉爾（Virgilen）筆下的地獄。人類心靈感到多麼如釋重負！可憐的女人尤其能稍微寬心，她們因為可怕的教義，相信離世的摯愛正在地獄遭受酷刑折磨，而日日以淚洗面，毫無得到慰藉的可能。她們的人生只是一聲深長的悲嘆。

女先知正想著主人的話，這時她聽到細微的腳步聲。天色才微亮（這天是聖誕節之後，將近新年）。一位嬌小的金髮女人踩著咯吱作響的結霜草地，以顫抖的腳步走來，一到達門口，她就癱軟倒地，幾乎無法呼吸。她的一身黑衣昭告自己是寡婦。美狄亞凌厲的目光令這個女人渾身無力、張口結舌說不出話，但是她的故事不言自明；這個怯生生的女人已坦露所有祕密。女巫高聲說：「小啞巴，何必說話呢？妳也找不到言語可表達。由我來替妳說……妳為了愛而痛不欲生。」她稍微恢復鎮定，雙手交握，幾乎雙膝跪地，對女巫吐實、坦白一切。她傷心痛苦、哭泣、祈禱，這一切都是無聲的悲痛。不過那些聖誕慶祝，那些冬季節慶的家庭團聚，快樂妻子們以掩藏不住的喜悅，無情地炫耀其幸福的婚姻生活，令她的心裡再度感到劇痛……唉！她能怎麼辦呢？……如果他能回來安慰她一會兒該有多好：「我願意以生命做為代價……讓我死吧！也許我還能再次看見他！」

「回到家裡，關好大門。也拉起簾窗以防鄰居的窺探。脫掉喪服，穿上結婚禮服。為他在餐桌留一個位置，但是他不會來。唱他為妳作的歌曲，常常唱，但是他不會來。從衣箱裡拿出他生前最後穿過的衣服，親吻它。這時妳說：『如果你不來就算了！』然後立刻飲下這杯酒，它味道苦澀，但是能讓人熟睡，妳躺上床。然後，他絕對會來。」

她畢竟是女人，隔天早上，她一臉喜悅，感動地跟閨中密友坦白這個奇蹟。「我求妳不要告訴任何人……但他親口告訴我，如果我穿這件衣服，每晚熟睡到天亮，他每個星期天會回來找我。」

這樣的幸福日子卻不無風險存在。如果教會知道她不再是寡婦，她摯愛丈夫的靈魂因愛復活，回來安慰她，這個冒險的女人會有什麼下場？

極為罕見的事發生了，祕密沒有被張揚出去！大家口耳相傳，心照不宣地隱匿這個美好的祕密。事實上，它和所有人都息息相關。誰沒有失去過親人？誰沒有痛哭過？誰不是快樂地看著生和死兩個世界之間築起的這座橋梁？

「喔，仁慈的女巫！……地底的神靈們，祝福您們！」

8 大自然王子

天候陰霾的西北地區，冬天嚴酷、漫長、陰鬱。即使結束以後，它依然反覆糾纏，一如已經平息的疼痛再度間接地發作。一天早晨，大自然掛滿晶瑩閃亮的冰柱甦醒過來。在這個諷刺、殘酷的壯麗景色裡，萬物瑟瑟發抖，植物世界似乎變成石頭，失去變化萬千的柔和姿態，成為堅硬的結晶體。

可憐的女先知，在枯葉生起的微弱火堆旁凍得發僵，冰冷刺骨的北風撲打在身，她心裡感覺到更猛烈的鞭笞。孤獨生活令她難受，但也讓她精神振奮。傲氣被喚醒，帶來一股暖和心田、照亮心靈的力量。她機敏、靈活、凌厲的目光也變得像這些冰針一樣銳利，而這個世界，讓她深受磨難的這個世界，在她眼裡變得如玻璃一樣透明。她像征服了一片疆土，無比歡欣雀躍。

她不是這片土地的王后嗎？她不是有拜伏在地的眾多朝臣嗎？烏鴉顯然聽候她的差遣。如同古代的惡兆，牠們莊嚴、浩蕩地成群結隊飛來，告訴她當天的消息。狼群羞怯地溜過，以斜斜的一瞥對她打招呼。至於熊（當時沒有那麼罕見），有時會拖著笨重的身軀來到洞穴口坐下，就像沙漠教父事蹟裡常見的彼此拜訪。

人類只透過獵殺才認識的所有鳥禽、動物，牠們和她一樣都被放逐了。牠們和她彼此理解。撒旦不正是最知名的被放逐者嗎？他給予這些夥伴身處大自然所有的自由、喜悅，一個處於自給自足世界的原始喜悅。

為孤獨生活的無拘無束喜悅喝采！……整片大地似乎還裹著白色裹屍布，為冰雪覆蓋，被千篇一律、尖銳、冷酷的無情冰柱俘虜。特別在公元一二〇〇年以後，整個世界彷彿被封入透明的墳墓，萬物冰固、靜止不動，令人駭然。

人們常說：「哥德式教堂是一根結晶柱。」千真萬確。約在西元一三〇〇年時，建築物放棄原有的靈活多元及優雅的多樣化，變成由單調稜鏡折射開來的自我重複。如此形成的是一座可怖堅固的水晶城，在裡頭，可怕的教義成功的將人類生命埋葬。

然而，不管支撐建築物的支柱、飛扶壁和底基如何堅固，一件事情即足以讓它搖搖欲墜。不是外部喧鬧的打擊，而是某種在屋基裡冒出的東西，它以一種緩慢、漸進的融化來動搖這座狀似堅不可摧的水晶柱。這東西是什麼呢？是一個卑微、慈悲世界汩汩流淌的溫熱淚水，是未來吐出的氣息，是合乎人性本然的生活方式其勢不可擋的強大回歸。已有多處龜裂、損害的古怪高聳建築物，不無恐懼地想：「是撒旦的吐息。」

就像有一條冰川流淌過海克拉活火山（Hécla，譯註：位於冰島西南部）的一側。像一隻手輕柔撫摸，溫煦、和緩的加熱過程，低聲輕喚著：「流下來，流下來。」

女巫有縱聲大笑的理由，從所在的陰影裡，她看見燦爛日光下的但丁和聖多瑪斯．

阿奎那（St. Thomas Aquinas）對實情如何一無所知。他們以為撒旦用恐怖或狡猾開疆闢土。他們將他描繪為古怪、粗俗的生物，一如他在《新約》裡的形象（《新約》裡的耶穌為人趕鬼時將他趕入豬群），或者將他描繪為玩弄文字的詭辯家（但如果他只有這樣的斤兩，他早就已經飢餓而死）。

他們也將他呈現為巴托魯斯（Bartolus），即一個跟女人（聖母瑪利亞）打官司卻很快敗訴而被罰款的訟師。但當時發生的事正好截然相反。由於最了不起的一擊，他甚至擊敗原告，即他的美麗敵手——女人。他誘惑她信服的方法並非空言，而是不可抗拒的迷人實物。他將科學和大自然的珍貴果實交到她手裡。

不需要喋喋不休的辯論；不需要為自己辯護；他只需要展示自己，一個華麗東方、失而復得的天堂樂土的具體化身。從人們以為徹底摧毀的亞洲，出現燦爛無比的黎明曙光，強烈光線從遠方穿透西方世界的漫天濃霧。那是無知愚昧的人們所詛咒的自然和藝術世界，但是現在，它以愛和母性溫柔的和平戰爭開始攻克原來的征服者。所有人都臣服於它的魅惑，所有人都深深沉迷不可自拔；東方展現了他們的財富；布匹、織品、披肩、圖案花色出奇和諧的柔軟地毯、熠熠生輝的花紋鋼製刀劍，在在證明了我們的野蠻。遠遠不止於此，在那個撒旦統治、受詛咒的異教徒領域，擁有上帝的恩寵、大自然最好的物產，是上帝創造力的精華，上等的植物、上等的動物、咖啡豆和阿拉伯駿馬。不只如此，那是一個充滿珍稀寶物的世界，有絲綢，有糖，有許許多多能振奮心靈、撫慰病痛的奇效藥草。

在公元一三〇〇年左右，這一切達到頂峰。當時，西班牙雖被野蠻的哥德人奪回，卻變得更向摩爾人與猶太人的文化靠近，在在反映出其先前征服者的強大，凡是有穆斯林（即撒旦子裔）工作的地方，到處一派繁榮昌盛，泉水源源不絕噴湧而出，遍地繁花似錦。在老實、勤奮的勞動下，大地鋪展大片神奇的葡萄樹，它們的汁液讓人們忘卻悲傷、恢復平靜，像是飲下天堂的仁慈和憐憫。

撒旦為誰帶來這杯盈滿生命的酒？而在這個挨餓的世界裡，如此缺乏理智的世界裡，可否存在神智足夠清醒的人，能夠不暈眩、不陶醉、不瘋狂地接受這一切？可有還沒被聖多瑪斯．阿奎那的沉悶教條石化、結晶化的腦子？可還有願意開放接受生命和充沛活力的腦子？三位魔法師①付諸嘗試；他們竭盡全力進入自然的源頭，但是這幾位精力充沛的天才，缺乏大眾心靈的適應性和力量。撒旦回到他從前的夥伴夏娃身邊。女人仍舊是世界上最充滿自然氣息的存在。她始終保有幼貓和早熟孩子淘氣的一面。她因此更能適應人類世界的喜劇，更能投入普羅透斯（Preoteus，譯註：古希臘神話中的海神，可自由變化面貌）準備進行的一場大遊戲。

只要她還未被痛苦深深傷害、定型，她是多麼輕率、反覆無常！這一位被世人放逐，在野地落地生根的女人，給予我們大好機會。就看這傷痕累累、怒火中燒、內心充滿怨恨的她，能不能回到大自然和生命的舒適愉悅道路。若然，她肯定不是一帆風順，常常繞行邪惡那條比較遠的路。她狂暴、粗野，因為在生命暴風雨的顛簸飄搖裡，她感到全然的虛弱無助。

到了宜人的春天，從空氣、土裡、花卉和花語，從四面八方湧上嶄新的啟示發現，她先感覺頭暈目眩。她的胸膛鼓脹得就要破裂。就像古時的得庫邁（Cumaean）女先知、德爾斐（Delphi）女先知一樣，這位科學知識的女先知有她的嚴峻考驗。矯揉的學究們可能煞有介事宣稱：「是氣氛，是空氣讓她發脹，不算什麼。她的情人，她的空氣王子，以幻夢、謊言、風、煙霧和無盡的空無充滿她的體內。」大錯特錯。事實正好相反。令她沉醉的原因並不是空無，而是真實的實體過於快速的在她胸腔裡成形。

你們可看過龍舌蘭這種堅硬、粗野的非洲原生植物，一種尖銳、刺人、引起劇痛、以魚叉為葉子的植物嗎？它十年開花一次，枯死一回。一天早晨，長久以來在粗野外表下生長成熟的花蕊，砰地一聲竄出，昂然挺向天際。它的樣子就像一棵樹，有三十呎高，覆滿悲傷的花朵。

遲來春天的一個早晨，陰鬱的女先知感受到類似的狀況，而且更為猛烈，她周遭的一切發生澎湃的生命大爆炸。

這一切與她有關，一切都是為了她。每一個生物低喃著：「我是為了那一位理解我

---

①大阿爾伯圖斯（Albert le Grand）、羅吉爾．培根（Roger Bacon）、阿諾．德偉樂（Arnaud de Villeneuve），第三位發現從葡萄蒸餾出白蘭地（譯註：Eau de Vie，直譯即為生命之水）原酒的祕密。

的人。」

多強烈的對比！……這位沙漠的妻子，絕望的妻子，以恨意、復仇餵養自己的女人，發現所有天真單純的自然創造物都令她忍不住展露笑顏。南風吹拂下的樹木溫順地對她行屈膝禮。原野上的所有花草帶著各異其趣的功能、香氣、療效或毒素（通常兩者兼具）獻出自己，對她呢喃：「來採擷我吧！」

一切創造物顯然愛她。「這肯定是嘲笑……我準備好面對地獄，而不是這場奇特的慶典……魔鬼啊魔鬼，你真是我熟知的恐怖魔鬼嗎？我還留著你殘酷的痕跡（雖然我不知道是什麼，我感覺得到），我體內還留著灼燙的傷口……」

「啊！不，他不是我在盛怒下期待的魔鬼：『一再一再說著不行的那位』。這一位，他帶著愛、陶醉、暈眩，輕柔地說了一聲『是』……他究竟是怎麼回事？他不是狂野的靈魂嗎？會被生命喜悅驚嚇的靈魂嗎？」

「他們說潘恩大神已死。但看看，他還活著！透過酒神巴克斯、生育神普里阿普斯（Priape）繼續存活，由於欲望長久延宕而焦躁不耐，危險、火熱、繁殖力強盛的欲望……不，不，把酒杯拿開。因為我只會喝下混亂，或許還為我現在的絕望再加一點苦澀的絕望。」

然而，只要這女人出現，她就是愛情投射的唯一對象。所有動物都跟隨她，都為了她而鄙夷牠們的雌性同類。其實，愛著她的又何止是黑公羊（牠也是她的最愛），所有動物都對她有相同感情。馬為她嘶鳴，衝斷柵欄束縛，危及她的安全。原為草原可怕霸主的黑公羊在她走遠時發出怒吼，重申自己的權利，卻徒勞無功。不只如此，天上的鳥兒猛撲而下，鼓顫雙翼飛到她身上示愛，再也無視雌鳥的存在。

她的主人採取新的統治方式，這位人們眼中的「死之王」以離奇的方式蛻變為「生之王」。

「不！」她說道，「把我的恨留給我。我只要求這個。讓我變得可怕、令人畏懼……激起懼意是我美貌的特徵，跟這頭黑蛇般的漆黑秀髮，以及被痛苦刻下紋路、閃電劈擊過的這張面孔最為相稱……」然而，至高無上的魔鬼陰險地對她低語：「啊！狂怒時的妳看來更美了！更動人了！……大喊、咒罵吧！……這是一支馬刺……暴風雨喚來另一場暴風。從怒氣到感官的愉悅是滑順、迅捷的下坡路。」

怒氣、自尊都無法拯救她免於這些誘惑。她的安全來自於己身欲望的廣大無垠。誰都滿足不了。每個生命是受限、虛弱、無力的。駿馬、公牛、鳥群，統統走開！虛弱的生物們，統統走開。對渴望無窮盡的她而言，你們有什麼用？

她有女人通常會有的那種強大想望。她想望的是什麼？一切東西，世間所有萬物。撒旦先前沒有預見她龐大的渴望，那是一種無法以任何單一生物滿足的渴望。

這是超出他能力所及的事，莫名的神祕衝動，無法得到實現。她臣服於一如海洋浩瀚無垠和深沉的這個欲望，緩緩沉入夢鄉。在這一刻，失去對過去錯誤、痛苦的記憶，失去仇恨和復仇的想法，她不由自主，就像一隻羊或鴿子般，無憂無慮地在草地上酣睡，全然放鬆，臉上洋溢著喜悅和柔情蜜意。

她睡著了，做了夢……美好的夢！怎麼描述才好？一個做為萬事萬物化身的神奇怪物，被她吸進了肚子裡，就像「生」、「死」與「萬有」，從今以後，都會關在她的體內，就像是為補償她所受過的一切苦，大自然在她子宮裡受孕著床。

9 撒旦醫生

「科林斯新娘」（la fiancée de Corinthe）的緘默、陰慘劇碼，從十三到十五世紀重複上演。在仍舊遮蔽世界的黑夜裡，在曙光升起前，兩個戀人，人和大自然重逢，忘我地激吻，而在同一刻（多可怕啊），他們眼見自己被可怖的災禍襲擊！就像舊時的那個故事，我們似乎還能聽見新娘對情人說：「一切將會過去……你的頭髮明天會一夕花白……我死了，而你將要死去。」

連續三個世紀，有三個可怕的惱人之事。第一個是外在形貌的可憎變形：皮膚病、痲瘋病。第二個是精神上的痛苦：奇怪的神經亢奮、手舞足蹈的癲癇。之後這些疾病逐漸消失了，但是血液變質，慢性潰瘍成為十六世紀的災難，為梅毒鋪路！

我們大致瞥見的中世紀疾病主要是飢餓、倦怠、貧血，在此時代的雕像看起來總是形銷骨立。血液清澈如水；淋巴結核想必普遍常見。除了國王、富人有錢聘請阿拉伯醫生、猶太醫生來診治，民眾只能湧進教堂沾聖水。星期天，在彌撒過後，許多病人湧入尋求援助，他們得到這些回應：「您犯了罪，上帝讓您受苦折磨。感謝祂，您來世的痛苦會少一些。忍受病痛吧，受苦，然後死去。教會不是有給亡者的禱文嗎？」虛弱不堪、有氣無力，不再渴望活下來，抱著活下去的期待，他們一絲不苟地遵循這個忠告，毫不在意地走向生命的終點。

致命的絕望感，活著時形同死亡的悲慘狀態，應該只會無限期地延長這些沉重的苦難時代，阻斷任何進步。最糟的是，他們如此輕易地順從屈服，如此溫順地接受死亡，全然的無能為力，不再渴望任何東西。中世紀末期進入了一個全新時期，以劇烈痛苦為代價，終於開展人類再次活動的可能：欲望的復活。

阿拉伯哲學家阿維森納（Avicenne）主張，十三世紀爆發的大規模皮膚病疫情是使用興奮劑的結果，當時的人們用來催情、恢復性慾、壯陽。從東方輸入的那些辛辣香料肯定不無效果。新發現的蒸餾技術和用不同方式發酵的酒也有相似作用。

不過之後出現了另一個更強大、普及的騷動。在兩個世界和兩個心靈的激烈內在鬥爭裡，出現了倖存下來的第三者，讓雙方啞然無聲。逐漸衰落的信仰和初生的理性爭得你死我活，在兩個對手之間介入第三者，控制了人類。是誰？是他們激昂欲望的邪惡、狂暴幽靈，從他們激烈交鋒的蒸騰怒氣裡溢散出來。

完全沒有發洩的出口，無論是身體享樂或精神的自由宣洩，生命活力受到抑制而自行化膿腐爛。不用光線、聲音、言語，它以身體疼痛和可怕的皮膚發疹來表達自己。另一件新的可怕之事緊隨而來：往後推遲、未得到滿足的欲望，因為殘酷的魔法、可怕的變形而戛然中止①。

愛情張開雙臂，盲目前進……它往後退，渾身戰慄，雖然逃脫了，但變質血液卻狂暴地留了下來，肌膚搔癢、灼熱得令人痛苦不堪，而更難忍的灼痛來自內心被絕望越搧越旺的怒火。

歐洲基督教世界為這種身心的雙重折磨找到什麼治療方法？處死和監禁，僅此而已。痛苦的獨身制度，毫無希望的愛情，炙烈燒燃的激情，導致你的身體有病，一旦你的血液腐敗變質時，就去隱修所，或是到荒野沙漠蓋幢小屋棲身。你佩戴著鈴鐺生活，人們遠遠聽見鈴聲就退避躲開。「沒有任何人該看見你，你得不到任何慰藉。如果你膽敢靠近別人，就等著被處死。」

痲瘋病是災禍的極致和頂點，但是另外有數以千計較不怵目驚心的可怕疾病肆虐各

①痲瘋病被歸咎於十字軍東征時從亞洲帶回來的疾病。但事實上，它是歐洲自行孕育的病。應該是中世紀持續不斷對肉體和潔淨宣戰所導致的結果。不只一位女聖徒因為從來不曾洗過手而受到讚揚，更別說身體的其他部位了！片刻的裸露都是極大的罪行。凡夫俗子也忠實遵守這些修道院誡律。那個視婚姻為犧牲的精妙、文雅社會，似乎只從描寫通姦的詩歌得到活力，對個人的潔淨沐浴抱有奇特的顧忌躊躇，把所有形式的洗淨視為恥辱，無比戒慎恐懼。有一千年時間沒有人洗澡！是的，可以肯定沒有任何一位騎士、美若天仙的貴婦，那些帕西法爾騎士、崔斯坦騎士、伊索德公主都從來沒有洗過澡。在那樣浪漫的背景裡，從而發生一個殘酷、毫不詩意，完全離奇的意外，折磨十三世紀人們的嚴重皮膚搔癢。

處。最純潔、最美麗的女性皮膚發疹，被視為罪惡象徵或上帝的懲罰。不僅僅基於求生的本能，人們決定違抗禁令，放棄求助古代神聖醫學和證實毫無效果的聖水，另謀解決之道。他們去找女巫。出於習慣和恐懼，他們仍舊上教堂，但是從那時開始，真正的教堂是女巫座落在荒原、森林、沙漠的家。從此人們到那裡禱告許願。

他們心懷治癒的願望，以及一些享受生命喜悅的願望。一出現血液變質的徵兆，人們即趁著天色微明時偷偷前往女先知家裡：「我要怎麼辦？我感覺到的是什麼？……我全身發燙，給我鎮靜血液的東西……我全身灼熱，給我一些東西來平息難以忍受的渴望。」

做出這樣大膽、犯罪的行為後，當晚他們就感到懊悔自責。這個新出現的災厄必然生死攸關，引起劇烈的灼痛，以致所有聖徒徹底無能為力。什麼！聖殿騎士遭到審判，教宗波尼法爵（Boniface）八世遭到審判，揭露聖壇下掩藏的索多瑪罪行。一位身為巫師、與魔鬼為友的教宗，最終受到魔鬼支配，人們的觀念徹底翻轉。在亞維農城的教宗若望二十二世（卡奧爾〔Cahors〕一位鞋匠的兒子），要是沒有魔鬼協助的話，能夠積聚比皇帝和所有國王加起來還多的黃金嗎？有怎樣的教宗必有怎樣的主教。特魯瓦（Troyes）主教吉夏（Guichard）不是藉助魔鬼之力讓法國國王的女兒們死去嗎？……我們要求的並非死亡，而是美妙愉悅的事：生命、健康、美貌、喜悅……都是屬於上帝的事，而上帝拒絕給予……該如何是好？倘若撒旦賜給我們這一切呢？

文藝復興時期偉大、能幹的醫生巴海塞斯（Paracelsus）焚燬從希臘人、猶太人到阿拉伯人的所有古代醫典，他宣稱自己只從民間醫學，從好夫人②、劊子手和牧羊人那裡習得一切必備知識。後兩者通常是技術嫻熟的外科醫生（能接回斷骨和脫臼）和優秀的獸醫。

他那本令人欽佩的著作充滿對女性疾病的真知灼見，亦是史上第一本涉及此一重要、深刻、感人主題的典籍，我毫不懷疑內容出自女人自身的經驗——女人們所求助的那些女人：我指的是各處身兼產婆之職的女巫。在那些時代，女人絕不可能找男醫生看病，她們不會相信他、對他吐露祕密。女巫成為女性疾病的唯一觀察者，對女人來說，她更是唯一的醫生。

我們對女巫醫病方式最熟知的一點是，她們經常將某一屬類的可疑、極具危險性植物當作鎮靜劑或興奮劑，用於各式各樣的用途，也證實能發揮絕大的效用。它們恰如其分地被命名為茄科（Solanées，具安慰劑效果的植物）③。

此科屬包含許多耳熟能詳的植物，多數種類就在我們腳下、樹籬下繁茂生長。茄科植物的種類如此眾多，其中一屬就有八百種植物④。沒有比它們更常見、更普通的植物了。但是其中多數使用起來相當危險。必須大膽判定其使用劑量，需要一種天賦的膽識。

②人們出於畏懼對女巫的禮貌尊稱。

從效力⑤等級金字塔的最下層開始談起。第一級的植物只是好吃的蔬菜：如茄子和番茄（後者被不當地稱為愛情蘋果）。其他的這類無害植物，有鎮靜、安撫的效果，比如毛蕊花（molênes），用來熱敷極為有效。

再上一層便出現一種可疑的植物，許多人認定為毒藥，它一入口像蜂蜜一樣甜，再來是苦味，就像約拿單所言：「我沾了一點蜜嚐一嚐，這樣我就死罷。」（譯註：《撒母耳記上》第十四章四十三節）不過此一死亡大有用處，緩和了疼痛。douce-amère（歐白英，直譯的意思為甜和苦）是它的名字，它應該是順勢療法（譯註：又稱同類療法）的第一種用藥，再循序漸進，改用更危險的藥物。它帶來輕微的發炎、刺癢，足以成為那個年代主要疾病——皮膚病的治療良方。

如花似玉的少女見到身上滿布可怕的紅斑、膿疱、疹子，悲痛地來找她哭訴。在已婚的婦女身上，病變更為嚴重。自然界裡最柔軟細緻的東西——乳房，以及其下完美對稱如花的網狀皮下血管⑥，由於容易充血、阻塞，成為疼痛最真切的感應部位。強烈、嚴酷、無止無歇的疼痛。為了緩和疼痛，她樂於接受任何毒藥！她不浪費時間跟女巫討價還價，她把疼痛腫脹的乳房交由對方處置。

歐白英的效用對此類病症來說過於微弱，於是使用更強一點的黑龍葵。它大概發揮兩三天的鎮靜效果。接著可憐的女人又回來哭訴。「好吧，妳今晚再來一次……我會幫妳找樣東西。妳真的需要它但它可是一種劇毒！」

女巫冒著極大的風險。當時的人不認為用於外敷或者極微量內服的毒藥會是治病藥方。歸類為女巫藥草的植物被認定會帶來死亡。任何女人只要持有這類植物，就會被視為下毒者或邪惡魔法的製作者。盲目的群眾越是恐懼卻也越殘忍，可能在任何一個早晨用石塊擊死她或溺死她。或者，更可怕的下場，人們在她頸子套上繩子，將她拖到教堂

---

③人類的忘恩負義實為殘酷。數以千計的其他植物取代它們的地位。上百種外來植物更風行一時。昔日拯救過無數生命的這些可憐茄科植物，它們的益處被遺忘得一乾二淨了嗎？誰會記得呢？誰會承認古代人類虧欠純潔大自然的恩情？蘿摩科（*Asclépias acida*、*Sarcostemma*，多肉植物）五千以年來是亞洲的聖體，這種具體可觸摸的肉質植物，給予五億人口吃下神的至福感，在中世紀被稱為退毒者（Vince-Venenum）的這種植物，在我們的植物學典籍裡卻不見著墨。說不定再過兩千年，人們也會忘記小麥的優點。請參見郎格羅（V. Langlois）對印度的*soma*、波斯的*hom*兩種飲料的介紹（《法蘭西文學院回憶錄》*Mémoires de l'Académie des Inscriptions*，第XIX卷）。

④道比尼（M. d'Orbigny）的《自然歷史字典》（*Dict. d'Histoire Naturelle*），*Morelles*（龍葵屬）條目由杜夏特（M. Duchartre）以狄馬（Dunal）等人的文獻為本編撰。

⑤我無法在任何書裡找到這樣詳盡劃分危險程度的等級表。更重要的是，既然女巫們已經冒著被視為下毒殺人犯的風險進行這些試驗，她們必然從風險最低的開始，再逐漸進展到較強效的植物。每一種程度的效力因之有對應的日期，讓我們得以為這個晦暗不清的研究主題建立一種大致無誤的編年表。我將在接下來的章節多所著墨，屆時會談到曼陀羅（Mandragore、Datura）。我特別參考普切（Félix Archimède Pouchet）的《茄科和普通植物學》（*Solanées et Botanique générale*）一書。普切在這本重要的專題著作裡樂於引用古代學者馬西歐爾（Matthiole）、波塔（Porta）、格斯那（Gessner）、索法茲（Sauvages）、格梅林（Gmelin）等人的說法。

⑥請參見阿祖茲（M. Auzoux）的平易近人傑作《生理學課程》（*Cours* de *Physiologie*）插圖。

廣場，教士會展開一場敬神祭典，將她燒死以感化民眾。

她仍舊大膽冒險，出發尋找這種可怕的植物；她在清晨或深夜裡偷偷行動，以防被人看見。然而一位牧羊少年在那裡，他告訴全村的人：「如果您們也像我一樣看見，她鑽進廢墟的瓦礫堆裡，四面張望，不知喃喃自語什麼！……啊！她嚇壞我了……假如當時被她發現，我可完蛋了……她大有可能把我變成蜥蜴、癩蛤蟆或蝙蝠……她採了一種難看的草，我畢生見過最醜的草，慘淡的黃色，有紅色、黑色線條，就像地獄的火焰。可怕的是整支莖跟男人一樣毛茸茸，全是又黏又長的黑毛。她低吼一聲，粗暴地把它拔起，她在一瞬間消失，我再也看不到她。她沒法跑那麼快，她一定是飛走了……這個女人多恐怖！對這個村子而言太危險了！」

這種植物看起來肯定嚇人。那是天仙子（jusquiame），一種劇毒、致命的毒藥，同時也是強效的緩和劑，一種鎮靜、安撫的膏藥，能舒緩、鎮定、消除疼痛，通常能治癒病症。

這類毒藥還有顛茄（belladonna，譯註：bella 美麗，donna 女人），想必人們出於感激才以此為名。它能舒緩分娩時偶會出現的痙攣，以及在這種重要時刻更添危險和驚駭的症狀。她以一隻如同慈母的手緩緩放入此一平撫痙攣的毒藥⑦，使母親沉沉睡去，對神聖的生命之門施加魔法，就像現今的氨仿痲醉，嬰兒自行爭取自由，奮力衝向人世。

顛茄以造成痙攣來治癒痙攣。這危險的順勢療法，最初可能令人震驚；這是一種逆向思維的醫學，跟基督徒知曉和認定唯一有效的醫學截然相反，屬於猶太和阿拉伯醫學。

這種偉大的發現如何形成？無疑是秉持魔鬼原則的簡單操作，一切得倒過來做，恰恰跟宗教世界採用的方式背道而馳。教會厭惡任何毒藥，撒旦將它們當治癒藥方使用。教會相信心靈方式（聖禮、祈禱）能對身體產生作用。撒旦與之相反，採用肉體的方式，甚至能對靈魂發揮作用；他讓人喝下遺忘、愛情、夢境和任何一種情感的藥水。教士進行賜福儀式，他提供有吸引力的萬能鑰匙，以女人溫柔的雙手撫平疼痛。

透過改變療法，特別是改變衣服（以亞麻布取代羊毛），皮膚病症趨於緩和。痲瘋病逐漸絕跡，但似乎是侵入體內，將禍根扎得更深。十四世紀就擺盪在三種災難之間，癲癇痙攣、鼠疫、為梅毒鋪路的潰瘍（依巴海塞斯的看法）。

第一個災禍非同小可。它於一三五〇年左右以嚇人的舞蹈症形式爆發，它的特點在於沒有個別性；患病的人如同被同樣的電流觸及，抓住彼此的手，形成巨大的圈圈，像狂舞苦修士一樣，不斷旋轉再旋轉，直到疲累而死。旁觀者起初哈哈大笑，接著受到傳染，屈服地加入這股狂潮，讓可怕的狂舞者陣容繼續擴大。

假如這種病持續呢？像已在衰退的痲瘋病一樣長久肆虐呢？

---

⑦拉夏貝爾（La Chapelle）女士和索謝（Chaussier）先生回歸這些古老民間醫學，給予病人極大益處（請參見普切《茄科和普通植物學》）。

它是往癲癇前進的第一步。第一代的病患未被治癒，因此產生另一種更明顯的癲癇症狀。可能的未來令人戰慄！歐洲滿是瘋子、狂人和蠢蛋！沒有人知道這個病該如何治療，停止蔓延。當時推薦的療法是對這些狂舞者拳打腳踢，因而刺激更劇，導致真正的癲癇。另外還有其他一些不為人知的療法。在那個巫術欣欣向榮的時代，對茄科植物，特別是顛茄的廣泛使用，都概括說明用來對抗這類病症的藥物特性。在我們稍後會談到的民間盛大集會——巫魔會，人們拿女巫藥草跟蜂蜜水、啤酒、蘋果酒⑧、梨酒（西方世界的強烈飲品）調和飲下，於是人群開始手舞足蹈，一種淫蕩的舞動，而不是癲癇的狂亂發作。

然而女巫帶來的最大革命，對中世紀精神的反抗，是重新看待腸胃和消化功用。她們毫不羞恥地公開宣稱：「沒有任何汙穢、不潔的東西。」自此以後，關於這方面的研究得到解放、再也沒有限制。真正的醫學成為可能。

他們過於濫用此一原則，這點不容否認。道德邪惡才是不潔，本於唯靈論，甚或是愚蠢嫌惡的禁令，都是徒然。所有身體的東西是純潔的，沒有任何一部分能免於檢視和研究。

所有以上這些特質在中世紀時更為明顯，我們或可稱之為反自然，為人體分類、劃

⑧當時是新穎的飲品。在十二世紀才首見出現。

女巫大膽調配藥草，不僅用於治療，同時也用於挑逗人性的欲望。
La Sorcière 09, 1911, by Martin van Maële (1863-1926).
來源：Wikipedia Commons

分等級。根據它的觀念，心靈是高貴的，身體則否，連身體的各部位也有高低貴賤之別。同樣地，天空是高貴的，深淵則否。為什麼？「因為天空在上方。」然而天空既不在上也不在下。它在我們的上面也在下面。而深淵是什麼？什麼也不是。對於整個世界，以及人體小世界的看法都是同樣愚蠢的概念。

人體小世界是一個緊密相連的整體。腸胃是頭腦的僕人，負責提供養分，腦子也不斷為它們製造消化作用所需要的糖⑨，跟腸胃付出同等的辛勞。

對女巫的辱罵多得很。她們被指為汙穢、下流、不知羞恥、傷風敗俗。然而可以肯定的是，她們帶來可喜的革命。由於觀念上極大的曲解，中世紀將肉體及代表肉體的女人（自夏娃墮落後受詛咒的命運）視為不潔。聖母瑪利亞受到尊崇，乃因為她是處女，而非因為是聖母。現實中女人的地位非但沒有提高，反而被降低，人們開始追逐純粹神學式的純潔理想，導致越來越荒謬的繁瑣辯論與錯誤邏輯。

女人最終甚至認同此一可憎的偏見，自認為不潔。她偷偷躲起來分娩，因為給男人愛和幸福而羞紅了臉。跟男性比起來相對樸實的女性，不論在哪個地方幾乎只吃植物和果實，而如此犧牲本能的食慾，為的是透過牛奶、植物這些無邪食物的飲食，獲得它們的純潔。這位柔順、謙遜的女烈士，永遠地自我折磨，甚至努力想掩藏並消滅她那可敬的肚子，極為神聖的、隆起的肚子（通過它，以上帝形象被造的男人得以生生不息）。

中世紀的醫學只照料位居上位、純潔的人（即男人），也只有男人可成為教士，在聖壇上扮演上帝的化身。

醫學也照料牲畜；事實上，醫學從牠們開始。醫學會將孩子考慮在內嗎？相當少。考慮女人嗎？那更不可能。

那些時代的傳奇小說，優雅地呈現出現實世界的相反面。除了宮廷、貴族的出軌軼事這類主題，女人都是可憐的格麗瑟莉蒂絲（Grisélidis），生來忍受各種痛苦、羞辱，時常遭到毒打，從未得到治療。

只有魔鬼——女人的古老盟友，她在天堂樂園的密友，以及女巫，這位總是反其道而行、跟宗教世界唱反調的怪物，來關照女人。女攻敢於踐踏習俗，不顧女人自己的偏見，照料她的健康。這個可憐的女人如此看不起自己！……她只能紅著臉往後退，拒絕開口說話。機靈、聰穎的女巫猜到她的祕密，深入她的內心。女巫總算找到辦法讓女人說話，從她口中挖出小祕密，克服她的拒絕和出於害羞與自貶的躊躇。與其接受治療，她寧可死去，她這麼說。而野蠻女巫讓她活下去。

⑨讓柏納（Claude Bernard）在歷史留名的發現。

10 魔法和春藥

請別憑藉前一章所述，即斷言我試圖毫無保留地漂白、澄清魔鬼黑暗新娘所受到的譴責和非難。她經常做好事，但也時常胡作非為。她那強大的能力免不了受到濫用。在舊世界垂死而新世界尚未成形的兩個世界交替之空檔，她統治長達三百年。在衝突鬥爭的十六世紀找回些微活力（至少是戰鬥力量）的教會，於十四世紀仍在泥濘裡掙扎打滾。不妨讀一讀克雷蒙吉斯（Clémangis）對當時情況栩栩如實的描繪。貴族們穿戴著嶄新盔甲昂首闊步，卻在克雷西（Crécy）、普瓦捷（Poitiers）、阿金庫（Azincourt）兵敗如山倒。所有法國貴族淪為英國的階下囚！好一樁可供人大加嘲諷的事！自由民，甚至連農民也輕蔑地聳聳肩，哈哈發出嘲笑。依我之見，領主們普遍地遠走他鄉，對於巫魔會的蓬勃大有關係，本來就一直存在的此類聚會，在此因緣際會之下乃演變為盛大的民間慶典。

想像撒旦摯愛的新娘擁有多大的能力。她能治病、預言、占卜、召喚亡靈，施行法術，把人變成兔子、狼，讓人找到寶藏，更了不起的是，能在人身上施愛情魔咒，讓人得到眾人的愛！這是多麼驚人的一項能力，比其他所有能力加在一起還更駭人！一個固執任性、往往充滿怨恨、有時變得過於乖戾反常的人，怎會放過這個可抒發怨恨和施以報復的武器呢，有時候只是滿足一下邪惡或下流的癖性呢！

往常在教堂向神父告解的祕密，現在人們轉而向她如實以告。不只是犯過的罪行，還有打算犯下的罪行。她知曉每個人可恥的往事和未來更加邪惡的願望。人們對她坦白身心靈醜惡、缺陷的一面，腐敗、灼燙的血液裡奔流著熱切的淫欲，那些迫切、狂熱的欲望有如上千支細針一再戳刺肉體。

所有人都來找她，毫無羞愧、直接坦率地傾吐一切。他們要求生，要求死，要求解藥，要求毒藥。少女哭著來要求墮胎。後母（中世紀常見）來抱怨丈夫和前妻的孩子吃得太多，活得太久。哀傷的已婚女子說每一胎孩子都早夭，讓她身心俱疲，她乞求女巫的憐憫，傳授如何在最後時刻凍結快感以避免受孕。另一方面，也有年輕男子不計代價想購買燃起熱情的藥水，以擾亂某位高貴仕女的芳心、讓她忘記階級差異，看一眼她卑微的侍從。

那些時代的婚姻只有兩種形式，兩種都過於極端、誇張。

有王位或廣大領地當嫁妝，傲慢的女繼承人——埃莉諾．亞奎丹（Eleanor of Guyenne）——即使丈夫知情，照樣正大光明地擁有一群殷勤的情人，為所欲為。且讓我們面對駭人的現實，把傳奇小說、詩歌放在一邊，腓力四世的女兒們固然毫無節制的狂歡作樂，殘忍的伊莎貝拉讓情人以鐵條刺死丈夫愛德華二世。貴族夫人們在正式場合穿戴魔鬼的雙角帽飾，衣著服裝大膽怪異，已經不知羞恥為何物。

但是在社會階級開始流動的這個世紀，嫁給男爵的平民女子大有理由擔心丈夫嚴厲苛刻的對待。這是真實發生在出身卑微、溫柔且有耐心的格麗瑟莉蒂斯（Grisélidis）的故事。我相信這個故事確有史實根據，它後來演變為民間流傳的「藍鬍子」傳說。男主人翁能夠不斷殺了又娶、娶了又殺，這些妻子只可能是出身於他的家臣奴僕。如果我的猜測沒錯，我們可推斷這個故事源自十四世紀，而非更早的時代。因為在十四世紀以前，一個領主不會紆尊降貴去娶社會階級比自己低的女人。

在格麗瑟莉蒂絲這個感人故事裡，最值得注意的一點是，在種種試煉磨難的過程中，她似乎沒有宗教信仰或另一位情人的慰藉。她忠實、貞潔、清白，從沒想過去愛上別的男人以尋求安慰。

中古封建時代的兩類女人：偉大的女繼承人和格麗瑟莉蒂絲。前者擁有大批騎士隨從，主持「愛的宮廷」，垂青最謙卑的情人，鼓勵他們示愛，斷然宣稱（一如埃莉諾・亞奎丹）：「夫妻之間不可能有愛情」，成為那個時代奉為圭臬的金玉良言。

在許多少年心裡，從而萌生祕密但熾熱猛烈的希望，他甚至願意為此把靈魂交付給魔鬼，奮不顧身的飛蛾撲火以求得愛情。在固若金湯的城堡裡，有一扇門為撒旦開啟。在如此冒險的遊戲裡，可有任何一絲機會？沒有！深思熟慮的心會這麼說。但若撒旦說：「有」呢？

我們也不該忘記，封建領主的傲慢自大甚至讓貴族之間也產生隔閡。別被文字給騙了，騎士（chevalier）云云並非全然相同。

方旗騎士（banneret）是能在自己的旗幟下率領一群附庸為國王作戰的領主，他高踞長桌首位，睥睨尾端那些無地（sans terre）的貧窮騎士。（「無地」這個形容詞是中世紀的極大侮辱，一如英國那位無地王約翰。）更別提那些普通的見習騎士、侍從、侍童等等，只能以餐桌的殘羹剩菜為食！他們坐在長桌最尾端、靠近大門，安坐在溫暖爐火旁的權貴人物，吩咐撤下的餐盤由他們刮擦抹淨，而上頭通常已空無一物。尊貴的領主心裡有數，這些卑微的屬下絕不敢抬起目光，望著和她母親比鄰而坐、「頭戴白玫瑰花冠」的美麗夫人，那位尊貴的女繼承人。儘管領主夫人公開表示青睞、穿著她專屬顏色衣服的騎士能當著領主的面恣意獻殷勤，但是如果手下任何侍從膽敢肖想天鵝肉，他便會施以殘酷的懲罰。這說明了法耶爾大公（sire du Fayel）何以妒火中燒、怒不可遏，不是因為他的妻子有情人，而是這位情人是他的家僕，是他的庫西堡總管（平民管理人）。自己只擁有一件襯衫，連其他衣服都是領主賞賜的侍從或侍童，他們和領主夫人這位高貴女繼承人之間的鴻溝越是深，越是難以跨越，吸引他們跳過萬丈深淵的愛情誘惑似乎越發強大。

成功的可能性越是渺茫，年輕男子的想像力就越是脫韁奔馳。終於捱到可以出城堡的那一天，匆匆趕到女巫住處尋求忠告和協助。春藥，一種魅惑挑動感官的魔法藥水能發揮效果嗎？如果不見效，他得和魔鬼定契約嗎？將靈魂出賣給魔鬼的可怕念頭並未讓他嚇得打退堂鼓。——「年輕人，可以仔細再考慮。現在回城堡去。你會發現改變已經發生。」

改變的是他自己。某種曖昧不明的希望擾亂他的內心，他低垂的雙眼不由自主地閃動著不安的光芒。有人（輕易就能猜出是誰）隨即比其他人先注意到這些徵候，她的心受到打動，從他身邊經過時會說一句憐憫的話……他欣喜若狂！仁慈的撒旦啊！令人敬佩、迷人的女巫啊！

他不吃不睡，直到再次去找女巫。他帶著敬意親吻她的手，幾乎匍匐在她的腳下。隨她要求，隨她命令，他會聽命照辦。要是她想要他的金鍊子，他手上戴的戒指（他母親臨終時送的禮物），他會不假思索立即奉上。而她正好對男爵心懷惡意、充滿仇恨，唯一能令她欣喜的就是能暗中捅仇人一刀。

城堡裡已經籠罩著山雨欲來的氣氛。如同瀰漫在沼澤的帶電霧氣，不見閃電、不聞雷聲的無聲暴風雨正在醞釀。靜寂，全然的靜寂。但是領主夫人心神不寧，她懷疑有超自然的力量在運作。為什麼是這一位呢？而不是另一個更英俊、血統更高貴、戰功彪炳的年輕人？肯定有蹊蹺。他對她施了魔咒，是愛情魔咒嗎？……這些問題在她內心翻攪，情緒越發混亂。

女巫的忿恨得到宣洩的管道。村子由她主宰，現在城堡也臣服在她的統治下，貴族不可一世的傲氣更可能引來最可怕的羞辱。對我們而言，這樣一段愛情故事的趣味之處在於騎士如何受到內心熱情驅使，衝破社會和不公平命運的樊籬，追尋自己理想的愛人。對女巫來說，能大挫貴婦的傲氣是一大樂事，再者，也許透過少年侍從的大膽冒進，也為遭受領主初夜權侮辱的女性報了一箭之仇。不管怎麼說，女巫一再地在這些裝神弄鬼的事情裡插上一腳，其實也是潛在的農民意識作祟，總想平起平坐，一吐心中的怨恨。

讓貴婦紆尊降貴接受一位僕人的愛，已是可觀的進展。按照讓・德・桑特（Jean de Saintré，譯註：十五世紀騎士文學作品）及凱魯比諾（Chérubin，譯註：莫札特《費加洛婚禮》中的伯爵府侍童）的說法，中世紀時，城堡最基本的家務都是由年輕的侍從負擔，所謂的貼身男僕，當時還不存在；另一方面，城堡裡根本沒有或只有少數女僕，一切的勞役都是由這些年輕的幫手打理，但他們也絕不因此而被看低。服侍，特別是對領主、領主夫人的貼身服侍，只讓他倍感光榮和喜悅。然而，血氣方剛的年輕人有時候難免憂悶煩惱，依我們看，大可以說是窮極無聊。所有這些，城堡堡主當然不會放在心裡，但他的好夫人則不，除非真被魔鬼下了咒，心愛的人從事骯髒卑微的勞役，一一都落在她的眼裡。

讓崇高和卑微面對面是中世紀的特色。對此，詩歌縱然緘口不提，我們卻能從其他地方瞥見實情。惡劣的環境，飄渺的愛情，可說司空見慣。

就我們所知，女巫使用的魔法和春藥都極為古怪驚人，往往出人意表，大膽放肆，混合看似最不可能激起愛情的物質。她們肆無忌憚，得寸進尺，被愛沖昏頭的男人卻不會發現自己被當作玩物，被她們玩弄於股掌之間。

春藥種類繁多、效用各異。有一些能刺激、擾亂感官，諸如現今東方人仍任意使用的興奮劑。另一些是具有危險性的藥（通常不可靠），能讓人產生幻覺，失去自我控制力。還有一些是對熱情的試煉或挑戰，見證貪婪的情慾能將感官帶到何種境地，讓情人將對方最不討喜的東西當作至高無上的恩典或某種聖餐禮而加以接受。

中世紀城堡構造非常簡陋，大廳之外，毫無私人空間可言。直到極為晚期才在某座塔裡規劃出臥室和祈禱室，所以輕易就能掌握領主夫人的日常起居和作息習慣。大膽的求愛者在女巫建議下，經過窺探觀察，選定一天行動，在她的飲料裡加入春藥。

這樣做的風險極高，很少有人付諸實行。最簡單的做法是偷走領主夫人的某樣東西，她掉了也不在意的。例如小心翼翼地收集指甲碎屑，恭敬地收起梳子上的一兩根美麗髮絲。把這些東西帶到女巫那裡，她通常會要求（就像現今的催眠師）最貼身、具有當事人的特質，但是本人不會自願交出的某樣物品，比如從一件汙損、沾染過汗水的舊衣上剪下一小碎片。這一切當然是經過了求愛者依依不捨的親吻、撫摸和悲嘆惋惜才交出來的。但若要發揮效果，就得將它丟入火裡燒成灰燼才行。當某一天，再次看到這件衣服，留意到小破洞，馬上就猜到了箇中原因，卻只是輕聲嘆息，絕對不會說出來……女巫的愛情魔法開始發揮效果了。

可以肯定的是，這位夫人若是有所躊躇，若是還尊重自己的婚姻誓約，但又在侷促空間裡，兩人不斷地打照面生活，咫尺天涯，很快就會變成真正的痛苦折磨。

然而，就算她屈服投降，接受他的情意，有丈夫和其他眾多同樣嫉妒的人在一旁虎視眈眈，也難以享受到幸福。於是，為了滿足欲望，瘋狂荒唐乃層出不窮。真正合為一體的機會越是稀有，對象徵性結合的渴望越是深沉。想像力任意馳騁，尋求各種古怪、反常、荒誕的結合形式。因此，為了建立這對情人之間的祕密交流方式，女巫在兩人手臂上刺上二十六個字母。當一人想要傳達想法給對方，他只需要吸一吸字母，重新恢復它們的血色。據說，另一人手臂上同樣的字母同時間也會充血發紅。

有時候，瘋狂愛戀的情人會喝下彼此的血，讓靈魂合而為一。法耶爾大公的妻子吞下庫西（Coucy）的心臟，覺得「美味到她再也吃不進任何其他食物」，這正是這類你中有我、我中有你的愛情中，所謂可怕的聖餐最悲慘的例子。不過，如果死亡的不是愛人，而是他心裡的愛情，貴婦就會去找女巫，請求讓他回到身旁、再次擁有他的愛。

塞奧克萊托斯（Théocrite）和維吉爾詩裡的魔咒直到中世紀仍然有人吟唱，卻不怎麼靈驗了。另一個喚回變心情人的魔法顯然也是仿效古代的方式。靠的是一塊神奇小麥麵餅，祭糕餅禮（confarreatio），從亞洲到歐洲，皆是愛情的聖餐餅。然而，這裡的目的不僅是連結靈魂——而是連結肉體，創造出實質的合而為一、同為一體，對所有其他女人來說，他已死去，他從今以後只為一人活著。儀式是非同小可的嚴酷考驗。「女士，不容您討價還價。」女巫說。高傲的來客馬上變得順從，乖乖地脫去長袍和所有衣物。這是這類儀式的必要條件。

女巫得到多麼了不起的勝利！要是這位領主夫人正巧是昔日對她窮追猛打的那位，

那麼這是多麼成功的雪恥報復！這個女人一絲不掛任她擺佈。到此還沒結束。她在女人的腰間放了一塊板子，再擺上一個小烤爐烤麥餅……「親愛的，我受不了了。請快一點，我受不了了。」——「夫人，這是必要的，您得全身燒燙才行。您得用身體的熱度，您愛情的炙熱火焰將這塊餅烤熟。」

儀式結束，我們得到古代印度和羅馬婚禮上的神奇糕餅——由撒旦的淫蕩精神重新調味和加熱過。她不是像維吉爾的女巫說：「達佛尼斯，回來，回到我身邊！我的歌唱將他帶回！」而是將浸潤了自己的痛苦、由自己的愛火烘烤而成的糕餅送給情人……他才一咬下，就感到奇怪的騷亂和暈眩……血液衝湧到心臟，他的臉孔脹紅，整個身體發燙。他再次感覺到狂熱的愛和不可遏制的欲望①。

①「不可遏制」這個形容詞不盡正確。可以想見新的春藥往往大為必要。我在此同情領主夫人。因為瘋狂女巫帶著嘲弄的惡意，要求春藥來自夫人的身體。她強迫這位夫人給予情人奇特的聖餐，使深受羞辱。貴族對猶太人、農奴，甚至對自由民施加的（如西蒙〔V. S. Simon〕對弟弟所為）的一種可憎凌辱，女巫在此逼迫夫人以此做為春藥。對她是貨真價實的折磨。但是她身上，這位尊貴夫人身上的任何東西，侍從會虔敬地跪下領受。請參見稍後節錄自斯普蘭格（Sprenger）作品的內容。

11 反叛團體・巫魔會・黑彌撒

巫魔會形形色色。巫魔會（*Sabbaths*）一字在不同時代指稱的是截然不同的事。不幸的是，一直要到相當後期（亨利四世時期①）才出現對這類聚會活動的詳細描述。在那時期，巫魔會已經淪為披著巫術外衣的盛大荒淫聚會。儘管聚會性質已然變質，但在那些描述裡仍有遠古遺留下來的某些傳統，見證巫魔會在時代更迭下不同形式的演變。

我們可以從一個非常確鑿的事實談起，有長達數世紀的時間，農奴過著和狼、狐狸一樣的晝伏夜出生活，如同夜行性動物，我的意思是，白晝時儘可能不活動，只在夜晚出沒。

---

①最令人滿意的記載出自德拉克（De Lancre）。他機智聰穎、洞察力高強，顯然和一些年輕女巫有交情，必然知曉箇中詳情。遺憾的是，他筆下的巫魔會摻雜太多那個時代特有的稀奇古怪人為修飾。對耶穌會修士德里歐（Del Rio）和多明我會修士米歇利斯（Michaëlis）的描寫，讓他們儼然是一對可笑、愚蠢、易於受騙的迂腐學究。描述德里歐修士的部分充滿多不可勝數的陳腔濫調和荒謬可笑來看。不過，整體而言，他的作品提供頗有價值的古代傳統記載，令我獲益匪淺。

直到公元一千年左右，人們還忙著打造各式各樣的聖徒傳奇，白晝生活對他們而言仍有吸引力。他們的巫魔會只是古代異教傳統微不足道的遺痕。他們崇敬也恐懼對農作物有影響的月亮。老婦人虔誠崇拜它，為月神戴安娜（Dianom）點燃小蠟燭。人身羊足的潘恩大神（Pan）確實仍然戴著哈雷昆（Hallequin/Harlequin）的黑色面具，追逐女人和孩子。維納斯祭的守夜（Pervigilium Veneris）如期舉行（五月一日）。在聖約翰節，人們宰殺代表生育之神普利阿普斯的公山羊。這一切毫無嘲諷的意味。只是農奴們無害的慶典。

然而到了公元一千年，由於使用的語言不同，農奴幾乎被拒於教堂大門之外。到了公元一千一百年，他們再也聽不懂日課經、夜課經。觀賞在教堂門口上演的神蹟劇時，讓他們留下深刻印象的是喜劇部分，諸如牛、驢子等等。於是他們拿這些材料創造了頌歌，但是添加了越來越多的嘲諷成分（貨真價實的巫魔會文學）。

十二世紀時，反抗風起雲湧，我們或許認為，所有這些神祕活動，以及貴族口中的狼人、神貓及林中野台戲這類晝伏夜出的活動全都受到了影響，而反抗往往也在這類夜間慶典中醞釀。農奴間的起義聖餐禮（喝彼此的血，把泥土當聖餅②吃）通常在巫魔會上舉行。那時更常在黑夜裡而非白晝時高唱的《馬賽曲》，也許還是巫魔會的歌曲哩！

我們跟他們一樣是人！

擁有一樣大的心臟！

和他們一樣會痛！

然而，沉重的石棺於一二〇〇年再次砰然闔上。教宗和國王端坐其上，兩者共同施加的龐大重量將可憐人類禁錮在內，毫無脫逃的希望。那時人們還繼續過著夜間出沒的生活嗎？當然，甚至比以往更變本加厲。古代異教舞蹈大為復興，人們想必跳得更起勁。安地列斯島的黑人，經過了一整天的酷熱高溫和勞務折磨，藉由舞蹈忘卻煩憂。農奴也一樣。但是他的舞蹈必然融合復仇的愉悅、詼諧玩笑、嘲弄、對領主和神父的誇張諷刺模仿。這完全是夜晚的文學，跟日間文學，甚或是自由民階級創作的諷刺性寓言詩大異其趣。

這就是公元一千三百年以前巫魔會的本質。在日後演變為公然對上帝宣戰的驚人聚會之前，它還需要兩樣條件，其一是墜落到絕望的谷底，其次是得失去一切尊嚴。直到十四世紀教廷大分裂，教皇將教廷遷往亞維農之時，條件才告俱足，鬧雙胞的教廷再也不像教廷，而法國所有貴族和教皇羞愧地淪為英國的階下囚，他們正壓搾附庸、農奴來籌出贖金。巫魔會這才成為浩大駭人的黑彌撒儀式，在這種一切顛倒過來做的彌撒式裡，女巫公然挑釁耶穌基督，要求以雷電劈死祂那些褻瀆神的信徒們，如果祂

②庫特頓（Courtrai）之戰。也請參見雅各・格林的《德國古代法》和米歇勒的《法國法起源》。

做得到的話。這類惡魔性質的戲劇若是在十三世紀時，恐怕會激起虔誠信徒的厭惡排斥，不可能存在。但到了十五世紀，各種感覺已然疲乏，甚或再也感覺不到痛苦，這類的宣洩也就不致發生，人類心靈已不足以承擔如此可怕的產物。它專屬於但丁的時代。

我相信那是一時的突發奇想，瘋狂腦子的靈光乍現，將瀆神行為提升到人民義憤填膺的程度。要理解這種憤怒，就得謹記教士是如何教導人民要篤信奇蹟，而不去相信上帝的律法是永遠不變的，數世紀以來，總是在等待、希冀奇蹟的發生。但在亟需奇蹟的絕望日子裡，呼求上帝卻毫不見回應。從那時起，上帝在他們眼裡成了暴君和壓迫者的盟友，本身即是嗜血殘暴的專制君主。

因此黑彌撒和反抗出現了。

黑彌撒的架構極為靈活，可以有無數細節不同的變形，不過我相信它是由一個個零件牢牢地構築而成。

我在一八五七年寫作《法國史》時，回顧了這齣殘酷劇碼，我輕易就能將之重構為四幕劇。不過那時我原封不動地照搬近代作者對巫魔會加油添醋的怪誕細節，並未能充分說明其中有多少是屬於那個舊有的體系，其難以撼動的單純性既陰暗又可怖。

此一普遍存在的體系，無疑早就在一個受詛咒的年代中被形形色色可憎的特質所注定，同時還受制於女人在其中所扮演的主導地位，而這就是十四世紀顯著的特點。

這個世紀，女人尚未獲得解放，卻以上百種野蠻粗暴的形式稱后，這是那個時代的奇特之處。那時，她能繼承封地采邑，帶一些領地當嫁妝，她在世間高踞王位呼風喚雨，在天界更是大權在握。聖母瑪利亞取代了耶穌基督。躺在她的懷裡，聖方濟和聖道明見到三個世界。她讓罪惡淹沒在無邊的聖寵裡，我能說什麼呢？她教唆犯罪。（有一個關於修女的傳說，描述聖母瑪利亞暫代她在唱詩席的位置，好讓她去會見情人。）

女人之為女人，既在最崇高的高處，也在最卑下的低處。碧雅翠絲（Beatice，譯註：但丁《神曲》中的女子，現實中亦為但丁所愛之人）在天上被群星圍繞，而詩人梅恩（Jean de Meung）則在《*Roman de la Rose*》（*Roman de la Rose*）裡宣揚女人的任意享樂。純潔又墮落，女人無處不在。呂爾（Raimond Lulle）對上帝的描述：「祂在世界的哪一處？到處都在。」大可以套用到她身上。

不過在天上，甚或在詩歌裡，受到頌揚的女人並不是能生兒育女兒，有孩子增添光輝、榮耀的母親，而是處女，是花樣年華就去世、未曾生育的碧雅翠絲。

據說，有一位美麗的英國少女，在一三〇〇年左右來到法國傳道，宣揚女性的贖罪，並視自己為救世主。

黑彌撒，就其最早的定位來看，似乎就是夏娃為基督教加諸於她的詛咒所做的贖罪。在巫魔會上，由女人扮演每個角色。她是教士，是聖壇，也是聖餐餅，跟所有人密切互動。說到底，她不也是這場聖餐禮裡的上帝？

儀式不乏民間元素，卻非完全由民眾所左右、創造。農民只敬重力量，但輕視女人。許多古老法國習俗都可證明（請參見我的《法國法起源》〔*Orgins*〕）。女人在這類儀式裡的支配地位，絕不是農民給的，而是女人自己主動拿的。

我相信當時的巫魔會是出自女人的傑作，是由那陷入絕望的女人所努力構思而成，比如說是那些時代的女巫。在十四世紀時，她眼前見到的是一條以酷刑、懲罰鋪就的可怕道路，在三、四百年的時間裡，火刑的柴堆熊熊燃燒！從一三〇〇年起，她的治病行為被視為有害的巫術，她的藥方被視為毒藥，她隨時可能以下毒的罪名遭受刑罰。當時被痲瘋病患認為能緩和病情的無害巫術，卻使這些可憐的女人慘遭殺害。教宗若望二十二世下令將一名有使用巫術嫌疑的主教活活剝皮致死。在如此盲目、恣意的鎮壓下，冒一點險和冒大險都一樣是冒險。如此的風險令女巫更為大膽，她敢於嘗試任何事。

人與人的友愛，對基督教天堂的反抗，以反常形式膜拜自然神——這就是黑彌撒的內在含義。

為農奴的反抗精神所築的聖壇建立起來，獻祭給「飽受冤屈之苦的祂，古代的放逐者，不公平地遭到天堂驅逐，地上的偉大創造者，使植物從泥土萌芽生長的主宰者。」崇拜他的人被稱為路西法爾信徒（Luciferians，譯註：Lucifer為西方信仰傳統之一，信者視為拯救與引導的力量，甚至是反對耶和華的真神，也被指代為撒旦）。而根據不無可能的猜測，聖殿騎士團也服從其權威。

在那些悲慘貧苦時代的一大奇蹟，正是在夜間的聖餐禮中，取得白晝所未能擁有的。冒著極端危險的女巫，誘導經濟狀況較寬裕的人捐助金錢，並匯集他們的捐獻。披著魔鬼外衣的慈善既是罪行、謀反，也是一種反叛，影響力強大。人們在白天省吃儉用，以便在夜裡為貧富共聚一堂的盛宴做出奉獻。

想像在廣大的曠野裡，通常在古代塞爾特人的墓石碑附近，在森林邊陲，具有雙重面向的畫面：一邊是明亮的原野，人民享受盛宴，而在另一邊靠近森林的地方，是一座以天際為穹頂的教堂聖壇。我稱為聖壇的是一座稍微隆起的小丘。兩端之間升起黃色火舌，在炭火通紅的樹脂火堆，產生奇幻的煙霧。

女巫在後方立起她的撒旦，一個巨大、粗糙的黑色木雕像。由於頭上的角和身旁的公山羊，他可能被當作酒神巴克斯，但是由於有男性象徵，他是潘恩大神，是生育之神普利阿普斯（Priapus）。陰沉的臉孔讓每個人產生不同觀感，有人只覺得恐怖，有人則被這永恆的放逐者③桀驁不馴的憂傷神色所感動。

第一幕——基督教師法古代（在儀式裡，人們排隊在柱廊繞圈，魚貫進入聖殿）

---

③此為修士德里歐的說法，但是我相信不只是西班牙獨有的狀況。此為古代傳統和原始影響的特色。日後才見滑稽戲謔。

的宏偉入祭禱文（Introït）——古老神祇回歸，為他效力。洗手禮（*lavabo*）也是仿效異教徒的淨禮。撒旦基於這是古代的使用權，將這一切納為己有。

他的女祭司一向是年長者（榮譽頭銜）；但是她實際上卻可能相當年輕。德拉克（*Lancre*）提到一位年方十七，面容姣好卻極其殘酷的女巫。

魔鬼的新娘不可以是小孩，她必須年滿三十歲，有美狄亞的臉和受盡痛苦折磨的美貌，悲傷、焦躁的凹陷雙眸，有如蛇隻扭曲般隨意披散在肩頭的頭髮。在上面也許是馬鞭草編成的皇冠，它是墳墓的長春藤，死亡的紫羅蘭。

她先將小孩們打發走（到餐宴進行時再回來）。然後儀式開始。

「我將進入這個聖壇……不過，主啊，請讓我免遭叛徒、暴徒（教士和領主）的毒手。」

緊接著背棄耶穌基督，向新主宰宣示效忠、親吻致敬，就像聖殿騎士的入會儀式，新會員毫無保留地將一切交出，從羞恥心、尊嚴到自由意志——表示「更喜愛撒旦」④，更劇烈地否認上帝。

接著輪到他來為女祭司祝聖。那木雕的神用潘恩大神和普利阿普斯接納女信徒的方式歡迎她。按照異教習俗，她將自己獻身給他，一如女祭司琵西雅（Pythia）坐在阿波羅的三腳架上，她坐在木雕像上一會兒時間，模仿交合的姿勢，從他身上吸取氣息、靈魂和生命。接著，她同樣鄭重地淨身。自此以後，她成為這個聖殿的活人祭壇。

入祭禱完成，宗教儀式暫時中斷，開始進行餐宴。與貴族們攜劍參與的狂歡盛宴截然相反，在這場友愛歡宴裡不見武器，甚至不見一把刀。

為確保和平，每個人都攜帶一個女人為伴。沒有女人同行即無法入席。不管是不是親人，是不是妻子，年輕或年老，必須帶一個女人。

席間流通什麼飲料？蜂蜜水？啤酒？酒？沁人心脾的蘋果酒或梨酒？誰知道呢？

（最後這兩種酒類從十二世紀就有了。）

混入顛茄、迷惑心智的危險飲品已經公然擺在餐桌上嗎？當然沒有，因為有小孩在場。再說，過度的幻覺和神智錯亂會妨礙跳舞。

舞蹈是瘋狂的旋轉舞，著名的女巫圓舞，足以讓人達到微醺狀態。他們將雙臂放在背後，和舞伴背對背轉圈，雖看不見彼此，但是背部經常互相碰觸。漸漸地，每個人再也認不得自己或是身邊的人。老婦看來不再是老婦。這是撒旦行使的奇蹟，她依然是女人。在視線迷離朦朧的人眼裡，她能激起欲望，受到喜愛。

第二幕——正當人群都沉醉在這種眩暈感中，由於女人的魅力和無法言喻的手足情感，感覺融為一體時，儀式再度開始，進入榮耀歸主頌（*Gloria*）。祭壇和聖餐餅出現。以何種形式？女人自己。以她匐匍在地的身子，受辱的姿態，黑瀑般拖在地上的秀髮，她（驕傲的冥府王后伯瑟芬〔Proserpine〕）獻祭自己。一名魔鬼站在她的腰上執行

---

④下背部掛了面具或第二張臉。請見德拉克《邪惡天使和魔鬼演變考》（*Tableau de l'inconstance des mauvais anges et démons*）。

在異教儀式巫魔會中最著名的女巫圓舞，瘋狂的旋轉足以讓人達到微醺狀態。
La Sorcière 03, 1911, by Martin van Maële (1863-1926).
來源：Wikipedia Commons

在巫魔會儀式中，女祭司既是魔鬼的新娘，其身軀同時也是祭壇。
La Sorcière 06, 1911, by Martin van Maële (1863-1926).
來源：Wikipedia Common

彌撒，誦唸信經（Credo），收取信徒的奉獻。⑤

這一切要到更晚期才變得猥褻下流。然而在災難肆虐的十四世紀，在鼠疫橫行和飢荒接連不斷的可怕時代，在農民反抗和傭兵團殘暴劫掠搶奪的時代——對於面臨危險的人民，效果是極為重要之事。會眾都有最壞的心理準備。女巫自己冒著奇大風險，進行如此大膽的行為，不啻獻出生命。她甚且要面對集各種痛苦折磨於大成的可怕地獄——幾乎沒人敢談論的酷刑折磨。用鐵鉗夾，用車輪輾壓，割除乳房，將皮膚慢慢剝下（就如卡奧爾〔Cahors〕主教巫師遭受的），用小火輪番烤燒手腳，她可能經受漫長永無止盡的垂死折磨。

在場所有人必然深感激動，他們在這副自願獻出的軀體上，放置祭品和祈禱豐收。人們把麥子獻給讓麥子生長的大地之神。放生的小鳥（無疑從女人胸口飛出）將可憐農奴的嘆息和祈願帶給自由之神。他們祈求什麼恩典呢？祝願我們——他們的遙遠後代——能獲得自由解放⑥。

在這個聖餐禮上分發哪種聖餅？可不是亨利四世時代出現的那種滑稽諷刺的物品，而是摻有春藥的那種麥餅，愛情聖餅，在她身上烤出的餅，而翌日她大有可能淪為火刑柱的受害者。他們吃下的是她的生命和死亡。他們已經嚐到她燒燙的肉塊。

最後，他們在她身上放上兩塊看來像人肉的祭品，象徵聚落新近的亡者和新生兒。兩者共享身為祭壇也是聖餅的女人，三者（象徵性的）彼此交融為一體——三重的聖餅，三者皆為人類。在撒旦的黑暗儀式裡，人民敬拜的對象仍然是人。

這是真正的獻祭，它終於完成了。獻出自己分食給群眾的女人完成任務了。她再次站起來，堅定地站在原處呼叫閃電，公然挑戰被篡位的上帝，以為方才的一切賦予正當性，這才離開現場。

為嘲弄「羔羊頌」（*Agnus Dei*）等和基督教的擘餅禮，一隻穿著衣服的癩蛤蟆送到她手上，她將把牠碎屍萬段。她可怕地轉動眼珠，仰頭看天，斬斷牠的頭時，喃喃誦念這些古怪的字眼：「腓力（*Philip*）⑦啊！如果我逮到你，我也這樣伺候你！」

耶穌基督不回應她的挑釁，沒有閃電雷劈，人們認為祂被擊敗了。聰明的魔鬼軍團抓住這一刻，用種種小奇蹟令老百姓嘖嘖稱奇，使輕信的人們震撼、驚恐。蟾蜍，完全

---

⑤最重要的一點在於，女人自己即是祭壇，儀式在她身上進行，這個事實由拉維松（Félix Ravaisson-Mollien）在《巴士底獄案》記述的拉瓦森（La Voisin）審判案公諸於世。近代人們為取悅路易十四宮廷貴族舉辦的巫魔會，無疑原封不動照搬古代巫魔會的經典形式，甚至是古代以後即遭屏棄的某個原始細節。

⑥小麥和鳥兒這種迷人獻祭品是法國獨有（請參見 Jaquier 的 Flagellanes 和 Soldan）。在洛林區，毋庸置疑在德國也是，會獻祭黑色動物，諸如黑貓、黑羊和黑牛。

⑦請參見德拉克（De Lancre）的紀錄。為什麼是腓力這個名字，我毫無頭緒。撒旦稱呼耶穌為小約翰或約尼可（Janicot）的理由也無從知曉。她這裡指的腓力會是那位可恨的法王嗎？是他讓法國和英國交戰百年，在克雷西之戰以後兵敗如山倒，讓法國國土第一次遭到外敵入侵？戰爭以前有過的悠長、幾乎未曾中斷的和平時期讓人民更覺得戰爭可怖。瓦盧瓦的（Philippe de Valois），這場綿長戰事的始作俑者受到詛咒，也許在這個民間儀式留下這個銘記不忘的詛咒。

無害但被認為有劇毒的動物——被人們放在嘴裡嘶咬。牠們跳過熊熊的火焰和通紅的炭火，逗得群眾大樂，對著地獄之火哈哈大笑。

哈哈大笑？人民在如此悲慘、如此大膽的儀式之後還笑得出來？我不知道。但身先士卒起而行動，敢於完成全部儀式的那一位，肯定沒心情可以笑。看著眼前的篝火，她想必看見了即將面對的火刑柱。而她，也負有魔鬼王國的傳承任務，培養未來世世代代的女巫。

12 「巫魔會」續篇——愛情・死亡・撒旦消失

人民得到了解放和安心。悲慘的農奴暫享自由稱王幾個小時，但擁有的時間是如此短暫。天色將明，群星散去。不久後，殘酷的黎明將讓他們回到奴役狀態，再次受到工頭利眼監視，回到領主城堡和教會陰影下，回到單調的勞役，由兩次鐘響所支配的恆久無聊狀態，一聲說**永遠**，另一聲說**絕不**。每一位農民神情抑鬱、順服，態度一本正經，從家裡走出來。

至少讓他們享有這短暫的休息！讓每位不幸的人有這麼一次的心滿意足，在這裡美夢成真！……如此悲慘、絕望的心怎能不做些白日夢，沒有一些瘋狂的渴望？偶爾對自己說：「啊！如果這種事發生在我身上呢？」

我曾經提到過，我們唯一擁有的詳細紀錄是相當近代的，時間可以上溯到一個安和樂利的時期，亦即亨利四世統治的最後幾年，當時法國曾經一度繁榮。那是個富足奢華的年代，跟巫魔會萌芽的黑暗時代完全不同。

如果我們全然地相信德拉克及其同代人所言，我們應該把第三幕想像為魯本斯（Rubens）的《狂歡節》（*Kermesse*），一場狂歡縱慾的盛宴，允許各種不正當的交歡，特別是近親的亂倫，根據這些只想引發恐慌、令讀者戰慄的作者們所言，巫魔會的主要目的，即撒旦的教訓和明確教義就是亂倫，而在這些盛大集會（有時達到一萬二千人）中，最可怕的行為是在眾目睽睽下進行。

讓人難以置信的是，正是同一批作者說了和這種譏諷內容截然相反的其他事實。他們說人們只會雙雙對對前往，只會雙雙對對參與宴席，甚至如果有人獨自一人出席，東道主會派出一位年輕魔鬼引領他，殷勤接待以盡主人之誼。他們說嫉妒的情人不怕帶著自己好奇的美麗伴侶去赴宴。

我們也看到人們攜家帶眷，帶著孩子一起前往。孩子們只在第一幕進行時被打發離開，宴會和祭禮階段，甚至連第三幕都參與。這證明了這類的聚會相當程度的無可非議。此外，舞台是雙重的。帶孩子的家庭留在明亮的野地這邊。樹脂火焰製造的神奇煙霧簾幕的另一邊，是較為黑暗的空間，想脫離人群的人可以前往。

深懷敵意的法官和宗教法庭法官都不得不承認有一種溫柔、和平的偉大精神瀰漫聚會。完全見不到在貴族宴會中會出現的三種令人反感的東西，刀劍、決鬥和染血的餐桌。沒有任何背叛密友的出軌私通。最後，所謂聖殿騎士醜惡淫穢的兄弟之誼，在女人主宰的巫魔會不只未曾發生，也完全不必要。

至於亂倫，有必要加以區別。任何親屬之間的結合，即使在今日最正當合法的關係，在當時均被視為犯罪。以仁慈為本的現代法律，理解人類的情感和家庭的福祉，允許鰥夫娶小姨為妻，也就是說，給他的孩子們最好的繼母；它允許叔叔娶姪女為妻以給予必要的庇護；它更允許娶表姊妹為妻，可靠和熟識的妻子，經常從童年時就愛上青梅竹馬長大的遊戲伴侶，也是母親所喜歡，早早就由衷接納的媳婦。但在中世紀，這一切都是亂倫。

只愛家人的農夫陷入絕望的境地，即使是六等親，娶表妹為妻仍被視為罪大惡極，他因此無法在自己的村裡娶妻。親屬關係帶來如此多障礙，他只得遠赴異鄉尋覓伴侶。然而在那些時代，村落之間幾無交流，彼此不認識也彼此敵視。不同的村落在慶典之日會不明所以地鬥爭（現今在彼此緊臨的村莊仍有此現象）。一個男人幾乎不敢到交戰的地方，到會讓自己陷於受傷和生命危險的地方找妻子。

另一個困難是，年輕農奴的領主不允許他到比鄰的領地娶妻，以免變成妻子領主的農奴，使原本隸屬的領主有所損失。

因此當教會禁止表親結婚，領主反對娶異地妻子，而許多男人根本　娶不到妻子。結果正是他們最想避免的。在巫魔會中，感情自然而然地爆發開來。年輕男人在那裡再次見到自己認識、早就愛上的女孩，在他十歲時，已喚他為小丈夫的女孩。他當然喜愛她，全然無視教規的限制。

只要充分理解中世紀的家庭狀態，我們就不會相信那些指責大批群眾涉入男女雜交的誇張非難。正好相反，這些緊密、集中的小團體事實上也很難接受陌生人。

農奴對親友絕不妒忌，但因環境貧困惡劣，深知生育太多而自己又養不起，只會使自己的命運更為悲慘。但教會和領主都希望擁有更多農奴，希望農奴的妻子不斷懷孕生子，對此一問題，於是出現了最古怪的佈道①；有時還會有嚴厲的斥責和惡意的威脅。但這一切只會讓男人更堅持小心謹慎。而無法在這種生活下養育孩子的女人，總是害怕懷孕，生孩子時則是總以淚洗面。可憐的女人只有在反覆得到明確的保證：「從沒有女人在此懷孕」②後，才敢冒險參與夜間盛宴。

女人受到宴會、跳舞、明亮燈光、娛樂吸引來到儀式現場，絲毫不是為了肉體享樂。有些人發覺，到了那裡，只有痛苦與受罪；另有一些人則痛恨交歡後，為了避免受孕，要馬上以冰水淨身。不管怎麼說，把另一個不幸的生命帶到這個世界上來，加重另一個農奴的負擔，讓他們更加貧困，是女人們無論如何都要避免的。

強烈的共識和決心，彼此的互信和默契，愛只侷限在家族中，排除了所有參加者中的陌生人。因為農奴階級的親人，分擔共同的負擔，無不小心翼翼避免節外生枝，在這以外的，全屬不可信賴。

因此不見人口流動，沒有異類份子的混雜，相反地，只有一系列家族團體，畫地自限，互相排斥。情況如此，即使想要把巫魔會當成作亂的工具，顯然也力有未逮，無法結合群眾興風作浪。家族中最要留意的就是避免多生育，為了確保此一目標之達成，近親以及彼此利害攸關的人之間，嚴格禁止戀情。因此，明明是生命中最甜美的時刻，卻因事情的可悲、沮喪及不潔而失色且見不得人。天啊，天啊，甚至愛情與婚姻都成了悲慘的不幸，成為向不利環境的挑戰。社會非常殘酷。當局不斷地嚷著：「結婚，結婚」；但由於過度的貧困，以及嚴格教規的荒謬限制，卻又把婚姻弄得困難重重。其結果正好與教會宣導的純潔相反。在基督教的表象下，唯一存在的現實其實是古老的亞洲父權體系。

只有長子可以結婚。弟弟和姊妹聽命於他，為他工作③。在法國南部山區與世隔絕、沒有鄰居或其他女人的偏僻農地裡，兄弟和姊妹一起生活，她們是他們的女僕，身心都歸他們所有。和《創世紀》的描述相符，也類似波斯的婚姻習俗，現今在喜馬拉雅某些部落也仍可見。

更驚人的是家庭裡母親的命運。她發現無法讓兒子娶妻，又不能夠讓他和親戚家的女兒結婚，唯有如此，才可能得到未來兒媳的敬重。兒子（如果辦得到）能娶的，只有遙遠村落的女孩，而通常是敵對的村落，女孩的到來是可怕的入侵，這位外來者往往將丈夫第一次婚姻的子女或可憐的母親攆出家門，令人難以置信，但事實確鑿。受到虐待、不准坐在爐火邊或同桌用餐，已經算是幸運的了。

瑞士就有一條法律，禁止任何人剝奪母親坐在爐火旁位置的權利。

---

①就在不久前，我一位才華橫溢的友人吉南（Génin）匯集了相關的五花八門資訊。

②博蓋（Boguet）、德拉克，所有相關論述都同意這一點。撒旦表現完全矛盾的行為，卻完全滿足農奴、農民、窮人的願望：撒旦讓作物發芽生長，卻讓女人不孕。讓他們農穫大豐收，卻生不出孩子。

③據博學多聞、情報準確的莫泰（M. Monteil）對我所言，在古時候的法國，這是相當普遍的情況。

她最擔憂兒子有朝一日結婚。但是如果兒子不結婚，她的命運也不會好上多少。兒子才是一家之主，她照樣是僕人。兒子繼承父親所有的權利，甚至可以打她。我在法國南部地區還見過這樣大逆不道的行為——二十五歲的兒子處罰喝醉酒的母親。

在更嚴峻的時候，情況會更嚴重！……更可能的是兒子半醉半醒從歡宴中回來，幾乎不知自己在做什麼。同一個房間，同一張床（因為絕不會有兩間房）。母親遠遠無法安心。他見到已結婚的友人，受到刺激。因此涕淚縱橫，極度沮喪，陷入悲哀的自艾自憐。遭受自己的兒子（自己唯一的神祇）暴力威脅，這位可憐女人感到心碎，深陷絕望。她試著入睡，假裝無視。然後在雙方無意識之下，發生現今在大城市貧窮區域還時有所聞的慘劇，一個可憐女人在驚懼甚至毆打下遭到非禮。儘管有所顧忌，但母親從那時起完全逆來順受，承受最淒慘的奴役。可恥又痛苦，充滿不安的生活。因為一年一年過去，兩人年齡隔閡越來越大。一個三十六歲的女人還能應付二十歲的兒子，但是到了五十歲，唉！等到年紀更大會如何？他有可能從遙遠村落所舉行的巫魔會帶回一名陌生女子當女主人——一名陌生、冷酷、無情的外來者，奪走她的兒子、爐火邊的位置、床鋪，她一手打造的這個家。

根據德拉克和其他作者所言，撒旦將兒子對母親的忠誠視為優點，讓這個罪行成為德行。如果事實確是如此，我們可能輕易猜到女人自然而然捍衛女人的原因，女巫如何站在母親這一邊幫助她鞏固家庭地位，因為兒媳可能手持棍棒，將她攆出門行乞維生。

德拉克更進一步宣稱「優秀女巫是母子亂倫的結晶」。波斯的占星家也是依此法則誕生，據說他必須是這個可憎祕密儀式的結晶。如此一來，魔法的知識奧祕留在這血脈完全精純的家庭。

由於對大自然不敬的誤解，此一儀式雖然令人深惡痛絕，他們卻相信自己是在複製農作物的奧祕，植物生長的循環：收割的鼓勵，再播撒於犁過的田裡，生出新的穀粒。沒那麼駭人的結合（兄弟姊妹之間），在猶太人和希臘人社會頗為常見，但關係往往冷淡，極少產生子嗣。這樣的結合形式老早即遭屏棄，從未再度復活，除非是荒謬限制激起人們的反叛心理，才會瘋狂走上極端。

違反自然的法律如此激發人類的恨意，導致違反自然的罪行。何其艱苦的年代！受到詛咒的年代！導致何其深沉的絕望！

是黎明就要到來。在某個時刻，鐘聲響起，所有惡靈逃逸。女巫感覺到罪惡之花在額上凋謝。她的王國不復存在！或許她的生命也是！

黎明來臨，如果她仍然沐浴於晨曦中，那又將如何呢？她會把撒旦變成什麼？一團火焰嗎？一堆灰燼嗎？正合他的意。這位狡猾的謀略者明白，活著和重生的唯一方式就是死去。

這位能召喚亡靈，為那些悲泣的人們帶來世上唯一的喜悅，讓他們已離世的摯愛出現在夢裡的萬能法師，他會死去嗎？當然不會，他肯定會活下來。

這位發現天地萬物遭到詛咒，大自然被教會當作骯髒嬰兒扔在地上的萬能幽靈，把大自然撿起，溫柔懷抱在胸前的他，會死去嗎？不行，他不能死。

病厄橫虐的中世紀，這位唯一的醫生，以毒藥治癒百姓，對他們說：「傻瓜們，活下去！」的他，會死去嗎？

由於他對生命瞭若指掌，這韌性十足的傢伙，即使死，也死得平靜，死得安詳，有如戲法般「脫掉凡人的皮囊」，靈巧地燒掉他美麗的公羊皮，在火焰和晨曦裡消失無蹤。

但是她，創造撒旦的她，創造一切，善與惡兼具，支持那麼多理想，從愛情、忠誠到罪行……！她會有什麼命運？瞧她獨自一人在荒野裡！

她並非如普遍的看法，是所有人厭惡的對象。許多人感謝祝福她④。不只一人覺得她美麗，不只一人寧願拿天堂的位置換取勇氣以接近她……然而她的周圍盡是深淵，她激起的崇敬無與倫比，但人們對這位萬能的美狄亞，她深邃的美眸、垂肩豐厚黑髮的恐懼也與之相當！

永遠孤獨，永遠得不到愛情！她還剩什麼？只剩方才從她身邊逃逸開的幽靈。

「好吧，親愛的撒旦，我們離開……我迫不及待要到下面去。地獄比世間更好。這個世界，永別了！」

第一個創造、演出這齣可怕劇碼的她，肯定沒能比他多存活多久。聽從她命令的撒旦在近旁準備了一匹眼睛和鼻孔噴火的巨大黑馬，馬鞍已經安上——她一躍而上……

旁人目送她離開……受驚嚇的善良人們說：「天啊，她會怎麼樣？」她離去時大笑出聲，洪亮可怕的笑聲，接著像射出的箭一般飛快離開人們的視線。人們樂於知道，但永遠也不會知道這位可悲女人最後的命運⑤。

④德拉克提到一些受到喜愛、敬重的女巫。

⑤這正是維爾（Wyer）所述的一位英國女巫故事結局。

第二部

13 女巫衰落，撒旦通俗化、數量大增

自此我們有了一種完全不同類型的女巫：她猶如是魔鬼的精緻玩具，就像是一個小巫婆或是主持「黑彌撒」的小女孩，相當程度地淘汰了更早期女巫的嚇人形象。她已蛻變成熟，足智多謀，有貓兒般的優雅。她和其先人截然不同，纖細柔弱，形跡隱密鬼祟，步履悠悠，總之樂於接受愛撫。她肯定沒有泰坦巨人族的一面，相反的，她生性狡滑卑劣。從襁褓時期即放縱肆無忌憚，滿腦子充斥各種邪念奇想。她的一生是午夜某個黑暗、邪惡時刻的縮影，白晝時激起厭惡反感的某個念頭在夢裡得以落實成真。血液裡帶著祕密而誕生的她，本能地通曉邪惡，她的目光洞悉得如此遙遠、如此深入，她對世上的人、事、物毫無敬意，也沒想過信仰。撒旦本人也難以撼動她，他畢竟是幽靈，而她只對實體的東西感興趣。

幼年時，她喜愛髒汙。出落為亭亭玉立的少女時，她的骯髒程度更令人作嘔。巫術在她手裡成為古怪的調配祕方、詭譎的煉金術。她很早就將自己所偏好與厭憎的東西操弄於股掌之間，今日調配藥方，明天策劃陰謀詭計。愛和疾病是她的基本元素。她成為機靈、嫻熟、大膽的實驗者。她被控殺人和使用毒藥而遭迫害，其實這是不公平的。那

絕不是她本能所要追求的，因為她對死亡沒有想望，她雖天性惡毒，卻愛好生命，她治療病人，延長人的壽命。她的危險來自另外兩個方面，一是她販售不孕或墮胎的處方，另外，由於天馬行空、無所節制的想像力，她喜歡以邪惡藥水幫助女人墮落，從這類愛情罪行中得到莫大愉悅。

她跟早期女巫多麼不同！她只是個生意人，同時也是褻瀆宗教者，是魔鬼，是反叛靈魂，是撒旦之妻，就某種意義上，是撒旦的母親。他難道不是靠她及她內在的力量而坐大。然而之後的女巫頂多是撒旦的女兒，繼承他的兩項特性，不潔和喜愛操控生命。這是她的命運，她是這方面的藝匠，生意興隆，而我們人類就是她的材料。

人們說從亂倫而生的她將永遠以亂倫延續香火。但是沒有必要，她不需男性即繁衍無以計數的後代。在十五世紀初期，查理六世統治期間，短短不到五十年的時間，巫術大規模蔓延。任何自認擁有祕密處方、神祕配方的人，任何認為可以預言未來，任何做夢和做白日夢的人都自稱是撒旦的寵兒。所有精神錯亂、古怪的女人都賦予自己這個堂堂稱謂：女巫。

一個雖然危險但有現成好處可得的頭銜，因為光是老百姓的厭恨就夠本了，對她，人們辱罵禱告交加，給了她無可言說的力量。當孩童在街上追逐她，婦女舉拳威脅她，把這個稱呼當石塊一樣扔擲到她身上時，她轉身驕傲地說：「沒錯！你們說的沒錯！我是女巫！」

這門生意大有進展，男人也加入，讓這門技藝有了新的墮落。再弱的女巫仍略有女

不同於早期女巫的嚇人形象，後期的女巫形象優雅，是撒旦之妻，同時也是撒旦的母親。
La Sorcière 08, 1911, by Martin van Maële (1863-1926).
來源：Wikipedia Commons

先知的特質。但是這些巫師，是卑劣可鄙的騙子，粗野的江湖雜技人、捕鼠人，對牲畜施咒語，出售他們根本不曾擁有的所謂祕密配方，讓那個時代蒙上恐懼、愚昧的烏煙瘴氣。撒旦變得平凡普遍，數量大為增加。這是個可悲的勝利，因為他變得無聊乏味，但人們仍然湧向他，不想要其他的神。然而，原來的他及其尊嚴已經蕩然無存。

十五世紀，儘管有兩三個偉大發現，在我看來，卻是疲乏、欠缺想像的時代。

它以聖丹尼（Saint-Denis）王室巫魔會為開始，盛大地展開，這是查理六世在聖丹尼修道院舉辦慶祝杜蓋克蘭（Du Gguesclin）入葬的狂放、陰暗舞會，而杜蓋克蘭實際上早已下葬多年。三天三夜，亡者墳墓上方成為縱飲狂歡的罪惡之地。這位還未變痴呆的瘋狂國王強迫所有國王——他的祖先們，這些枯骨來一起跳舞，一同飲酒作樂。死神（la mort），無論他現身與否，生就是一個淫媒，為宮廷沒有節制的逸樂更增添了可怕的刺激。成為那個時期的淫邪時髦風尚，貴婦夫人們戴上魔鬼般的雙角帽，或是強調腹部使其突起，看來像懷孕一樣（掩飾懷孕的絕妙辦法）①。她們珍視這個風尚，維持了長達四十年。另一方面，少女們更不知羞恥地裸露，使婦女們相形見絀。女人以雙角帽將撒旦戴在頭上。騎士和侍從穿著蠍子尖尾形狀的鞋子。在動物的面具下，他們臣服於最原始的獸性欲望，恣意為所欲為。那位因綁架孩子而惡名昭彰的吉爾斯．德．萊斯（Gilles

①即使在天才畫家范艾克（Van Eyck）主題最為神祕的畫作《神聖羔羊》（*l'Agneau*）裡，所有的處女都大腹便便，看來像身懷六甲。這正是十五世紀的古怪風尚。

de Retz）②，他最初的邪惡獸性即由此萌生。所有這些封地的貴族夫人都是毫無節制、殘忍淫蕩的「耶洗別」（Jézabel）們③，比男人更無羞恥心，不屑戴面具，正大光明地露出自己的面孔。她們的狂熱肉慾、公然放蕩，無法無天地挑戰禮教，對國王、對所有人而言，對感官、生命、身體、靈魂而言，都是深淵，都是無底洞。

結果是什麼呢？阿金庫爾（Azincourt）之役的戰敗者，在那些細密畫作裡的那一代可憐、蒼白的領主們，緊身衣包裹下悲慘細瘦的四肢，看來仍舊怵目驚心、令人顫抖④。

我由衷地憐憫女巫，從國王的盛宴返回的貴婦將她視為密友和享樂的執行者，對她要求那些不可能的事。

在城堡裡，處身在一屋子的未婚男人當中，她確實孤伶伶一人，是唯一或幾乎是唯一的女性。根據小說描述，領主夫人享受被一群漂亮女孩圍繞，但歷史和常識說的正好相反。埃莉諾皇后（Eleonore）不會笨到把羅莎蒙德（Rosamonde，譯註：英格蘭國王亨利情婦，後遭埃莉諾皇后毒殺）當成自己美貌的襯托品。這些極度淫蕩的女王和領主夫人，嫉妒心也一樣強烈（比如亨利．馬丁〔Henri Martin〕寫過一個故事，一位夫人讓丈夫仰慕的女孩在士兵的姦淫凌辱下死去）。我們再說一次，貴族夫人之所以能讓男人愛慕，是因為她是唯一對象，沒有情敵。不管美醜、年齡，她是所有人的夢中情人。女巫激勵了貴族夫人，讓她濫用她的女神地位，嘲弄這群痴迷、馴服的男人，女巫讓她敢於嘗試極端，將男人視為牲畜。他們被施咒變身，四肢伏地，成為諂媚的猿猴、行動遲鈍的熊、淫邪的狗兒、垂涎的豬，隨時聽命於女主人瑟西女妖（Circe）的任何侮辱。

這一切令她憐憫，也令她作嘔。她一腳踢開這些匍匐在地的動物。他們是夠卑鄙、醜惡了，但在她眼裡還是太單純了。她以一種怪誕的方式來獲得滿足，既然這些人都無法取悅她，那麼就選一位更無能的小情人來濫施其愛。不愧是女巫的點子，她先一步喚起天真男童體內沉睡的火苗。此即傑讓·德·桑特（Jehan de Saintré）、凱魯比諾（Cherubinos）和其他可憐玩物的醜惡陋事，被墮落時代的女人支配、玩弄。

在如此多學究式裝飾和感情道德學的妝點下，底下的卑劣殘酷再顯然不過。摘取花苞以先一步扼殺長出果實的可能。在某種意義上，正是人們指責女巫，說她「吃小孩」的罪行。無論如何，那等於飲下他們的生命血液。以溫柔和母愛撫摸孩子的美麗夫人不正是吸取孱弱受害者鮮血的吸血鬼？這些駭人聽聞的行為，其結果已在小說故事裡交代。故事說桑特成為十全十美的優秀騎士，卻也十分虛弱、軟弱，以致受到笨拙的鄉間教士頂撞、挑戰，而美麗夫人的頭腦總算清醒一些，找到更適合自己的對象。

---

②十五世紀中葉著名的黑巫術法師。

③耶洗別是舊約聖經《列王紀上》和《列王紀下》記載的一個負面人物，是以色列王國的國王亞哈的王后，個性冷酷。她自稱是先知，有計畫地運用權勢使全以色列離棄神，去敬拜巴力（brûlée）。

④在我看來，這些極度衰弱、疲乏的骨瘦如柴人物，毀去了勃艮地王室和貝利（Berry）公爵等等出色非凡的細密畫畫作。主題是如此可悲的人物，再精巧的筆法也無法讓它們成為令人喜愛的藝術傑作。

這些徒勞無益的任性行為增加她的厭膩和空虛感。瑟西女妖在她的獸群裡感到極為無聊、厭倦，以致連自己都想成為動物。她感覺到狂野衝動，將自己關在城堡塔樓裡。她從那裡以陰森的目光看著下方的陰暗森林。她覺得被監禁，像是被鍊起的母狼一樣憤怒難抑。「女巫，馬上到這裡來！……我要她。快來！」兩分鐘以後：「什麼！她還沒到嗎？」

她來了。「注意聽……我有一個欲望……（妳明白，是難以壓制的欲望），我想掐死妳，想溺死妳，或是把妳交給早想逮到妳的主教……妳只有一個辦法逃脫，就是滿足我的另一個欲望——把我變成狼。我太厭倦我的生活了。我無法再待下去。我希望至少有一晚能自由自在到森林裡奔跑。別再看到那些服侍我的百依百順的傻瓜，別再有那些讓我暈頭轉向的狂吠獵狗，別再需要騎著那些老是止步不前，拒絕走入茂密森林的愚笨馬匹。」

「可是，親愛的夫人，要是您被抓走呢？」「無禮的女人……小心沒命。」「您至少聽過被砍掉腳的狼女故事⑤……如果發生這種事，我會非常難過！……」「這是我自己的事……我不要再聽任何藉口……趕快，我已經在嗥叫了……多快樂的事！在月光下獨自狩獵，獨自咬住母鹿，還有男人，如果我遇見的話，咬住身體如此柔軟的小孩，還有女人！啊！用牙齒咬住她們的肉！……我痛恨所有女人……我更恨妳……不過別往後退，我不會咬妳，妳太令我作嘔，再說，妳沒有血……血，血！我需要血。」

女巫無法回絕：「夫人，太容易了，今晚九點鐘喝下藥水。把自己關在房裡。他們

封地貴族夫人們戴上魔鬼般的雙角帽，公開放蕩，挑戰禮教。
La Sorcière 08, 1911, by Martin van Maële (1863-1926).
來源：Wikipedia Commons

會以為妳在家裡，而妳實已變身，在森林裡奔跑。」

就此進行，夫人隔天一早疲乏不堪、虛弱無力，完全筋疲力盡。她前一夜大概跑了三十古里（譯註：相當一百二十公里）。她想必獵殺了什麼，因為渾身鮮血淋漓。或者她大概被荊棘擦傷而流血。

造就這個奇蹟的女巫應該深為自豪，但她也面臨了危險。要求她達成此事的夫人非常陰鬱地接待她：「女巫啊，妳擁有多可怕的力量！我完全意料不到！但是我現在很害怕，我嚇壞了……哦！妳被大家怨恨是理所當然的事！妳被燒死那天，該是多美好的一天！只要我想要，就能害死妳。如果我將這一夜的經過說出來，我的農奴們今晚就會拿鐮刀砍死妳……滾吧，妳這個邪惡、可惡的老妖婆！」

她被領主、被她的主人推入詭譎的冒險中。只能仰仗城堡保護，以免受到教士緝拿和火刑，她如何能夠拒絕這些可敬復可畏的保護者的要求？假設有剛從十字軍東征、從尼科波利斯（Nicopolis）戰役回來的貴族，想模仿土耳其的作風，喚她前來，委託她綁架小孩，她該怎麼做？這些在希臘領土範圍上大規模的劫掠，有時一次有兩千名僮僕進入後宮，基督徒們（十二世紀以後的英國貴族，較晚期則有羅德騎士會和馬爾他騎士會）並非一無所知。惡名昭彰的德．萊斯，是唯一因此受到審判的一位，被治罪的原因並非是將農奴的小孩誘拐到城堡（在當時並非罕見的事），而是因為把他們獻祭給魔鬼撒旦。負責綁架小孩的女巫們，無疑並不知曉這些受害者的下場，她們受到兩種危險的夾伺，一邊是農民的長柄叉和鐮刀，另一邊是一旦拒絕領主將招致的酷刑折磨。德．萊斯的手下，那位恐怖的義大利人⑥，極可能把她放進石臼裡搗碎。

不管哪一邊都有風險和相對的好處。這樣的處境多麼容易讓人墮落。民眾認定女巫擁有的種種可笑法力，她們並不否認。她們承認用針扎人偶可以詛咒任何人，讓對方消瘦、死亡。她們承認使用從絞刑台下方拔起的曼德拉草（由狗兒咬拔，她們宣稱執行完任務的狗必定死去），可以奪取人的神智，讓人變成野獸，讓女人精神錯亂，變得瘋瘋

---

⑤那些時代的貴族夫人，中世紀城堡裡的高貴囚犯，不乏這種可怕的幻想。她們渴求自由和絕對自由的殘忍行為。博蓋（Boguet）描述過一個故事，奧弗涅（Auvergne）山區的一名獵人在某晚射中一頭母狼，沒命中要害，但是斷了牠的一隻腳掌。母狼跛腳離開。獵人到鄰近的城堡要求留宿。城堡裡的貴族見到獵人，詢問他打獵是否順利。為了回應問題，他想要從狩獵袋裡拿出剛砍斷的母狼腳掌，但是驚愕地發現那是一隻人的手，其中一指戴有戒指，貴族認出是妻子的戒指！他馬上到她身邊，發現她受傷，前臂藏起來。這隻手臂沒有手掌，把獵人帶來的手掌放上去，夫人被逼承認是她化為狼形，攻擊了獵人，在森林裡留下一隻腳掌。丈夫心狠手辣將她送交審判，她被送上火刑柱燒死。

⑥請參見我的著作《法國史》，特別是甫辭世的吉羅（Armand Guéraud）所著的深入淺出小書《吉爾斯．德．萊斯研究》（*Note sur Gilles de Rais*）（南特，一八五五年）（其後收錄於樂沃〔Prosper Jean Levot〕的《布列塔尼文獻》〔*Biographie Bretonne*〕）。我們在其中可以見到，提供孩童的可怕供應者通常是男人。有一位女人拉梅菲（La Meffraye）涉入，她是女巫嗎？書裡並未提及。吉羅先生得出版德．萊斯的審判才對。這樣的作品符合大眾期待，但是得以完整版本出版，未經刪剪。手稿在南特和巴黎。我的博學朋友杜卡馬提弗（Dugast-Matifeux）告訴我，除了留存於圖阿爾（Thouars）檔案館（來自特姆伊〔Trémouille〕和賽洪〔Serrant〕檔案館）的原稿，還有更完整的版本存在。

癲癲。更可怕的是帶刺的蘋果（或稱曼陀羅）所導致的發狂興奮狀態，能讓人跳舞跳到疲勞而死⑦，讓他們能毫不猶豫地接受上千種可恥的凌辱而毫無知覺，事後也不復記憶。

人們對女巫既無比憎恨，也極端恐懼。《女巫之錘》（*Malleus*）的作者斯普蘭格神父（Sprenger）驚魂未定地陳述一個親身經驗，在一個大雪紛飛的冬天，所有道路已經讓人寸步難行，他看見一群恐懼得發狂，因為過於真實的災厄而受害的不幸人們，聚集在某個德國小鎮周圍。他說，恩典聖母教堂或隱修聖母教堂都不曾吸引如此可觀的朝聖人潮。這些可憐的民眾踩著積雪，步履蹣跚、踉踉蹌蹌地前進，走向女巫的屋子去祈求魔鬼的憐憫。看見所有這些人匍匐在她腳下⑧，這位老女巫該是感到多麼驕傲和激動。

⑦請參見普切的《茄科和普通植物學》（*Solanées et Botanique générale*）、奈斯坦（Nysten）的《醫藥辭典》*Dictionnaire de médecine*（Littré and Robin 版本）曼陀羅條目。竊賊樂於使用這些藥水。有一天，他們想要打劫艾克斯的劊子手，讓他們夫妻服下這種藥水，兩個人陷入出奇的癲狂狀態，在墓園裡全身赤裸跳了一整夜舞。

⑧這個驕傲有時導致她過度放縱。因此德國人說：「閣樓裡的女巫給同伴看十五位穿綠衣的美少年，告訴她：『挑一個，他們歸妳所有。』」她的勝利是交換角色，以愛情試驗的名目，讓貴族領主們承受最匪夷所思的可憎凌辱，貶低他們的氣燄。眾所皆知，皇后、國王和貴族貴婦（在義大利持續到十八世紀。請參見《莫瑞帕斯文集》（*Collection Maurepas*，第三十卷）在最令人嫌惡的時間接見朝覲，召集群臣，讓他們的寵兒做最可厭的任務。基於驚人的崇拜心態，這些人將偶像身上的東西視為珍寶，搶奪任何卑微任務。要是她年輕、美麗、態度輕蔑，她的家畜們（她的侍從騎士、教士、為愛瘋狂的年輕侍從）就準備好要接受任何羞辱、任何可憎的試煉，基於一個愚蠢的觀念，春藥越是令人反感越是有效。對人性而言是悲哀的事。但對於這個驚人事實要說什麼呢？沒有高貴出身，既不美也不年輕，只是一介貧民，甚至是農奴，身穿骯髒襤褸衣服，這樣的女巫只藉由狡猾計謀，某種狂放、邪惡的魅力，讓一個時代的達官顯貴變得愚笨、失去尊嚴？隆河附近有一座沒有四百年貴族血統沒法進入的高尚德國修院，修士們對斯普蘭格神父做出如下的悲哀供詞：「我們看見三位院長接連被她迷惑，她殺死了第四位，而且厚顏無恥表示：『我做了，我會再做，他們絕對無法逃脫，因為他們吃了……』等等。（Comederunt meam（吃了我的）……等等，斯普蘭格《女巫之錘》〈調查〉（*quoestio*）第七卷）」。對斯普蘭格神父而言，最糟糕、最令他絕望的是，她受到如此良好的保護，有那些篤信她的信眾撐腰，他無法將她燒死。「Fateor quia nobis non aderat ulciscendi aut inquirendi super eam facultas; ideo adhuc superset.」（我承認我們無法審問她的罪行或堅持將她定罪，因此這個女人仍然活著。）

14 女巫之鍾

女巫們並未費力掩飾她們的巫術行為，甚至大吹大擂，在斯普蘭格神父的獵巫指南裡，多數奇特故事都出自她們之口。這本指南相當學究氣，可笑地仿效多馬斯學派（Thomistes）邏輯學家使用的分類法，同時，這本指南是因作者的驚恐而生。在魔鬼與上帝的決鬥中，因為上帝的默許，魔鬼取得上風，斯普蘭格神父因而狂熱、單純地深信唯一可行的解決之道，即是拿著火把追捕魔鬼，儘速燒燬他們所附身的凡人肉體。

斯普蘭格神父唯一的功績，是這本手冊的內容比先前任何相關著作更為全面，他圓滿彙整一個龐大細密的系統，完成一本完整的專題作品，是繼古代的聽悔僧，或是告解神父用以調查罪惡的指南書以後，所出現調查異端邪說的指導手冊。不過針對識破、調查最主要的異端邪說，亦即巫術，不乏特別的指導手冊或指南，即所謂的鍾擊女巫書。在多明我會修士的熱心編撰下，這些指南如雨後春筍不斷湧現，斯普蘭格神父的《女巫之鍾》（*Malleus*）堪稱臻於完美的巔峰之作，作者本人也以此書為憑，在德國進行獵巫大任務，長達一世紀的時間裡，它始終是宗教法庭的圭臬指南和指路明燈。

斯普蘭格神父如何開始研究這些題材？他說在羅馬的時候，在修士留宿朝聖者的食堂裡，他見到來自波西米亞的兩位朝聖客，一位年輕教士和他的父親。父親嘆氣，祈求這趟旅行的成功。心生憐憫的斯普蘭格神父問他為什麼苦惱。他說兒子被魔鬼附身，他耗費金錢，不辭辛勞，將他帶來羅馬，去拜訪聖徒的墓。「這個兒子，他在哪裡？」修士問。「在您的身旁。」「聽到這個回答，我嚇得後退。我打量年輕教士，驚訝地發現他相當謙和平靜地用餐，和氣地回應問題。他告訴我，有次有點粗暴地對一個老婦講話後，老婦對他施了咒語。施咒在一株樹。是哪一株樹呢？女巫堅不肯說出。」斯普蘭格神父出於仁慈善意，開始帶附魔者拜訪一個又一個教堂，前往一個又一個聖骨處。每到一處即實行驅魔，附魔者發狂、大叫、全身痙攣，以含糊難懂的語言胡言亂語，亂蹦亂跳。這一切就發生在跟隨他們前來的群眾面前，所有人驚嘆、顫抖。在德國如此常見的魔鬼在義大利則較為罕見。經過幾天，整個羅馬城只在談這件事。引發騷動的這件事當然讓這位多明我會神父留意。他研究這個問題，彙整各種錘擊書和其他指南手稿，成為魔鬼審判問題的權威人士。他的《女巫之錘》（*Malleus*）應該是在這起事件到一四八四年教宗英諾森八世（Innocent VIII）交付重大任務之間的二十年裡寫成。

斯普蘭格是這趟任務的不二人選，因為教宗需要一個夠聰明和有手腕的人，方可望說服正直的德意志人，讓他們願意接受他努力引進的黑暗鎮壓系統。先前，教廷廣建宗教法庭的計畫在「低地諸國」受到抵制，連帶法國也拒絕接納（只有土魯斯一地例外，這個從前是阿爾比派（albigeois）教徒要塞的所在受到教廷的嚴格掌控）。到了一四六〇年左右，羅馬教廷聖赦院的一位主教成為阿拉斯（Arras）總鐸，決心在開始討論宗教議題的修辭院（或文學會）給予石破天驚的一擊。他將一位修辭學家以巫師之名燒死，同時受刑的還有富裕的自由民，甚至是騎士。權益遭受波及的貴族勃然大怒，激烈表示抗議。宗教審判引發噓聲，受到鄙棄咒罵，特別是在法國。巴黎最高法院狠狠地將它排拒門外，羅馬教廷由於此番失誤，失去了在歐洲北部推行宗教審判恐怖統治的機會。

到了一四八四年，時機似乎較為理想。宗教法庭在西班牙已經達到驚人的規模，令王室也黯然失色，似乎成為一種所向無敵的制度，足以獨自運行，滲入各處，佔據所有地方。然而，宗教法庭卻在德國遭遇阻礙，遭到基督教會公侯的反對，他們擁有自己的法庭，從未打算接受羅馬教廷的宗教法庭。然而，人民起義引發公侯的巨大憂慮，令他們的立場稍微動搖。所有萊茵河地區、斯伐利亞，甚至接近薩爾茨堡的東半部，叛亂暗流似乎在湧動，農民反抗隨時會爆發，到處都有巨大的地底火山、隱而未現的火湖，不時噴發出火焰。比日耳曼本土法庭更可怕的外來宗教法庭正好在絕佳時機到來，威嚇整個國家，消滅反抗精神，把任何明日可能反抗的人先以巫師罪名燒死。它是馴服人民的絕佳武器，消除危險叛亂情緒的絕妙手段。這次的攻擊轉以巫師為對象，如同在一三四九年和許多其他時刻，把人民的怒火引導為反對猶太人。

只是這必須有一個適合的人選。一名宗教法官面對美因茨和科隆猜忌的法庭，面對法蘭克福或史特拉斯堡嘲弄的民眾，要一夫當關建立起自己的審判庭，他必須是見多識廣的聰明人。他個人的圓滑靈巧互相平衡，讓人多少忘記他這個職務可憎的一面。而且，羅馬教廷總是自詡知人善用。它不擔心要處理的問題，只在意處理問題的人選，它總是篤信，也有理由相信，一項任務能否成功取決於執行者的個人特質？斯普蘭格是正確人選嗎？首先，他是日耳曼人，也是多明我會修士，早先即受到這個龐大修會旗下所有修道院和學院的支持。指派一位出身學院的可敬成員至為必要，他必須是優秀的神學院修士，熟讀《神學大全》（*Summa Theologica*），將托瑪斯．阿奎那的教誨奉為圭臬，總是能夠引經據典佐證自己的論點。斯普蘭格完全符合條件。除此之外，他更是迂腐的學究傻瓜。

不信的話，請看看《女巫之錘》是如何解釋拉丁文的「魔鬼」（dia-bolus）一詞：「一般認為，dia-bolus 這個字是由 dia（二）和 bolus（一顆丸子）合成，意指魔鬼能像吞丸子一樣，一口就能把人的身體和靈魂二者吞吃掉。但根據希臘詞源學，diabolus 應是指 clausus ergastulo（被關在地牢裡）或 defluens（掉下）。因為魔鬼除了是從天上掉下來，還能來自哪裡？」

拉丁文的「巫術」（maléfce）一詞又是從何而來？「它衍自 maleficiendo〔壞作為〕，意指 male de fide sentiendo〔信仰方面的壞思想〕。」這樣的詞源學真是嘆為觀止，但卻產生了深遠影響。因為，如果巫術可等同於異端，那每一個巫師都會是一個異端者，而每一個異端者都會是一個巫師。那麼，教會便有正當理由燒死每一個巫師和任何持有非正統宗教主張的人。

這正是斯普蘭格不容置疑的真正功績。他雖愚蠢，卻勇敢無畏；他大膽提出最不可接受的論點。要是別人，會試著逃避、減輕、減少異議。他不是。他在《女巫之錘》中，從第一頁即正面迎戰，一一闡述不該相信魔鬼奇蹟的理由。他冷冷地指出：「這麼多的異端錯誤。」接下來，他不斷提出駁斥，援引與魔鬼立論相反的片段：聖徒托瑪斯．阿奎那、聖經、聖徒傳奇、教規學者、評論者的說法。他先告訴您常識，接著以權威論述將其一一擊破。

圓滿完成任務後，他從容地以勝利者姿態坐下，似乎在說：「好！您們還有什麼可說的？您們是否敢於運用理智？……比如，您們會懷疑魔鬼介入夫妻之間來消磨時間嗎？而每一天，教會和教規學者都承認這是離婚的理由！」

對於這個問題，當然有無可辯駁之處。也沒有人敢於提出異議。斯普蘭格在這本法官指導書裡開宗明義指出，若有任何異端行為的端倪，法官即責無旁貸，無所猶豫，假如他想懷疑自己的判斷或心存仁慈，他得先判決自己有罪，把自己送上火刑柱。

各處都是一樣的方法。先提出常識道理，接著正面攻擊，毫不猶疑地否決常識。舉例來說，有人會說因為愛情就在靈魂裡，幾乎不被認為需要魔鬼的神祕介入。這不是顯而易見嗎？「非也。」斯普蘭格神父表示，「差別在於，砍木柴的人並非木柴被燒的緣由，他只是間接原因。砍木人就相當於愛情（請參見雅典城大法官狄尼修〔Dionysius〕、奧力振〔Origen〕、大馬士革的聖約翰〔John of Damascus〕等人論點）。因此愛只是愛情的間接原因。」

這正是學者。二流學府可培養不出這樣的學生。只有科隆、魯汶和巴黎擁有適於模塑人腦的機器。巴黎的學院確實很強，在廚房拉丁文方面，誰能和喀剛都亞（Gargantua）的亞諾度斯（Janotus）匹敵？但更強的是科隆，聲名卓著的黑暗皇后提供休頓（Ulrich von Hütten）蒙昧主義（Obscuri Viri）的典範，反動份子和無知者總是如此幸運，這些族群的繁殖力是如此強大。

這個堅實的經院哲學家，喋喋不休高談闊論，言語缺乏意義，是大自然和人類理性不共戴天的死敵，充滿自信，在書籍、博學道袍、汙垢、塵土裡落坐。在他的法庭桌上，一邊是《神學大全》，另一邊是《宗教法官指南》（*Directorium Inquisitorum*）。那是他的全部藏書，其他典冊被他嗤之以鼻。他不是那種你能唬弄的人，也不會浪費時間去讀占星學或煉金術的胡說八道（哪怕這些胡說八道不全是蠢話，注定有朝一日會啟發人們仔細觀察自然法則）。說來難以置信，斯普蘭格其實是個懷疑論者，對舊有成說不會照單全收。即使大阿爾伯圖斯斬釘截鐵說過，只要把鼠尾草放入泉水就足以導致風暴，他仍搖頭不信。鼠尾草？得了吧！只消一點經驗就能看出這只是「風之王子」（譯註：指撒旦）的詭計，想要藉此轉移注意，不讓人們懷疑風暴是他搞的鬼。現在，這位狡猾王子將要面對比他更狡猾的一位教會博士。我真希望可以看看這位法官和他的人犯對簿公堂的情景。這兩造就像是上帝從兩個不同星球帶來，沒有人比他們要更天差地遠、互相陌生，並且完全缺乏共同語言。受審的兩個人一個是女巫，她衣衫襤褸、骨瘦如柴，在地獄之火裡焠鍊過三次，憔悴的眼睛發出炯炯凶光；另一位神情堅毅，是在黑森林或阿爾卑斯山高處孤單牧羊的牧羊人。在學究法官冷酷呆滯的眼光中，兩人都是野人，正等待著他飽學的智慧之光的審判。

但兩個人犯將不會讓法官在座位上久坐至屁股冒汗。用不著用刑，他們自會和盤托出。別擔心，刑具稍後還是會動用，但只是做為口供的補充和裝飾。他們已經準備好一一細說自己幹過什麼好事。魔鬼是牧羊人的死黨，是女巫的枕邊人。女巫供出這點時面露微笑，得意洋洋，顯然很享受聽眾的驚駭。

她是個瘋婆子，牧羊人就像她一樣瘋。但他們也是一對蠢蛋嗎？不是。不只不是蠢蛋，他們還機靈敏銳，耳能聽見草的生長聲，眼能看穿石牆。不過，他們看得更清楚的是博學法官藏在帽子下面的一對大驢子耳朵（譯註：指看穿法官是個蠢才）。他對他們主要是害怕。即使他假裝勇敢，仍渾身發顫。他自己也承認，教士在驅魔時如果不留心，有時會讓魔鬼改變寄居處，進入教士的身體，棲居在奉獻給上帝的身體更令他得意。這些牧羊人和女巫的頭腦簡單，誰知道魔鬼會不會野心勃勃地想進駐宗教法官的身體呢？就算他以最大的聲音對老婦咆哮：「如果妳的主人如此萬能，為什麼我感覺不到他的攻擊？」他也未如表面上看到的那麼自信放心。「事實上，」可憐的男人在書裡坦白，「我太清楚地感覺到他。我在雷根斯堡的時候，他不時來敲我的窗子！他老是用針刺入我的軟帽！有上百種幻影，狗、猴子等等。」

魔鬼這偉大邏輯學家最大的喜悅，是透過女巫之口，對這位學者提出令人難以招架的論證、狡詐的問題，他只有仿效烏賊把水染得跟墨汁一樣黑，才能欺敵逃脫。舉例來說：「魔鬼只在上帝允許的範圍行動。那麼為何懲罰被他當成工具的人？」或者是，「我們不是自由行動。就像對待希伯來族長約伯一樣，上帝允許魔鬼施以誘惑、驅使我們犯罪，以手段強迫我們就範……該懲罰被強迫行動的人嗎？」斯普蘭格回答：「您們是自由個體（緊接著是長篇論述），您們只因為和魔鬼締結契約才淪為奴僕。」對此的回應輕而易舉：「如果上帝允許魔鬼誘惑我們締結契約，是祂令這個契約成為可能。」諸如此類的回應。

「聽這些人說話的我，太善良了！」他表示，「這種跟魔鬼爭論的傻瓜。」民眾都同意，所有人都鼓掌叫好，都熱切、興奮、焦急地等著宣判和行刑。絞刑看得夠多了。但是看巫師和女巫像木柴一樣在火焰裡燒得劈哩啪啦響，該是多有趣的盛宴。

法官有民眾的支持。他並不為難。在《宗教法官指南》的規定中，只需要三位證人。要有三位證人還不容易嗎？特別是做偽證。在每個八卦蜚語橫行的城鎮裡，在每個對鄰居充滿嫉妒和怨恨的村莊裡，證人多得是。此外，《宗教法官指南》是一本過時的書，已有一百年歷史。在十五世紀，這個啟蒙時代，一切都更精進。如果沒有證人，只需要有公眾的聲音，民眾的憤慨吶喊①。

真誠的叫喊，恐懼的叫喊，受害者、不幸中巫術者的淒厲叫喊。斯普蘭格受到深切撼動。別以為他只是冷漠的學究，鐵石心腸的人；他有一顆心，正是這個原因他能輕易殺人。他深富憐憫心，充滿仁慈！他非常憐憫那位淚流滿面、不久前才懷孕的女人，因為女巫的一個目光，寶寶就在她肚裡悶死。他憐憫那個可憐的男人，因為女巫施咒下的冰雹，讓整片田毀壞。他憐憫一位丈夫，不是巫師的他，深信妻子是女巫，用繩子套住她的脖子將她拖到斯普蘭格面前，他立即判決她火刑。

面對一個殘酷的人，也許有逃脫的機會，但是這位善良仁慈的斯普蘭格不給人留一絲希望。他的仁慈如此強大，要麼無計可施被燒死，要麼得非常機智聰明。有一天，史特拉斯堡有三位女士來向他控訴，她們在同一天同一刻被看不見的人攻擊。怎麼可能？她們控訴可能是一個面貌醜陋的男人對她們施法。男人被傳喚到裁判庭，他提出抗議，以所有聖徒之名發誓說他不認識這些女士，也從未見過她們。法官壓根不信他的話。哭泣、發誓都毫無用處。他對那些女士的巨大憐憫令他毫不留情，男人的否認更加深他的怒氣。他已經站起，準備下令把男人送去拷打，那人肯定會招認一切，就連最清白的人最後也不得不招。男人獲准發言，他說：「我確實記得昨天在這個時候打了……打了誰？不是基督徒女人，而是三隻瘋狂地跑來咬我腳的貓……」聰明睿智的法官這下窺見了案情的全貌。可憐的男人清白了，那些女人無疑在一些日子化身為貓，魔鬼出於娛樂消遣，將她們派到好基督徒腳邊，誣陷他們為巫師。

沒那麼能幹的法官恐怕猜不出內情。但是法庭上坐的不見得總是這樣一位有洞察力的人。因此在宗教法庭桌上必須有一本優良的指導手冊，讓頭腦簡單、經驗不豐的法官能察覺敵人的詭計，使他們挫敗，事實上，這就是斯普蘭格征戰萊茵河地區時成功運用的巧妙、高深策略。以此目的，《女巫之鎚》以口袋版印行，是當時罕見的小開本。最好別讓旁聽群眾見到法官桌上攤開對開本，那會令他們困惑地張口結舌。法官可以自然而然地用眼角餘光去瞄，在桌下翻尋這本愚蠢的指南書。

《女巫之鎚》和所有這類的書一樣，有一個獨特的招供，承認魔鬼獲得進展、上帝失去地盤，而耶穌基督拯救的人類成為魔鬼的戰利品。撒旦明目張瞻地攻城掠地，就如一個又一個傳說所述說的。自《福音書》的時代以來，他前進了多少路，他開心棲息在豬仔裡，直到但丁的時代，當時，他以神學家和法學家的身分和聖徒爭論，為自己辯護，他以詭辯得到勝利，帶走爭奪的靈魂，並得意洋洋地大笑：「你不曉得我是邏輯學家。」

在中世紀早期，他還等到人們臨終才帶走靈魂。約莫公元一一〇〇年，聖希德嘉

①Faustin Hélie 在他的精闢、啟發性著作《形式訴訟研究》（*Traité de l'instruction criminelle*）卷一，完美地說明伊諾森三世如何在一二〇〇年左右廢除控訴的防衛機制，在此之前為必要（特別是隨意控訴可能吃上毀謗罪）。這些防衛機制由祕密程序所取代，告發、審判等等。這一類審判駭人的輕率程度請參見索丹（Soldan）。鮮血像水一樣隨意潑灑。

（Sainte Hildegarde）相信「他無法進入活人的身體，否則四肢會化為碎片，是魔鬼的影子和霧氣進入身體。」常識的這道最後微光在十二世紀消失。在十三世紀，我們見到一個修院院長如此擔憂在活著時就被魔鬼抓走，以致他讓兩百位武裝男人日日夜夜守護。

恐懼越發壯大的時期就此開始，人類越來越少仰賴上帝的保護。魔鬼不再是鬼鬼祟祟、偷偷摸摸的幽靈，在夜晚趁著黑暗潛入的竊賊，他是上帝的頑強敵人、大膽魯莽的猿猴，在上帝的陽光下，在大白天，模仿上帝的創造物。誰說的？傳說嗎？不是，而是教會那些最偉大的學者。魔鬼將所有人變身，大阿爾伯特如是宣稱。聖托瑪斯．阿奎那更進一步。「所有的變身，」他表示，「可以自然而然，由芽苗發生，魔鬼可以模仿那些事。」確實是驚人的讓步，從如此嚴肅之口說出，簡直相當於在造物主面前又創立了一個造物者！「不過，」他繼續說，「對於那些不用發芽的改變，人變為動物，死而復生，魔鬼做不到。」這確實把上帝的領土縮到極小。祂擁有的只有奇蹟，罕見而獨特的行動。不過日常的奇蹟，生命，不再單單只屬於祂；祂和模仿者魔鬼一起共享大自然。

對於人類來說，微弱的眼光無法分辨上帝所創的大自然和魔鬼所創的大自然，便是共享的世界。對於所有東西都產生可怕的不確定感。大自然的純潔消失。清澈水泉、潔白花朵、小鳥，它們是上帝的創造物，或只是騙人的模仿物，誘騙人類的陷阱？……後退！大自然的一切變得可疑。兩個創造物，好的一方跟另一方一樣有嫌疑，變得黑暗和貶低。魔鬼的影子遮掩日光，擴展到人類生活的每一部分。以表象和人類的恐懼評斷，他並非跟上帝共享這個世界，而是全盤佔領。

《女巫之錘》的出版確認了巫術的式微，但同時也見證了人心中的魔鬼無所不在。
La Sorcière 03, 1911, by Martin van Maële (1863-1926).
來源：Wikipedia Commons

這正是斯普蘭格時代的狀況。他這本書充滿對上帝的、無力的最可悲招認。祂允許這個狀況，他如此說。允許如此完整的幻象，讓人相信魔鬼是一切，上帝什麼都不是，這不再只是允許，而是宣告不幸靈魂所在世界的毀滅，沒有任何作為能抵抗此一錯誤。祈禱、懺悔、朝聖皆無用，甚至連（他承認此一事實）聖事也不足以辦到。奇特的屈辱！修女們在告解後，口含聖餅，承認在此刻感覺到這位地獄般的情人，毫無羞恥，毫無畏懼地擾亂她們，不願放手。在不斷詰問後，她們涕淚縱橫承認他擁有她們的身體，因為他已經擁有她們的靈魂。

古時的摩尼教教徒，現今的阿比爾派教徒，皆被控相信邪惡與善良對峙，使得魔鬼和上帝地位平等。但是現在，魔鬼不只是地位平等。如果具體化為聖餅的上帝什麼也沒做，魔鬼必然勝過祂。

那時世上的奇特場面不再令我驚訝。西班牙淒慘的狂暴，德國以《女巫之錘》為證的那種驚恐的、學究式的怒氣，追捕這位放肆、勝利的篡位者選定寄居的可憐人們，燒死、絞死他寄居的活人人體。發現他在靈魂裡過於強大，追捕者想把他驅逐出人體。有什麼用呢？燒死這個女巫，他寄居到另一個身上，還能如何？他有時（如果我們相信斯普蘭格的話）附身在行使驅魔的神父，戰勝審判他的人。

使盡各種方式的多明我會修士建議向聖母求情，不斷複誦聖母頌。然而斯普蘭格承認連這個辦法也只是短暫有效。可能在兩段聖母頌之間的短暫停頓被附身。因此發明了

《玫瑰經》這種聖母連禱，藉此虔誠教徒可以下意識地無盡喃喃念誦，分神去想其他人。所有人首次嘗試採用這個藝術，緊隨著羅耀拉（Loyola）試著領導世界，他的《神操》（*Exercitia Spiritualia*）是巧妙的初步雛形。

這一切似乎跟前章提及的巫術式微相悖。魔鬼現在普及化，在各處橫行。他似乎得勝了。但是他確實從此勝利得益嗎？他得到實質的成果嗎？是的！從科學革命的新觀點，將給予我們光明的文藝復興。沒有！從巫術古老陰暗心靈的層面，魔鬼傳說在十六世紀前所未見的大為激增、廣泛傳播，有意地走向怪誕滑稽。人們為之戰慄，同時也哈哈大笑②。

---

②請參見我所著的《路德回憶錄》（*Mémoires de Luther*）Kilcrops 等等段落。

15 法國的百年寬容——反動

教會給予法官和原告沒收女巫、巫師財產的權力。在教會法影響力仍然強大的地方，獵巫審判不斷增加，教會越來越富裕。在世俗法庭接手這些案件的地方，審判則變得越來越少，終至完全消失，總之，在法國有長達一百年的時間，從一四五〇年到一五五〇年為止，不見任何巫術審判。

早在十五世紀中期，第一道曙光從法國出現。巴黎最高法院重新審理貞德案件，她的平反讓人重新思考和聖靈或惡靈的交易，以及教會法庭可能犯下的錯誤。英國人和巴爾宗教會議那些大學問家都把貞德視為女巫，但對法國人來說，她卻是一位聖女，一位神聖的女先知。貞德的平反開展了法國的宗教寬容時期。巴黎最高法院也為阿拉斯（Arras）巫案平反，並於一四九八年將一名被控的巫師判定為瘋子，將案件駁回。在查理八世、路易十二和法蘭西一世在位期間，不見任何巫術判決及定罪案件。

相反地，在西班牙，虔誠的女王伊莎貝拉一世（一五〇六年）當權，西麥內斯（Ximénès）擔任樞機主教，他們開始燒死女巫。當時的日內瓦主教教區（一五一五年），三個月內燒死了五百人。皇帝查理五世試圖在欽定的日耳曼法律中建立一個原則：「導致財產和人身損害的巫術案件，屬世俗案件（非教會案件）」，卻徒勞無功，想要廢除沒收財產的規定（除了重大叛國罪），同樣也徒勞無成。較小的公侯主教（Princes-êvêque，譯註：領有世俗封邑的主教），以獵巫行動為主要收入來源，繼續瘋狂地燒死嫌疑者。方圓不大的班堡（Bamberg）主教教區，一次將六百人送上火刑柱，在維爾茨堡（Wurzbourg）燒死了九百人！審判過程極其簡單：先讓證人接受酷刑，以疼痛和恐懼逼出不利於被告的證詞；接著嚴刑拷打被告使其招供，即使事實和供詞相左，法官選擇採信供詞。舉例來說，一名女巫招認從墓園裡挖出新近下葬的孩童屍體用於施咒的藥方。儘管她的丈夫要求：「去墓園瞧瞧，孩子在那裡。」挖開墳墓，孩子屍體果然完好無缺躺在棺木裡。但是法官無視眼前的證據，認定它只是假象，是魔鬼製造的幻象，選擇相信女人的供詞，而不是親眼目睹的事實。可憐的女人被送上火刑柱①。

這些德高望重的主教公侯把事情弄到這種地步，不久，連信仰最虔誠的皇帝，「三十年戰爭」的皇帝斐迪南二世（Ferdinand II）都不得不介入，在班堡設置一名皇室特派員，以確保帝國的法律獲得遵守，主教法官不得刑求逼供，以避免未審先判的火刑。

光憑招供，輕易就可以定一個人巫師之罪，有時候甚至毋需施加拷問。許多人已經

①請參見索丹（Soldan）描述的此一真實案例和德國發生的其他案例。

半瘋半癲，承認自己會變身為動物。義大利女巫通常都說自己會變成貓，從門縫鑽進屋裡，吸小孩的血。在森林茂密的地區，諸如洛林（Lorraine）和汝拉（Jura），女人常常變身為狼，吃掉過路人，當然，那只是她們的供述而已，事實上，根本沒有任何人經過森林。但不管怎樣，她們還是被處以火刑。宣稱獻身給魔鬼的年輕女孩，經過檢查，仍是處女。照樣也被處以火刑。一些人甚至迫不及待要被燒死。有時候出於瘋癲、發狂，有時候則是出於絕望。一個被帶上火刑台的英國女人告訴群眾：「別譴責法官。我想要死。我的家人避我如蛇蠍。我的丈夫拋棄我。如果我活著，我只是名譽敗壞的人……我渴望死亡，我說謊話以求一死。」

康斯坦茨（Constance）的一位律師莫里托（Molitor）是首位公開請求寬容的人：反對愚昧的斯普蘭格神父、他令人髮指的獵巫指南和那些多明我會（Dominicains）教士。他的主張合情合理，說不該把女巫的供詞當真，因為在她們身上、藉她們之口說話的正是謊言之父。他嘲笑所謂的魔鬼奇蹟，認定它們是虛構幻想。修頓（Ulrich von Hutten）和伊拉斯謨斯（Erasme）拐彎抹角地嘲笑，以諷刺作品描寫多明我會修士的愚蠢言行，給予宗教法庭嚴厲的一擊。卡丹（Cardan）直言不諱：「為了得到受害人的財產，同一批人身兼原告、法官，處死清白無辜的人，無中生有許多虛構故事以為佐證。」

宗教寬容的捍衛者沙蒂永（Châtillon），與天主教徒、清教徒持相反意見，主張根本不該燒死異端份子，從不再談論巫師開始，人的心靈將會邁向更好的道路。亞格里帕

巫術審判在人為的操弄下，往往施以刑求逼供，未審先判，被誣指為女巫而枉死在火刑柱上的婦女不計其數。
La Sorcière 08, 1911, by Martin van Maële (1863-1926).
來源：Wikipedia Commons

（Agrippa）、拉法提耶（Lavatier），特別是克勒夫斯的名醫韋爾（Wyer）全都持一致的見解，他們認為，既然這些可憐的女巫都是魔鬼的玩弄對象，那麼得優先處理魔鬼，應該治癒而不是燒死她們。很快地，巴黎有一些心存懷疑的醫生甚至主張所有魔鬼附身者，所有的女巫，都是不折不扣的騙子。這說法未免過於極端，實際上大多數女巫確實患病，受到幻覺的支配影響。

亨利二世和黛安娜・德・波提耶（Diane de Poitiers）的黑暗統治結束了宗教寬容時期。在黛安娜的影響下，異端份子和巫師被送上火刑柱。相反地，有許多星象家和魔法師圍繞的凱瑟琳皇后（Catherine de Médicis）卻想保護他們。他們的數量快速增加。到查理九世時，巫師雷納多（Rinaldo Trois-Echelles）受審時認為，數量有十萬人，宣稱法國遍地都是女巫。

亞格里帕和其他一些人主張，所有的科學都包含在法術裡，當然這裡指的是白魔法（Magie blanche，譯註：指利他的法術）。但是愚者的恐懼、迷信的風行無法區分白魔法和黑魔法的不同。反對韋爾、學者、光明和寬容，一股黑暗的激烈反動從最意想不到的地方產生。將近一世紀期間，顯現出開明、公正的法國法官，現在和西班牙的天主教聯盟站在同一陣線，加入狂熱的獵巫陣營，表現得比教士更像教士。把宗教法庭趕出法國的同時，他們的嚴厲不遑多讓，甚至尤有過之。極端到土魯斯（Toulouse）的最高法院一次將四百具人體送上火刑柱。想像那恐怖場景，想像這麼多肉、脂肪燒出濃密黑煙，在淒厲尖叫、哀嚎下嚇人地融解、沸騰！其作嘔、可憎，為火烤阿比爾派教徒之後從所未見！

但是，激烈反對韋爾主張的昂熱（Angers）法學家博丹（Jean Bodin）認為這樣還不夠。他宣稱，巫師的人數多到光在歐洲就能組成一支波斯王大流士（Xerxès）的一百八十萬大軍。他接著表達希望說（以羅馬帝國皇帝卡利古拉〔Caligula〕的口吻），但願這兩百萬人集結在一起，讓他能審判他們，將他們一次燒死。

競爭敵對就此產生。法律學家、律師揚言，教士通常跟女巫的關係過於密切，不是可靠的法官。有段時間法學家確實顯得更可靠。西班牙耶穌會律師德里歐（Del Rio），洛林的雷米（Rémy）（一五九六年），汝拉的博蓋（Boguet）（一六〇二年），瑪奴的盧瓦耶（Leloyer）（一六〇五年）都是無可匹敵的迫害者，讓托奎曼達（Torquemada）羨慕得要命。

在洛林，巫師與通靈者為數眾多，像是嚴重的傳染病。由於不斷有軍隊掠奪、強盜肆虐，人民在絕望下只能祈靈於魔鬼。如果南錫法官雷米（Rémy）說的是實情，許多村莊在巫師和法官的雙重恐怖夾伺之下驚嚇不已，紛紛拋家棄產遠走他鄉。在雷米獻給洛林樞機主教的著作（一五九六年）裡，雷米信誓旦旦說，在十六年裡，燒死了八百名女巫。「由於我明察秋毫，無枉無縱，去年有十六名女巫，在我還沒審判她們之前，就先行自縊。」

教士自慚形穢。他們能夠比這位世俗人士做得更好嗎？聖克勞德（Saint-Claude）的修士領主們發現臣民耽於巫術時，便要求世俗法官，公正的博蓋來審理。在汝拉這個地方，牧草稀少，松樹林遍布，民窮地瘠，絕望的農奴無不效忠魔鬼，崇拜黑貓，一無例外。

博蓋的作品（一六〇二年）成為權威，影響力及重要性皆屬一流。最高法院的大人物將聖克勞德小法官的這本珍貴小書，當成指導書潛心研讀。事實上，博蓋是貨真價實的法學家，絕不自以為是。他指責這些審判裡的背信行為；對於律師背叛客戶，或法官答應被告給予特赦，引誘他認罪而走向死刑，他都期期以為不可。他非難女巫至今仍受到傳統的迫害。「酷刑是多餘的，」他說，「她們永遠不會屈服。」最後，他還算有人性，先將她們絞死再投入火堆，但女狼人除外，對於這些人「必須特別小心，要活活燒死」。他不相信撒旦會和小孩締約的說法：「撒旦很狡猾，他太清楚了，跟十四歲以下的孩子交易，由於年齡不足和缺乏判斷力，很有可能作廢。」所以孩子可以免於火刑？完全不是；在這一點上他是自相矛盾的。在別個地方，他宣稱這種腐敗只有藉由燒燬才能清除，即使是襁褓中的嬰兒亦然。他如果活得更久一些，真會做到這一步。他把整個鄉村變成荒無人跡。從未有過一位法官比他更認真地執行滅絕。

但是在波爾多法院，世俗法庭以德拉克（Lancre）法官的《壞天使和魔鬼演變考》（*Inconstance des Démons*）（一六一〇年和一六一三年）發出勝利呼聲。這位睿智能幹的地區法官，以勝利者口吻講述在巴斯克（Basque）地區成功擊退魔鬼的戰役，在不到三個月的時間裡，不知處死了多少個女巫，更了不起的是，還包括三位神父。對於西班牙的宗教法庭，他壓根瞧不起在離他所在地不遠的洛格羅諾（Logroño，納瓦拉〔Navarre〕和卡斯提爾〔Castile〕的交界），一個審判居然拖了兩年，最後以一場小小的火刑告終，有一大群女人獲得釋放。

16 巴斯克女巫／一六〇九年

高壓處決教士足以說明德拉克（de Lancre）法官是個既有膽識又特立獨行的人。在政治上他也是如此。在他的《論君王》（*du Prince*，一六一七年）一書裡，他直截了當主張「法律凌駕君王」。

在他的《壞天使和魔鬼演變考》（*Tableau de l'inconstance des mauvais anges et d'emons*）裡，巴斯克的特色展現無遺。在法國，跟在西班牙一樣，他們享有的特權可以說讓該地成為實質的共和國。除了服兵役，法國的巴斯克人對國王沒有其他義務。只要戰鼓一響，他們就得派出兩千名士兵上戰場，由巴斯克自己的隊長統領。教士幾乎沒有影響力，絕少追獵巫師，他們本身就是巫師。教士會跳舞、佩劍，帶著自己的情人前往巫魔會。這位情人是他轄下管理聖器室的修女或負責清潔教堂的女職員。神父不和任何人有紛爭，白天為上帝主持白彌撒，夜裡為魔鬼主持黑彌撒，有時候甚至在同一所教堂裡舉行（德拉克的說法）。

巴約納（Bayonne）和聖尚德路斯（Saint-Jean-de-Luz）的巴斯克人是膽大冒險、怪誕的民族，具有驚人的膽識，駕小船前往最狂暴的海域捕鯨，造就了許多寡婦。他們成群結隊前往亨利四世國王的殖民地，成立加拿大王國，將妻子留給上帝或魔鬼照料。至於孩子，這些極為正直老實的水手對孩子會多重視一點，如果他們確定那是自己的孩子。但是，長期離家後返回，他們會回想、計算，總是發現自己不可能是孩子的父親。

女人則是漂亮、大膽、富有想像力，整天待在墓園，坐在墳墓上，喋喋不休談論巫魔會，一入夜即趕著去參加。這是她們熱中、沉迷的事。

大自然讓她們一出生就成為女巫：這些海洋和魔幻傳奇養大的女兒游得跟魚一樣，在浪濤裡輕快靈巧。她們的導師顯然是風的王子，風和狂野夢想的國王，給予女先知啟示，在她耳畔低喃未來的祕密。

燒死她們的法官，卻被她們迷住了。「當你看見她們經過，」他如此寫道，「她們的髮絲在空中飄動，垂在肩頭，如此裝飾、披掛的秀髮，陽光有如穿過雲彩，穿透其中，形成燦爛光芒，閃閃生輝……因此她們的雙眸有致命吸引力，不管是引人墜入愛河或魔法。」

這位波爾多市民和親切法官，十七世紀讓法庭更富活力的俗世法官第一人，在審案中的休息時間彈魯特琴，甚至讓女巫在上火刑柱前跳舞。他的文筆極佳，比其他作者更清楚明瞭。然而，我們在他身上察覺到某種全新的黑暗之源，跟他的年代息息相關。即使在如此眾多、法官無法全部燒死的女巫裡，大多數都能敏銳地感覺到，他傾向寬容那些符合他既定想法和特殊熱情的人。什麼熱情？首先是相當通俗的熱情，對不可思議、可怕事情的愛，樂於被嚇壞，此外，也得承認，從下流招供的內容中得到的消遣。再加上虛榮心的問題：這些精明狡猾的女人呈現越是可怕、猙獰的魔鬼，法官越是得意能夠征服如此的對手。他品嘗勝利，為自己荒謬的成就而志得意滿，為這些瘋狂的胡言亂語而得意洋洋。

這一類的例子中，最精緻的見於羅倫特（Llorente）書裡所提及的西班牙洛格羅諾（Logroño）火刑審判（一六一〇年十一月九日）。德拉克引用這段落時不無妒意，意圖貶低這個案子，然而卻不得不承認這場慶典的無窮魅力，場面壯觀，音樂效果強烈。但見火刑架上僅寥寥幾個受刑的女巫，另一邊是獲得釋放的一大群人。悔恨的女主角，懺悔書被公開朗讀，內容匪夷所思。在她們的巫魔會中，孩子被剁成肉醬吃下，第二道菜則是從墳裡挖出來的巫師屍體。蟾蜍跳舞、說話，深情款款，卻抱怨女主人的無情，引得魔鬼出言責罵。魔鬼彬彬有禮地護送女巫們回家，用一個未受洗孩子的屍體手臂當火把照路，諸如此類，不一而足。

在法國巴斯克，巫術沒那麼奇特荒誕。巫魔會似乎只是一個盛大的慶典，所有的人，包括貴族都為了娛樂而去參與。第一排都是些戴面紗、面具的人，咸信都是王公貴族。「從前，在那裡只會見到朗德（Landes）愚蠢無知的農民，」德拉克表示，「現在有身分的人也會出席。」撒旦為了熱烈款待這些當地的知名人士，常常會在這種情況下選出一個巫魔會主教，並把這個頭銜頒給年輕領主藍希雷納（Lancinena），魔鬼本人則樂於和他一起開舞。

得到如此有力的依靠，女巫支配整個地方，煽惑不可思議的想像力，造成人心恐慌。許多人相信自己成了她們的受害者，染上了重病。許多人罹患癲癇，像狗一樣吠叫。單是阿克斯（Acqs）這個蕞爾小鎮的居民即有四十位不幸患者。他們如此受制於女巫，以致於有一次，一位女士被傳喚當證人，女巫才靠近，她甚至還沒見到，便開始狂吠亂叫，完全無法停止。

被賦予如此了不起的權力，這些人都成了主宰，沒有人膽敢讓他們吃閉門羹，甚至有位法官，巴約納的刑事陪審官，任人在他家裡舉行巫魔會。聖佩（Saint-Pé）領主烏圖比（Urtubi）被迫在城堡裡舉行慶典，受到強烈震撼，錯亂到堅信有女巫在吸他的血。但恐懼生勇氣，他和另一位領主共赴波爾多，向法院提出控訴。國王於是任命德斯巴涅（d'Espagnet）和德拉克負責審理巴斯克地區的巫術案件，得到完全授權。裁判結果不得上訴，他們以出奇的魄力著手審案，在短短四個月內審判六十到八十名巫師、女巫，同時也審查了五百名有魔鬼附身跡象的人，不過這些人只以證人身分出庭（一六〇九年五月到八月）。

兩個人帶著幾名士兵就此介入一群狂熱、目無法紀的民眾，一群放肆、粗暴的水手妻子，其中風險可知。另一個危險則來自教士，其中許多本身即是巫師，都是須加以審判的國王特派法官，教士當然反對。

法官抵達時，許多人逃到山區。另一些人勇敢地留下來，宣稱法官才該被燒死。女巫們毫無懼意，在法庭受審時，她們甚至沉入「巫魔會式」的睡眠，醒來時宣稱如何在法官面前享受和魔鬼交合的至福喜悅。好幾位表示：「我們唯一的悔恨在於，我們無法跟他表明我們如何渴望為他受苦。」

審訊時，這些人說他們無法說話——撒旦升到他們的喉嚨，阻礙他們說話。

兩位法官中較年輕的德拉克寫下了這個故事，他是個通世故的人。跟這樣一個人交手，女巫們很快就察覺有得救的可能。聯盟瓦解了。一位小名瑪金（la Murgui）（本名瑪格麗塔〔Margarita〕）的十七歲乞丐少女，發現成為女巫可以大發利市，自己都還算是個孩子的她，帶孩子獻給魔鬼，跟她的夥伴（同年紀的莉沙達〔Lisalda〕）告發檢舉其他人。她說出一切，寫出一切，激昂、誇大、辛辣，典型西班牙女孩的風格，吐露上百個或真或假的下流細節。她嚇唬、逗樂、欺騙法官，把他們當傻瓜牽著走。他們交付這位墮落、輕浮、狂熱的女孩一項殘忍任務，到少女、少男的身上尋找魔鬼的印記。只要是對痛楚無知覺，插下針不會有任何尖叫反應的地方就是了。女巫由一名外科醫生折磨，而瑪金負責年輕人，他們以證人身分接受傳喚，任何一人只要被她宣稱有魔鬼印記，那人隨即成為被告。令人髮指的是，這個厚顏無恥的女孩成為左右這些可憐人命運的專制主宰，可以在他們身上插針，可以隨意把任一具血肉之軀送上火刑台！

德拉克徹底受到她的蠱惑，甚至相信自己在聖佩（Saint-Pé）宅邸睡覺時，雖有僕人和隨從環繞，魔鬼卻在夜裡進入他的房間，在那裡主持黑彌撒，女巫們則躲在床帷下，準備毒殺他，但發現他受到上帝的嚴密守衛。黑彌撒由藍希雷納（Lancinena）男爵夫人輔佐，遞酒、遞水，魔鬼就在法官的房間裡和她交歡。這個可恥故事的目的再明白

中世紀教廷認為凡肌膚以針扎卻無感的部分，即為「魔鬼的印記」，藉此殘忍的方式檢驗是否遭魔鬼附身。
La Sorcière 08, 1911, by Martin van Maële (1863-1926).
來源：Wikipedia Commons

不過，乞丐少女怨恨夫人，如果沒有這番惡意中傷，這位美貌的夫人或許能夠影響這位文雅的特派法官。

德拉克和同僚驚恐不已，但只能繼續向前，不敢後退。在撒旦舉辦過巫魔會的地點，他們豎立起王室的絞刑台，此舉無非是要立威，好讓大家都明白他們的權力直接出於國王。告發於是像冰雹一樣大量落下。女人一個接一個前來檢舉彼此。接著是孩子們來作證，舉發自己的母親。德拉克一本正經地判定，八歲的證人也能夠提出恰當、充分、可靠的證詞。

德斯巴涅法官只能短暫從事這件事，不久後得回到伯恩（Béarn）。受到年輕女巫的大力影響，德拉克快馬加鞭進行審判，年輕女巫如果沒有先行告發老女巫，她們自己即有危險。相當多的女巫被處以火刑。眼見自己難逃一死，遭判刑的女巫最後也招供，告發其他人。第一批被判刑者上火刑柱時，發生恐怖的場面。劊子手、行政官、警察都以為自己的末日來臨了。群眾瘋狂地撲向囚車，強迫這些倒楣的傢伙撤回告訴。男人用匕首抵住他們的喉嚨；他們差點被狂怒女人的利爪殺死。

然而司法最終還是成功保住了榮譽。接著，兩位特派員進入更艱辛、更棘手的任務，是審判八位遭到逮捕的教士。少女女巫揭露他們的生活，戳穿他們的道德。德拉克就像握有第一手訊息，夸夸談論他們的腐敗。不只指責他們在巫魔會的荒淫作為，特別譴責他們和聖器室修女、教堂女職員或教堂女管理員的關係。他甚至得意洋洋地重複講述下流的故事：教士們把做丈夫的送到紐芬蘭（Terre-Neuve），又從日本帶回一些魔鬼，為他們送上這些人的妻子。

聖職人員受到強力撼動。巴約納主教想要抵抗，卻不敢付諸行動。由於心虛，他迴避了，指派代理主教代他出席審判。幸運的是，魔鬼比主教更有力地救援了被告，打開了所有的牢門，因此有天早上，其中五位受審教士逃脫。國王特派員立即將剩下的三位送上火刑台。

這是一六〇九年八月時的事。至於西班牙宗教法官在洛格羅諾舉行的審判，直到一六一〇年十一月八日才達成火刑判決。由於被指控者的數量龐大、驚人，他們比法國法官面臨更多困境障礙，怎可能全體都燒死？於是他們徵詢教宗和西班牙最偉大的教會聖師的意見，決定退讓並達成共識，只有頑強的人才送上火刑柱，譬如那些矢口否認的人，而坦承罪行的人則予以釋放。同樣地，言行放縱遭審判的教士只要承認懺悔便可以保住性命（見羅倫特著作）。

宗教審判對異端份子趕盡殺絕，對摩爾人和猶太人殘酷，對巫師卻較不嚴酷。巫師多數為牧羊人，不致和教會對抗。牧羊人墮落的、獸性的享樂不致讓思想自由的敵人感到不安。

德拉克寫作此書的主要目的，在於顯示法國世俗的最高法院法庭優於教士組成的宗教法庭。全書以輕快、流暢、歡愉的筆觸寫成，清楚呈現出作者從巨大危險的光榮中脫身的滿足喜悅——自誇、炫耀的喜悅。他自豪地講述在第一次處決女巫後所舉行的巫魔會，女巫們的孩子向撒旦抱怨。撒旦回答，他們的母親沒有被燒死，而是快樂幸福地活著。孩子們相信從煙霧深處傳來母親的聲音，表示現在正處於至福當中。然而撒旦心生恐懼，接下來的四次巫魔會皆未出席，派了一位相當低階的小魔鬼取代。七月二十二日才再度出現。當巫師們問他缺席的原因，他說：「我為你們跟小約翰（他如此稱呼耶穌）打官司。我贏了。那些還在監獄裡的女巫不會被燒死。」

謊言王子再度說謊。勝利的法官信誓旦旦地宣稱，最後一位女巫被燒死時，一群蟾蜍從她的頭裡跑出來。民眾蜂擁而上對牠們扔石頭，這位女巫確實是被石塊擊斃，而非被燒死。然而，仍然有一隻黑蟾蜍逃離火焰、棍棒、石塊，就像一個魔鬼，逃到一個人們永遠找不到的地方。

17 撒旦的教會化／一六一〇年

從表面上來看，女巫狂熱信仰魔鬼，但根據德拉克的記述和十七世紀的其他記載，當時的巫魔會主要是在搞錢。女巫的奉獻實際上是強制的，出席者必須付入場費，未出席者則須繳罰金。在布魯塞爾和皮卡迪（Picardie），帶新成員參與集會，須按固定價目支付費用。

在巴斯克地區，這完全不是祕密。有一萬兩千人參與的集會，來自各個階級，窮人、富人、教士、貴族都有。撒旦，其實就是一個貴族，跟紳士一樣，在三支角上戴上一頂蕾絲帽子。以前的寶座德魯伊巨石（druidique），他覺得過於堅硬，便給了自己一把舒服的鍍金扶手椅。這表示他變老了嗎？不，他比年輕時候更矯健敏捷，他調皮地蹦蹦跳跳，頭下雙腳上，如此主持儀式。

他想要一切非常體面地進行，花錢做布置和裝飾。除了取悅眼睛的普通的黃、紅、藍色火焰，交替顯示、隱藏不可捉摸的影子，他以奇怪的音樂娛樂眾人耳朵，「特別是一些逗弄神經的小鈴聲」，譬如某種特別的和弦，穿透人心的顫音。為了達到壯麗的極點，撒旦令人端上銀餐具。他的蟾蜍也連帶變得高尚優雅，像小領主一樣，穿著綠天鵝絨前往。

整體來說，有如一場大表演，一場盛大的假面舞會，明目張膽至極。撒旦瞭解自己的世界，跟巫魔會主教或是國王和皇后開舞——發明頭銜，討好大駕光臨的富人或貴族大人物。

它不再是以往陰森的反叛慶典，農奴，所謂扎克（Jacques）的陰鬱狂歡會，夜裡以歡愛，日間以謀殺彼此交流。巫魔會的激烈圓圈舞不再是集會的唯一舞蹈。增加了摩爾人舞蹈，輕快活潑或萎靡無力，多情、淫穢，為此訓練的女孩，譬如前述的小瑪金和莉沙達，模仿、炫耀最挑逗的動作。這些舞蹈據說對巴斯克人有不可抗拒的誘惑力，所有女人、少女、寡婦，後者數量尤多，湧向巫魔會。

沒有這些娛樂和盛宴，難以說明巫魔會的風行。沒有愛情的歡愛是主調。這個慶典明確地為女性拒絕生育而歡慶。博蓋出色地證實這一點。

德拉克則另有看法，目的是要嚇退女人，讓她們害怕懷孕。但是，一般來說，他同意博蓋的看法，並且更為坦率。他對女巫身體的殘忍及卑劣檢查，足以證明他相信這些女巫不孕，而不孕、被動的歡愛則是巫魔會的基石。

這只會讓慶典籠上陰影，如果男人有良心的話。

成群的瘋女人去那裡跳舞、吃喝，成為受害者。她們屈服順從，只期待不要懷孕。不幸與貧窮帶給女人的壓力確實比男人重。斯普蘭格（Sprenger）告訴我們，那個時代女人在做愛時發出悲慘的叫喊：「但願我們結合的果實被魔鬼拿走！」然而在他的時代

撒旦教會化後，巫魔會不再是陰森的反叛儀式，轉變成以沒有愛情的歡愛為主調的慾望慶典。
La Sorcière 08, 1911, by Martin van Maële (1863-1926).
來源：Wikipedia Commons

（一五〇〇年），每日生活花費只要兩便士，而這裡談到的亨利四世統治時期（一六〇〇年），每日二十便士都算是拮据的。在這一整個世紀，渴望不孕、希望不孕的人增加。

這悲哀的克制，對於歡愛行為的恐懼，如果老練的女主人沒有增添詼諧要素，以引人發笑的插曲娛樂觀眾，想必讓巫魔會變得冰冷無趣。因此巫魔會的開場儀式，粗俗、寫實，自古即有，模仿撒旦讓女巫受孕的一幕（從普利阿普斯〔Priape〕時代），緊接著另一個模仿遊戲，一個洗手禮（lavabo），一個冰冷的淨禮（為了凍結和造成不孕），她不免打哆嗦、蹙臉、起雞皮疙瘩地接受洗禮。浦爾叟雅克先生（Pourceaugnac）式①的喜劇，女巫通常會以一位漂亮的女孩，某個年輕、美麗的已婚女性來取代自己，擔任巫魔會皇后。

另一個同樣可憎的玩笑集中於黑聖餅、黑蘿蔔，古希臘時代上千種粗俗下流玩笑的主題，被用來處罰亦男亦女的女人或是追求別人妻子的浪蕩子。撒旦將它們切成圓片，然後莊嚴地吞下。

根據德拉克（毫無疑問是得自那兩位讓他相信一切的厚顏女孩的說法），在眾多集會裡的最後一場大戲，極為驚人。集會放任亂倫行為，在大庭廣眾、眾目睽睽下誇張展示，重現從前女巫產生的邪惡情況，也就是由兒子讓母親受胎。但事實上極為不可能，畢竟過於駭人。也許只是裝模作樣，一齣介於可笑賽密拉米斯（Sémiramis）和糊塗泥諾斯（Ninus）之間的滑稽劇。

或許更為嚴重的是另一齣可能在世上真實上演的戲，強烈地指出上流社會人士的放蕩墮落，一種可憎、粗俗的騙局。

他們試圖吸引一些輕率的已婚男人到場，用有毒的飲料（曼陀羅、顛茄）讓他們爛醉，進入一種中魔法的狀態，失去行動、說話的能力，但是還能看。他的妻子也一樣中了魔法，但是她喝的是催情藥水，陷入可憐的失神狀態，接著在丈夫憤怒的目光下接受其他男人的愛撫，而丈夫卻完全無力幫她。

他絕望，想開口說話卻徒勞，為移動癱瘓的四肢而掙扎，無言的憤怒，眼睛的轉動，在在給予觀眾殘忍的樂趣，此外，這樣的樂趣跟觀賞莫里哀某些劇作時相似。這齣活生生的現實劇，輕易就能達到羞恥的極點。確實是沒有任何後果的恥辱，就如巫魔會始終如一的規則，兩位受害者第二天清醒後只留下模糊記憶。但是目睹這一切的觀眾，參與其中的男人，他們會遺忘嗎？

這些應受懲罰的罪行顯示貴族制度的運作，與古代農奴的友愛情誼，以及原始的巫魔會截然不同——無疑是褻瀆宗教、汙穢，但是自由開放、毫無驚奇，一切都是出於志願和同意。

---

①據博蓋描述，使用的工具冰冷、堅硬、非常細，比手指稍長一點（顯然是金屬管）。在德拉克的書裡，它變得較精巧，較不易導致受傷；它是一支彎曲的赤楊，一部分是金屬材質，另一部分柔軟等等。撒旦在介於兩個偉大王朝中間的巴斯克地區，瞭解這個藝術的進展，它已經在十六世紀的女士之間相當流行。

任何時代都腐化墮落的撒旦，顯然越變越壞。他成為彬彬有禮、狡猾、虛情假意的撒旦，比以前更為陰險、卑鄙。他和教士的親密和睦，對巫魔會而言是何等新鮮而奇特的新開始呀！帶教堂女管理員、聖器室修女與教會的本堂神父，早上主持白彌撒，晚上主持黑彌撒嗎？德拉克說，撒旦建議神父跟精神上的女兒們做愛，帶著懺悔者一起墮落。頭腦簡單的法官啊！他似乎不知道，撒旦瞭解和利用教會的特權已經整整一個世紀了。他成為聽人懺悔的神父，良心的指導者，或者換個說法，聽人告解的神父已成為魔鬼。

請記得，可敬的德拉克，一連串的審判從一四九一年就開始了，或許已經教導巴黎最高法院學會寬容，幾乎不再把撒旦送上火刑柱，明白它只是一個面具。

許多修女成為他新詭計的受害者，他借用神父備受愛戴的臉孔。比如勒奎諾伊（Le Quesnoy）的一位修女珍納．波提葉（Jeanne Pothierre），這位四十五歲的中年女人，天呀，只是太過於敏感了。她對神父表露愛火，他不聽她的，逃到幾里外的法藍潘（Falempin）。但從不休眠的魔鬼明白自己的優勢，看見她（編年史作者說）「被維納斯的荊棘扎到，他狡猾地變為這位神父的外貌，夜夜前往修道院，成功征服她，如此徹底地欺騙她，以致她表示被他佔有了，她持續在計算，四百三十四次②……」她而後的懺悔激起極大的憐憫，很快地就免除了羞愧的痛苦，因為人們為她在附近的塞勒（Selles）城堡準備了固若金湯的地牢，在裡頭待了幾天後便死去，有如一個良善的天主教徒，死得平靜，死得有益於世道人心……還有比這更動人的故事嗎？……不過，和著名的戈弗里迪（Gauffridi）案比起來，這個事件幾乎微不足道。在德拉克仍在巴約納忙碌時，前者發生於馬賽。

普羅旺斯最高法院不需羨慕波爾多最高法院的成就。俗世法庭再次抓住巫術審判的機會，為教會道德進行改革，並深入封閉的修道院世界進行徹底的調查。這機會千載難逢，加上環境的配合，一連串教士之間猛烈的嫉妒和報復行為。若不是這些在往後不時發生的激情洩露了祕密，我們將對這一大群生活在陰暗屋子裡的女人的真實命運毫無所悉，也根本不會知道只有向神父懺悔才得以進入的修道院大門和高牆裡發生的事。

德拉克筆下的這位巴斯克神父，善變而俗化，腰際懸劍，舞於巫魔會上，旁有聖器室修女陪伴，但像這樣的一個人，並非當局擔憂的典型，也不是西班牙宗教法官刻意要袒護遮掩的對象，這個嚴厲的機構對他還真是寬容。從德拉克的保留遲疑，我們可以清楚感覺背後另有隱情。一六一四年，法國國會立法，教士不得審判教士，想來也另有隱情。普羅旺斯最高法院揭開的，正是這件祕密的面紗。修女們的精神指導者，她們的主宰，支配她們身體和靈魂的神父，以各種邪惡行為使她們著魔——這正是戈弗里迪審判的特點，之後的盧丹（Loudun）、盧維爾斯（Louviers）案件，以及羅倫特（Llorente）、里奇（Ricci）和其他人所揭露的也如出一轍。

②馬塞（Massée）的《世界編年史》（*Chronique du Monde*，一五四〇年），以及埃諾（Hainault）、范松（Vinchant）等地的編年史。

為了淡化醜聞、誤導大眾，讓他們將注意力放在表象而非本質，所用的策略可說是大同小異。當教士因為行使巫術而受審時，法庭強調他的巫師特性，迴避他的教士身分，這樣便可以將一切歸咎於行使的法術，讓人忽略那足以統領一群女人，使她們願意任憑予取予求的，其實是男人天生的吸引力。

戈弗里迪案則是完全無法暗中平息的。事件發生在普羅旺斯——這片陽光能穿透任何縫隙的光明土地。主要的發生地則不止於艾克斯（Aix）和馬賽，而是在朝聖客經常前往的著名地點聖博姆（Sainte-Baume），來到這裡，自法國各地的好奇信眾觀賞兩位著魔的修女和她們體內的魔鬼殊死決戰。以法官身分干涉此事的多明我會修士，由於對此案的熱切關注，以及對其中一位修女的偏袒，深深地受到連累。不管最高法院隨後費盡心血來加速結案，這些修士認為有極大必要說明自己的態度，為自己辯護。因此修士米歇利斯（Michaëlis）在混合真實和傳奇的重要著作裡，將戈弗里迪（這位被送上火刑柱的神父）捧為魔法師王子，不只是整個法國，還包含西班牙、德國、英國、土耳其，總之，所有可以人居的地方。

戈弗里迪這個人似乎頗討人喜歡，而且頗有功德。在普羅旺斯山區出生，足跡遠達巴斯克和東方，在馬賽享有最佳名聲，是阿古勒教堂（Acoules）的神父。教區主教對他評價極高，信仰最虔誠的貴婦選擇向他告解。據說他擁有受到所有女人喜愛的獨特天賦。若非普羅旺斯一位愛到盲目、與他有染的貴族夫人，因為出於迷戀而將一個十二歲的迷人孩子——金髮、溫順的女孩瑪德琳．德拉．帕盧（Madeleine de la Palud）託付給他

（也許是為她進行宗教教育），他的好名聲應該可以維持不墜。但戈弗里迪失去理智，不尊重他弟子的年紀、天真純潔和完全的信任。

然而，她長大成人後，意識到了自己的不幸，以自己的貴族之尊，卻要委身屈就不可能有婚姻結果的愛情。戈弗里迪為了留住她，便告訴她，如果他不能在上帝面前跟她成婚，可以在魔鬼面前跟她結婚。他滿足她的自尊，說自己是魔法師的王子，她將成為皇后。他為她套上一個有神祕符號的銀戒指。他是否帶她去巫魔會，或者只是用藥水和蠱惑迷昏她，讓她相信自己去過呢？可以肯定的是，在兩個信仰間左右為難，充滿不安和恐懼的可憐孩子，從此之後不時發狂，某些發作令她痙攣。她害怕被魔鬼活活抓走。她再也不敢留在父親的家裡，最終躲進了馬賽的烏爾修拉（Ursulines）女修會。

18 戈弗里迪／一六一〇年

所有宗教修會裡，烏爾修拉女修會看來是最沉著，最不易失去理性的。修女們並非無所事事，而是會花一部分時間教育女童。天主教的反動，以及西班牙修道院對入定的高度追求，以當時狀況而言根本毫無可能實現，於是建造了一堆修道院——加爾默羅（Carmelite）修會、費甬汀（Feuillantine）修會、嘉布遣（Capuchin）修會——但很快就發現一事無成。把女孩子送進修道院的高牆內幽禁起來，無非是要擺脫她們，但這些可憐的女孩很快就凋零，她們以如此迅速的死亡強烈控訴家人的無情殘酷。殺死她們的並非苦修，而是無聊和絕望。在初期的熱忱後，修道院的可怕疾病（卡西安〔Cassien〕在五世紀即描述過），令人無法忍受的沉悶，午後的憂鬱無聊，迷失在難以形容的萎靡中，很快讓她們的健康衰弱。其他人則有如發狂般，過於騷動的血液令她們窒息。

一位修女若要死得得體，不給家人帶來過多內疚，起碼要在院裡頭待十年時間（這是修道院裡的平均年紀）。因此放寬紀律成為必要，有常識和經驗的人都明白，要延長壽命的話，得讓她們有點事可做，不可太常處於孤獨狀態。聖方濟的沙雷（Françcois de Sales）創立往見會（Visitandines），任務是兩兩成對一起去探訪病人。創立教理兄弟會（跟經堂修會（Oratorian）有關係）的布斯（César de Bus）和羅密翁（Romillion），後來成立了應該可以稱為教理姊妹會的烏爾蘇拉女修會，以培養修女，並由兄弟會教士擔任指導者。這一切在主教們的嚴密監督下，稍微有一點點的修道院性質，但還稱不上是隱修院。往見會可以自由外出，烏爾蘇拉女修會可以接待訪客（至少是女學徒的家人），在可敬的指導神父指導下，兩者跟外界都有接觸，其中潛在的危險並不大。經堂修會和教理兄弟會儘管都培養了出類拔萃的人，但修會的精神一貫要求平凡、節制、謹慎，不可張揚出頭。烏爾蘇拉女修會的創辦人羅密翁是一個年事已高的人，原是清教徒，經歷過一切宗教激情的階段，已經看透一切。他以為這些年輕的普羅旺斯修女們已經跟他一樣審慎且深思熟慮，希望將這一小群羊群圈在單調而無情緒信仰的貧瘠牧場裡，就像經堂修會已經奉行的那樣。這是為無聊大開其門。那天早上，一切傾瀉而出。

戈弗里迪，一個普羅旺斯的山民、漫遊者、神祕主義者、充滿精力和激情的男人，一天，以瑪德琳神師（directeur de Maldeleine）的身分來訪，帶來了難以意料的影響。修女們感覺到他的權力和力量，無疑是那得了相思病的傻孩子暗示所致，發現那力量無異於魔鬼的力量。所有的人都感到恐懼，而且不只一位陷入了愛河。想像被激起，六神無主。有五、六個修女哭泣、尖叫、怒吼，相信自己遭到魔鬼附身。

如果烏爾蘇拉女修會是隱修的、與外界隔絕的，戈弗里迪又是她們唯一的神師，他當然多的是辦法叫她們聽話。結果就有可能如一四九一年勒奎諾伊修道院的情況，魔鬼化身為愛慕的對象，以戈弗里迪的形象成為眾修女的情人。或是如同羅倫特提到西班牙一些女子修道院的情況，說服她們相信神聖教士能夠讓和他做愛的人變得聖潔，和他犯下的罪行是一種聖化行為。這看法在法國廣泛流傳，甚至盛行於巴黎，在那裡，人們稱教士的情人為「被祝聖的人」（見 Lestoile, Michaud 出版社）。

成為所有修女主宰者的戈弗里迪，只忠誠於瑪德琳一人嗎？他沒有從愛情轉變為放縱？答案是：無法確定。但是判決指出有一位沒出庭的修女，在終審時突然冒了出來，宣稱自己獻身給魔鬼和戈弗里迪。

烏爾蘇拉女修會是開放的場所，每個人都可以來訪，瞭解裡頭的狀況。再說，她們可是在精神導師、教理兄弟會教士——一群正直卻也嫉妒的男人——的保護下。創辦者自己來到，感覺憤怒又絕望。對這個蒸蒸日上、目前在法國各地蓬勃擴展的修會，這是何等不幸的災難！修會的抱負是謹慎、理性清醒、沉著。然而突然之間，它發狂了！羅密翁想要鎮壓醜聞。他暗中請一位教理兄弟會教士為這些女孩驅魔，但是魔鬼根本不把這個修會的驅魔師放在眼裡。金髮瑪德琳的魔鬼是一位高貴的魔鬼——別西卜（Belzébuth），驕傲的魔鬼，可不屑開口說話。

在這些附魔者當中，有一位是羅密翁特別保護的人，約莫二十到二十五歲的年輕女子，教養良好，精於辯論，出生時是清教徒，但是沒有父母，受羅密翁影響而改信天主教。從她的名字路易絲．卡波（Louise Capeau）判斷，似乎是平民。就如後來顯現的，這是個出奇聰明、情感強烈的女孩，還有驚人的毅力。整整三個月，除了地獄似的可怕騷動，她還承受了可以讓最堅強男人在一週後死亡的絕望鬥爭。

她宣稱體內有三個魔鬼——善良的天主教徒維里（Verrine），輕巧，是空氣的魔鬼之一；利維坦（Léviathan）是壞魔鬼，愛爭辯的人與清教徒；最後是另一位不潔的魔鬼。不過她忘了提到另一位——嫉妒的魔鬼。

她極其痛恨金髮、嬌小、出身高貴、驕傲並備受寵愛的瑪德琳。後者在瘋狂發作時，表示參與過巫魔會，並且當上皇后，受到其他人的崇拜愛慕，但是成為王子本身的愛人……王子！哪位王子？路易．戈弗里迪，魔法師王子。

路易絲聽到這樣的告白心如刀割，憤怒到不知去懷疑其真實性。瘋狂的她相信了瘋子的話，打算毀掉瑪德琳。她的魔鬼受到所有嫉妒魔鬼的支持。所有魔鬼都高喊戈弗里迪正是巫師之王。消息轟傳各處，統領巫師國度的教士國王、魔法王子遭到逮捕。這正是這些魔女們緊箍在他額頭上的火與鐵的致命王冠。

所有的人都失去理智，甚至是老羅密翁自己。不管是出於對戈弗里迪的恨或是對宗教審判的恐懼，他從主教手中拿走了這個案子，把兩位著魔修女路易絲和瑪德琳帶到聖博姆修道院，那裡的院長是米歇利斯神父，一位多明我會修士，教宗在亞維農教廷區的宗教法官，號稱負責整個普羅旺斯的宗教審判。當務之急是驅魔，但兩個女人勢必會指控戈弗里迪，後者落入了宗教法官手裡。

最高法院在艾克斯（Aix）召開，米歇利斯將在那裡做將臨期證道。他感覺到，這個戲劇性的案件將會提高他的聲望。就像今天的重罪法庭律師，每當出現惹人注目的謀殺案或古怪的刑事案件時，莫不急切地想抓住機會。

這類案件的合適做法，是在將臨期、聖誕節和大齋期期間審案，到了聖週，復活節盛大慶典的前夕執行火刑。米歇利斯等待最後一幕的時機，將這個工作最重要的部分託付給法蘭德斯（Flamand）的一位多明我會修士，一位出身魯汶（Louvain）的神師，曾有驅魔經驗，精通處理這類醜事。

而這位法蘭德斯教士最拿手的，就是什麼也不做。有了路易絲，他就有了一個勇猛助手，比宗教法庭更熱忱，有著不倦的狂熱和難以對付的雄辯口才，有時雖然古怪，但是總是令人不寒而慄，十足的地獄火焰。

案件簡化為兩個魔鬼——路易絲和瑪德琳的決鬥，就在大庭廣眾之下。

天真的老百姓前往聖博姆修道院朝聖，譬如說，來自香檳區特洛依（Troyes）的一個優秀金銀匠，一個布商，高興地看到路易絲的魔鬼殘酷地擊敗其他魔鬼，棒打魔法師。他們喜極而泣，感謝著上帝，打道回府。

看著這不對等戰鬥的可怕場面（即使是這位法蘭德斯神師筆錄中沉重單調的文字描述），只見年齡較大也較為強健的普羅旺斯人，以沙漠石頭般的堅硬，日復一日扔擊、痛打、壓垮幾乎是個孩子的年幼被害人，而這女孩已經飽受自己痛苦的折磨，因為愛情、羞恥而生病，陷入癲癇發作的痛楚……

法蘭德斯神父的書，加上米歇利斯的增添，共四百頁，是這個女人五個月裡不斷吐露出的痛罵、辱罵、威脅的簡短節錄，也包括講道，因為她講任何主題，從聖事、反基督教義者的即將到來、女人的脆弱等等。一講完，以她身上魔鬼的名義，她回復狂怒，每天兩次，繼續折磨可憐的瑪德琳，不曾停下來喘口氣，暫停自己可怕的連珠砲，除非對方陷入昏亂，「一腳踏進地獄」，自己也開始陷入痙攣，昏厥倒下，頭部、身體、膝蓋敲擊著地板。

不可否認，路易絲差不多瘋了；她能持續這麼久，絕不是靠什麼狡滑詭計，而是嫉妒心讓她開了竅，抓住任何機會，顯示出可怖的清醒，見縫插針，刺入對手的心臟。

所有的常規都為之顛覆。魔鬼附身的路易絲隨自己意思胡言亂語。她斥罵身分最高貴的人——眾人敬仰的凱瑟琳．德芳絲（Catherine de France），烏爾蘇拉女修會的女統領，她來看這位奇人並提出問題，馬上就逮到她的錯誤和誤解。而厚顏無恥的路易絲，只以自己魔鬼的名義，輕描淡寫反擊：「魔鬼不正是謊言之父嗎？」

現場一位修士，一個通情達理的人，抓住了這個字眼，反駁她：「那麼妳就是在說謊。」接著對驅魔師們說：「你們為什麼不讓這個女人住嘴？」他講述巴黎一位叫瑪他的女人，假裝魔鬼附身的故事。為了回應他，他們讓他當場看她領聖餐，魔鬼來領聖體！這可憐的傢伙目瞪口呆，他在宗教法庭讓自己出醜。他遇到勁敵，不再說任何話。

路易絲的手段之一是嚇唬旁聽的民眾，突然大喊：「我看見魔法師……」讓每個人感到戰慄。

在聖博姆修道院取得勝利後，她遠征馬賽。她的法蘭德斯驅魔師，如今角色古怪，成了撒旦的祕書和心腹，寫下她口述的五封信：

寫給馬賽的嘉布遣修會，催促他們要求戈弗里迪改宗皈依；同樣寫給嘉布遣修會，要他們逮捕戈弗里迪，用襟帶捆縛他的手腳，將他囚禁在她指定的屋子；寫給溫和派，給凱瑟琳．德芳絲，以及表明與她作對的教理兄弟會教士。最後，這位狂妄、無法控制的女人辱罵自己的院長：「您起初教我要謙卑和順從……我把這番忠告原封不動奉還給您。」

維里（Verrine），路易絲的魔鬼，空氣和風的魔神，對她吹吐瘋狂、輕佻、傲慢的話語，傷害朋友和敵人，甚至宗教審判法庭。有一天，她取笑米歇利斯，說全世界的人都湧向聖博姆修道院聽她講道，而他卻只能在艾克斯空等。「米歇利斯啊！你講道，你的話語真切，卻沒有效果……未曾研讀神學的路易絲卻理解至善（summun bonum），達到十全十美。」

她的狂喜主要來自擊敗瑪德琳，摧毀她的理智。一個字比一百次講道更具威力，如此殘酷猛烈：「妳會被燒死！」（十二月十七日）從那天起，發狂的可憐女孩只說路易絲要她說的話，成為卑躬屈膝的奴隸。

瑪德琳在所有人面前伏地，要求母親、會長羅密翁、旁觀群眾和路易絲的原諒。據路易絲說，瑟瑟發抖的女孩將她拉到一旁，請求她的憐憫，不要給予過於嚴厲的懲罰。

而這一位像岩石一樣溫柔，像大海暗礁一樣寬厚的女人，覺得已掌握了瑪德琳，能夠隨自己處置。因此她抓住可憐的女孩，緊束、扼住她，奪去她殘存的些微活力。這是第二次的蠱惑，跟戈弗里迪的蠱惑截然相反，是訴諸恐懼的著魔。筋疲力竭的可憐女孩在棒打鞭笞下往前走，日復一日驅趕她走上這個巨大痛苦的道路，要她控訴、殺死她仍然愛著的男人。

如果瑪德琳頑強抵抗，戈弗里迪大概能全身而退，因為所有的人都反對路易絲。米歇利斯即使是人在艾克斯，講道效果與路易絲相比黯然失色，受她侮慢，但他會很快終止審判，而不是讓這個女孩的名聲日增。

馬賽準備捍衛戈弗里迪，因為看到亞維農的宗教法庭推進到了城裡，抓走一位城裡居民而大驚失色，特別是教區主教，還有教務會，都想捍衛他們的神父。他們的論點是，整個案件只是懺悔者之間的嫉妒，是修士對教區神父的慣常憎恨。

教理兄弟會教士則希望案子趕快落幕。醜聞令他們痛心疾首。一些人哀痛到想拋下一切離開修院。

貴婦們感到憤慨，特別是促使馬賽歸順國王的保皇黨首領之妻利伯塔（Libertat）夫人。所有人都為戈弗里迪哭泣，表示只有魔鬼有可能襲擊這隻上帝的純潔羔羊。

路易絲蠻橫要求逮捕戈弗里迪的嘉布遣修會，他們是多明我會的敵人（跟所有和聖方濟沙雷有關聯的修會一樣），嫉妒多明我會因為此一事件而大受矚目。此外，嘉布遣修會的飄泊流浪生活讓他們經常和女人接觸，時常陷入道德問題。他們不喜歡人們如此近看教士的私生活。他們站在戈弗里迪這一邊。著魔者並不罕見，他們很快就找到一個，一個切合他們需要的人。這個人的魔鬼，受聖方濟修會的影響，跟多明我會的魔鬼說得正好南轅北轍，他所說的話，他們以他的名義寫下：「戈弗里迪絕非巫師，不能逮捕他。」

完全出乎聖博姆修道院的人意料。路易絲不知所措，她只能說，嘉布遣修會沒有叫他們的魔鬼發誓說實話。雖是拙劣的反擊，卻得到渾身顫抖的瑪德琳的支持。瑪德琳像是挨打的狗兒，害怕再被打，所以無所不用其極，甚至是撕咬。正是由於她的幫助，路易絲在這個危機裡得以狠狠咬人。

她只是說，主教在未察覺的情況下觸犯了上帝，並高喊「反對馬賽的巫師」，卻沒有指名道姓。殘酷、致命的字眼卻是由瑪德琳說出。她指認一個兩年前喪子的女人，說她絞死了孩子。這個害怕遭受嚴刑拷打的女人逃之夭夭，躲藏起來。她的丈夫和父親淚流滿面來到聖博姆修道院，無疑希望能打動宗教法官。但是瑪德琳不敢收回所說的話，只是一再重複指控。

誰是安全的呢？從魔鬼被選作上帝的復仇天使開始，他們聽他的口述寫下人名，將他們置於火刑的威脅中，從此，每個人日日夜夜都做著火刑的恐怖惡夢。

面對教廷宗教審判所的侵門踏戶，馬賽必須依靠艾克斯最高法院。不幸的是，馬賽人深知他們不受艾克斯居民歡迎。這個滿是法官、貴族的官方小城，一向嫉妒南方皇后馬賽的繁榮富裕。它恰好是馬賽的對手，教皇的宗教法官為了搶在法院之前控告戈弗里迪，已經率先尋求它的協助。這是一個相當狂熱的團體，領頭者是上個世紀在瓦度斯（Vaudois）屠殺致富的貴族。再者，做為世俗法官，他們樂於見到教皇的宗教法官走在前面，並承認在教士涉及的巫術案件中，宗教法庭只能進行到預審。這無異正式解除了宗教法官過往的特權，也滿足了艾克斯這些世俗法官的自負，就如在波爾多法院的案子，他們雖是俗世法官，教會當局還是欽命他們為教會的道德監察官和改革者。

在這件一切似乎奇特、神奇的案子裡，一樣令人驚嘆的是，看見如此狂暴的魔鬼突然對法院阿諛奉承起來，交際手腕圓滑靈活。路易絲讚揚已故的國王亨利四世，迷惑國王的人馬。說亨利四世被魔鬼封聖（誰會相信？）。一天早上，路易絲的魔鬼突然無端地讚頌起「這位甫升天的虔誠、高尚國王」。

過往敵對的法院和宗教法庭就此聯手，後者自此保證提供世俗人手、軍隊和劊子手，法院派出一位差使到聖博姆修道院檢查著魔者，聆聽她們的證詞、控訴，擬出名單，結果相當嚇人。路易絲不假思索指控捍衛戈弗里迪的嘉布遣修會，宣布他們的身體和肉體「將會受到現世報」。

可憐的教士大為沮喪。他們的魔鬼再也無話可說。他們去找主教，表明他們真的無法拒絕將戈弗里迪帶到聖博姆修道院，只能乖乖順從；但那之後，主教和教權會可以要求處置他，將他重新置於教會司法的保護之下。毋庸置疑地，他們也算計到了，這兩個女孩一見到曾經深愛的男人出現，將會心思大亂，心生恐慌的路易絲將會因內心動盪而動搖。

事實上，在她那有罪的男人走上前來時，她的感情的確甦醒過來，憤怒亦為之減弱。她懇求上帝拯救被她自己推向死亡的男人的禱詞，是我所知最熱情的言語：「偉大的天主，我獻給您自開天闢地以來到世界末日為止的所有奉獻……路易絲的一切！……我獻給您所有聖徒的眼淚，所有天使的狂喜出神……路易絲的一切！……我希望有更多人，讓祭獻更為完整……一切，路易絲的一切！天上的父啊，垂憐路易絲！兒子上帝，救世主啊，垂憐路易絲！（Pater de Coelis Deus, miserere Ludovici Fili redemptor mundi Deus, miserere Ludovici……）」

虛假的憐憫！甚且有害致命！……她不是期望被告不要變得冷酷無情，而是期望對方能認罪。如此一來，他肯定按照這個國家的判決慣例被送上火刑台。

再說，她自己已經耗盡力氣，再也無法做任何事。法官米歇利斯覺得羞辱，因為他得靠她自動繳械才獲勝，他也氣驅魔師法蘭德斯，是他對她言聽計從，才讓所有的人窺見這齣悲劇烘托出的祕密。米歇利斯總算可以摧毀路易絲，拯救瑪德琳，盡他所能，在民眾的想法裡將兩人的位置倒轉過來。這個嘗試還順利，表示對場面調度還頗有瞭解。冬天和將臨期已經被可怕的女先知、狂亂的女祭司佔用。到溫和的季節，普羅旺斯的春天，在大齋期，應該塑造一個更感人的人物，一個柔弱的魔女，化身為病弱的女孩，雙脣顫抖。這個少女出身高貴，貴族和普羅旺斯最高法院對她的案件都感興趣。

法蘭德斯神父，這個被路易絲操控的男人，想要進入法院的小會議，米歇利斯讓他吃閉門羹。一位嘉布遣修會教士也參與，路易絲一說話，他馬上大叫：「可惡的魔鬼，閉嘴！」

與此同時，神色哀傷的戈弗里迪抵達聖博姆修道院。這位風趣、能幹的男士，卻虛弱、有罪，太輕易就預感到這類通俗悲劇的結局，在這個殘酷災難裡，他眼見自己被所愛的女人遺棄、背叛。他自我放棄，當路易絲被帶到他面前，她站在那裡，彷彿就是他的法官，一個殘忍、拘泥於形式、鑽牛角尖的教會年老法官。她對他提出教理的問題，他一律回以「是」，甚至最有爭論的論點亦然，比如說，「魔鬼的話和宣示在法庭也可以被採信。」

審判只持續八天（從一月一日到八日）。馬賽的教士要求讓他回去。他的盟友嘉布遣修會表示去過他的房間，沒發現任何巫術相關的東西。馬賽的四位議事司鐸帶著官令來帶走他，帶他回家。

戈弗里迪跌到谷底。他的對手們卻沒提升地位。兩位宗教法官米歇利斯和法蘭德斯神父的不和尤其令人難堪。後者對路易絲，前者對瑪德琳的偏袒超越語言，化為具體行動。魔鬼以路易絲之口所做的亂七八糟控訴、講道及揭露，法蘭德斯神父全都記錄下來，並宣稱這都是上帝的話語，擔心內容受到干涉更動。他坦承，自己極度不信任長官米歇利斯，擔心對方為了瑪德琳的利益會篡改這些文件內容，藉以摧毀路易絲。他盡可能保護這些文件，把自己關在房間裡，用椅子抵住門。米歇利斯雖有法院成員站在他這邊，也只好以國王名義強行破門而入，取得手稿。

天不怕地不怕的路易絲，打算讓教宗和國王對立。法蘭德斯神父向亞維農的教宗特使控告自己的上級米歇利斯。但是，審慎的教廷被宗教法官控告宗教法官的醜事嚇壞了。得不到支持的法蘭德斯神父只好服從。米歇利斯為了讓他住嘴，將文件歸還給他。

米歇利斯的報告——全案的第一份文件——相當乏味無趣，遠遠比不上法蘭德斯神父的精采，而且完全是在記錄瑪德琳。他們為她演奏音樂以讓她平靜，極為留心地記下她吃或沒吃東西。事實上，他們過度關照她，往往沒有什麼幫助。他們問她奇怪的問題，譬如巫師和惡魔的記號可能位於身體的哪些部位。她也接受身體檢查。儘管在艾克斯已有最高法院指派的醫生和外科醫生為她做過。米歇利斯還不辭辛勞地前往聖博姆修道院拜訪，進行詳細觀察，而且沒有請已婚婦女一起。宗教法庭和世俗法庭法官在此和解，毋需擔心對方會來監視，並默許程序的忽略。

可是他們卻有路易絲這樣強硬的法官。這女人得理不饒人，激昂地譴責這種下流行為：「那些被洪水吞沒的人都沒有這些男人邪惡！……即使在索多瑪和蛾摩拉也不會發生這種罪行！……」

她還說：「瑪德琳已經淪為不潔！」這種特質確實是最可悲哀的。可憐的瘋女人，欣喜自己能夠活下來，雖沒有被燒死，卻失去了判斷力，或許還隱隱覺得自己對法官有影響力，有時還唱歌、跳舞，姿態極盡可恥、下流、挑逗。教理兄弟會教士，年老的羅密翁，為這位烏爾蘇拉女修會庇護的女孩面紅耳赤。他震驚於男人欣賞她的長髮，說得剪掉，去除她的虛榮自負。

平靜的時候，瑪德琳順從、溫柔。他們很想讓她成為另一個路易絲，但是她的魔鬼自負而多情，不像她對手的魔鬼那樣有口才和狂熱。教理兄弟會教士證道，但講不出個名堂。米歇利斯被迫自己登場。身為首席法官，他覺得必須遠遠超越法蘭德斯才行，他宣稱從這個女孩的小小身軀裡驅出六千六百六十個惡魔，只剩下一百個。為了更讓民眾信服，他讓她吐出已吞下的魔法或巫術，說他從她口裡取出了黏糊糊的物質。誰敢對此有異議？在場者目瞪口呆、深信不疑。

瑪德琳走在得救的正途上。唯一的障礙是她自己。她隨時可能說出冒失的話語，導致法官們嫉妒、失去耐心。她坦承，每樣東西都讓她想起戈弗里迪，她隨時都看得到他。她毫不掩藏情色的夢。「昨天晚上，」她說，「我前往巫魔會。巫師們在崇拜我的鍍金雕像。為了尊敬它，他們每個人以柳葉刀在手上取血，獻出鮮血。他，他在那裡，跪倒在地，頸上套著繩子，祈求我回到他身邊，不要背叛他……我抗拒著……他這時說：『這裡可有人願意為她而死？』——『我願意』。一個年輕男子回答，這位巫師便殺死他。」

另一次，她見到他來要一根她的美麗金髮。「我拒絕了，他說：『那麼給我半根。』」

同時她保證，她一直在抗拒衝動。但是有一天，門正好開著，這位已經改宗的女孩卻飛奔去找戈弗里迪。

他們抓回她，至少是抓回了身體。但她的靈魂呢？米歇利斯不曉得如何抓回它。幸而他看到了她的魔法戒指。他把它取下，切成碎片，毀掉它，扔進火裡。此外，他料想這個溫柔女人之所以固執，全是因為有巫師隱身進入了房間，他便在裡頭安置了一位強壯結實的男人，佩了劍，往四面八方揮動，將不可見的誘惑者砍成碎片。

但讓瑪德琳轉變的最佳良藥是戈弗里迪的死亡。二月五日，宗教法官到艾克斯做封齋期的連續講道，訪視世俗法官，鼓舞激勵他們採取行動。最高法院樂於服欣然膺命，

被魔鬼附身的女子最常表現出癲癇、痙攣、暴怒、放蕩、狂熱等特徵。
La Sorcière 08, 1911, by Martin van Maële (1863-1926).
來源：Wikipedia Commons

派人到馬賽緝拿這個大膽的罪犯，但此人眼見自己受到教區主教、教權會、嘉布遣修會和所有人的有力支持，不認為法院膽敢造次。

瑪德琳從一地，戈弗里迪從另一地，來到了艾克斯。她太過於激動，他們不得不將她綁起來。她的騷動狀態可怕到任何狀況都可能發生。他們考慮對這個病重的少女做一個相當大膽的嘗試，施以會讓女人發生痙攣、有時甚至導致死亡的驚嚇。總主教府的代理主教說，這個宮殿裡有一個黑暗、狹窄的堆屍處，在西班牙被稱為 pourrissoir（公共屍坑，就如在 Escurial 所見）。過去，人們都將無名屍扔到那裡任憑腐爛。他們將渾身顫抖的女孩帶進陰森森的地下藏骨所，將冰冷的骨骸貼到她臉上來驅魔。她沒有被嚇死，但是從那以後，她完全任他們擺佈，他們如願地得到了意識的死亡，完全根除了她僅剩的道德感和意志力。

她變成任憑擺佈的柔順工具，諂媚阿諛，揣摩討主人們歡心的事。將胡格諾派教徒（Huguenot）帶到她面前，她咒罵他們。將她帶來戈弗里迪面前，她比國王人馬更流暢地背出他被控的所有罪名。但被帶到教堂時，她卻無法免於瘋狂激動，亂喊亂叫，煽動群眾反對戈弗里迪，她的魔鬼以巫師的名義褻瀆。撒旦以她的口宣告：「我以戈弗里迪之名棄絕上帝，我棄絕上帝」等等。隨後在舉揚聖體時，說道：「以戈弗里迪之名，將義人的血滴到我身上。」

駭人的共同體！這個雙面惡魔以一方的言語將另一位罰入地獄；以瑪德琳之口說出，卻將罪歸於戈弗里迪。驚恐的民眾恨不得馬上將這位褻瀆宗教的人送上火刑台，即便他沉默不語，瑪德琳的聲音卻咆哮而出。

驅魔師們問她一個殘忍的，他們自己都能比她回答得更好的問題：「撒旦，你為什麼說你摯友的壞話？」——她回以可怕的說法：「如果人類之間存在叛徒，魔鬼之間為什麼沒有？當我跟戈弗里迪處得好時，我能為他赴湯蹈火。當你們強迫我時我就背叛他，嘲笑他。」

然而，她卻無法堅持這種可怕的嘲笑心情。儘管恐懼和奴性的惡魔似乎已經侵佔她的整個靈魂，但仍然有空間留給絕望。她再也吃不下東西。過去五個月來以驅魔折磨她，宣稱從她體內驅出了六、七千個魔鬼的人不得不承認，她只想一死了之，急切地尋找任何自殺的辦法。她缺乏的只是勇氣。有一次，她用柳葉刀刺自己，但是沒有決心深插而入。有一次，她抓起一把刀，被旁人搶下後，她試圖扼死自己。她插很多針進肉裡，最後瘋狂地嘗試將一支長大頭針從耳朵刺進頭裡。

戈弗里迪又怎麼樣了呢？對兩名女孩的種種事蹟，宗教法官長篇大論、鉅細靡遺，但對他卻幾乎隻字不提，輕描淡寫此一危險的主題。相當奇怪的是，他提供的資訊極少。他描述戈弗里迪的眼睛被矇起，在他的全身尋找惡魔的印記，亦即毫無知覺的地方。當矇眼的帶子拿掉後，他驚愕、駭然地得知，有三次下針時，他毫無感覺，亦即他有三個惡魔的印記。宗教法官還附加一句：「如果是在亞維農，這個男人明天就會被燒死。」

他自覺無望，不再為自己辯護。他現在唯一的念頭就是看看多明我會的敵人是否救得了他。他表示希望向祈禱會所（oratoriens）認罪。但是這個新成立的修會在天主教中卻是奉行中庸之道者，過於冷淡和審慎，不願負責這樣一件已進行如此久、面臨如此絕望處境的案件。

於是他轉而向托缽修會（moines Mendiants）求助，對嘉布遣修會認罪，坦承一切，遠比真正事實還多，希望以恥辱收買自己的性命。要是在西班牙，他肯定會被釋放，然後到某家修道院悔罪補贖。但是法國法院更為嚴厲，他們還堅持要證明俗世法庭較為優越的公正性。何況嘉布遣修會自身在道德上並不讓人放心，他們可不是那種可以把閃電引到自己頭上的人。他們充分利用戈弗里迪，保衛他的安全，日夜安慰他，但目的卻是要誘使他承認自己是巫師，把使用巫術變成主要罪狀，這樣一來，也可以把一個聽人懺悔的神父的誘姦罪行給掩蓋起來，也不致連累教士的名聲。

因此他的盟友嘉布遣修會教士堅持不懈，透過友好的對待和親切的言語，從他嘴裡得到了致命的供認，據他們所言，讓他的靈魂得救，但也意味將身體送上火刑柱。

這個男人了結、底定了之後，他們接著處理兩個女孩，不過，她們不會被燒死。最後一幕顯然是齣滑稽劇。在教士和法院法官齊聚一堂的大會中，瑪德琳被帶來，接著他們對她的魔鬼說話，勒令撒旦離開，否則要提出抗命不從的理由。他沒有回答，可恥地離開了。

接著輪到路易絲被帶來，跟她的魔鬼維里一起。但是在驅趕這位和教會如此友好的鬼怪之前，教士們展示這個魔鬼的本領，讓他執行一個古怪的啞劇，對這類事缺乏經驗的最高法院紳士於是大飽眼福。「熾天使、智天使和座天使在上帝面前是怎麼做的呢？」「困難。」路易絲說，「他們沒有身體。」但是當這個命令不斷重複時，她盡力遵守，模仿第一位的飛翔，另兩位的神聖狂喜，最後在所有法官前彎腰低頭，表達對三者的崇拜。但見這位自負、難以駕馭而聲名遠播的路易絲卑躬屈膝，親吻地板，伸直雙臂，整個身體貼在地上。

古怪、輕佻、下流的展示，藉此她在民眾裡獲致非常大的成功。這會兒，面對五花大綁的戈弗里迪，她補上殘酷一刺，再次贏得會眾的偏愛：「從瑪德琳身上離開的撒旦現在在哪裡？」他們問她。「我清楚看到他就在戈弗里迪的耳朵上。」

這些恥辱和恐怖就夠了嗎？為什麼還要對這個不幸的男人在刑求下所說的追根究柢呢？他被問到的問題有平凡的，也有奇特的。他所揭露的，無疑讓女修道院的神祕故事變得明白。最高法院貪婪地收集這些詳細情形做為可能有用處的武器，但是他們將之列為「法院機密」。

宗教法官米歇利斯受到民眾的強烈抨擊，由於近乎於嫉妒的敵意，他被他的修會召回，在巴黎開會，無法目睹四天後（一六一一年四月三十日）戈弗里迪在艾克斯被活活燒死。

多明我會的聲譽因為這個審判受到損害，他們在波維（Beauvais）（同年十一月）處理另一件著魔案，有如面對榮譽攸關的戰事般全力以赴，在巴黎發表案件報告，也對回升聲譽無甚助益。對路易絲的魔鬼，主要的指責是他不會說拉丁文，新出現的受害者，丹妮絲．蘭卡依（Denise Lacaille）卻可以講幾個拉丁字。對此他們小題大作，時常將這女人拉去遊街示眾，甚至將她從波維帶到安錫聖母院。但是這個案件仍然沒激起多少關注。這個朝聖沒有戲劇性效果，並未如聖博姆修道院那樣恐怖。這位會說拉丁文的蘭卡依，沒有路易絲的雄辯滔滔，也沒有她的狂熱和狂暴。這一切只讓胡格諾派教會引為笑談。

兩位對手，瑪德琳和路易絲後來怎麼了呢？前者，或者至少說她的影子，被留在教廷領地裡，因為擔心她會談論這個陰鬱案子。她出現在公眾面前時只是被當作贖罪苦修的範例。她被帶去和一群貧窮女人一起砍柴，將販賣柴火的收入施捨做善事。她的父親以她為恥，將她趕出家門、斷絕關係。

至於路易絲，她在審判時說過：「我不會從這件事得到榮耀……審判一結束，我會死去！」但是她錯了，她沒有死，而是繼續在殺人。她體內的殺人魔鬼比任何時候都狂暴。她向宗教法官告發她想像中跟巫術有關的人，以姓、以名字，以那人的綽號。其中有一個叫霍茱雷（Honorée），那麼「兩眼失明」的可憐女孩，活活被燒死。

「讓我們祈求上帝，」米歇利斯書裡的結語這麼說，「讓這一切歸返祂的榮耀和祂教會的榮耀。」

19 盧丹的著魔修女——格朗迪耶神父／一六三二～一六三四年

著名若瑟（Joseph）神父所著的《國事回憶錄》（*Mémoires d'Etat*）現今只得見部分內容，想必因內容過於豐富翔實而遭審慎地刪節，這位可敬神父說明自己在一六三三年有幸發現一樁異端事件，有不計其數的神父和神師涉入。

嘉布遺修會，一隊捍衛教會的出色大軍，守衛神聖組織的忠實獵犬，嗅到了一隻可怕的獵物，並非在荒漠裡，而是在法國各處，包括中部、夏爾特（Chartres）、皮卡迪（Picardie），西班牙的 alumbrados（光明會會員，或稱寂靜教徒）受到嚴酷迫害而逃亡到法國避難，躲在女人世界裡，特別是女修道院裡，徐徐灌注後來被稱為莫林諾（Molinos）的甜蜜毒藥。

令人稱奇之處在於此事未被及早發覺，等到已經廣為散播，才不可能保持隱密。嘉布遺修會信誓旦旦，指稱光是在皮卡迪區（此地的女孩性格脆弱，性情較南方女孩急躁），這種神祕之愛的狂熱份子就多達六萬人。難道所有神職人員都捲入了？所有的神父、神師都在其中嗎？這裡必須理解的是，除了教會任命的神師以外，還有許多世俗人士同樣熱切渴望拯救女性的靈魂。後來就有一個人憑藉才華和膽識大放異彩，那就是

《靈修喜悅》（*Délices spirituelles*）的作者德馬雷（Desmarets de Saint-Sorlin）。

如果不考慮那個時代的新情況，恐怕無法完全理解神師對修女們的支配力為何會比以往時代強大百倍。

在亨利四世時期，修道院普遍都不遵守隱修規則，修女們接待上流社會的朋友、舉辦舞會、在舞會上跳舞等等，天特（Trent）大公會議決議推行改革，從路易十三時期才開始雷厲風行。樞機主教拉羅什福科（La Rochefoucauld），或者說透過他遂行己意的耶穌會修士，堅持對外的形象體面端莊。也就是說，男性無法再拜訪女修道院嗎？一個男人，就只一個男人，每日登門拜訪，不只是屋子，而是隨意進入每個房間（從幾個案例顯然可見，特別是盧維爾斯的大衛一案）。這個改革，一項與世隔絕的制度，將所有造成干擾的對象阻絕於大門外，給予神師和修女密切交流的機會，使他成為唯一能左右她們想法的人。

這導致什麼後果？大有可供思辨、探討的空間，但是有實際經驗的人和醫生不需憑空臆測。早在十六世紀，醫生維爾即以真實案例明白揭露內情。他在作品第四卷舉出許多因愛而瘋狂的修女案例。在第三卷，他提到一位德高望重的西班牙神父故事。這名神父偶然進入羅馬的一家女修道院，出來時變得瘋癲，宣稱這些耶穌基督的新娘，都是他的新娘，因為教士是耶穌基督的代理人。他舉行幾場彌撒，祈求上帝賜予他恩惠，在不久後迎娶這座修道院的所有修女①。

如果短暫的拜訪就已經造成這種效果，我們可以理解，女修道院的神師單獨和她們共處時的心理狀態，在封閉的修道院裡，他可以和她們相處一整天，每個小時都聽她們告解自己的頹喪和弱點，這樣的內心話帶來了危險的誘惑。

肉慾誘惑並非唯一要素。尤其得將無聊以及打破生活常軌的純粹渴望考慮在內，亦即藉由某個念頭、幻想逃離一成不變的單調生活。再說那個時代充滿那麼多新鮮事！旅行，印度群島，發現新大陸！印刷技術！特別是小說！……修道院門外的世界在轆轆轉動，人的思維方式不斷擴展的時候，居然有人可以忍受呆板單調的修道院生活和漫長無聊的禮拜儀式，除了音調平板的講道，再無其他的生活調劑，怎麼可能呢？

即使是享有眾多娛樂調劑的凡夫俗子，也會要求神父提供各式各樣的娛樂方式，寬恕反覆多變的生活。

教士受到這股洪流推動，被迫逐步讓步。從決疑論（Casuistique），或說讓信徒一切行為得到允許的哲學，演變出龐大、多樣、旁徵博引的論述，其發展日新月異，昨日的寬容在今天看來卻是嚴厲。

世俗人有決疑論，修道院則有密契主義（Mystique）。

揚棄個人主體性、中止自我意志是密契主義的一大原則。德馬雷清楚向我們闡明其真正的道德意義。他表示，虔誠信徒藉由獻出自己、消滅自我，從今而後和神融合為一體。從今以後，他們不可能再行惡。人的較高層面既已達到神性境界，他再也無法覺知另一層面的作為②。

在熱心的若瑟神父發出強烈警告，提醒世人留心敗德者之後，有人定以為會有後續發展，當局會展開全面徹底的調查，針對一個省份的六萬名教會神師，一一予以嚴密審問。但是並沒有！他們全數消失不見，再無任何音訊。據說其中一些人被逮捕入獄卻不見審判，全然的無聲無息。法蘭西樞機主教黎希留（Richelieu）顯然無意深究此事。儘管對嘉布遣修會抱存偏愛，他沒有盲目到跟著他們起舞，把調查法國境內所有神父的責任交付給他們。

一般而言，對於修道院外的神職人員，修士是既妒又恨。在西班牙女人的眼裡，修士是絕對的指導者，但由於不修邊幅，卻不太受法國女人的垂青，她們寧願去找神父或

---

①見維爾（Wyer）著作，第三卷，第七章。

②在中世紀一再重現的極古老教義。在十七世紀，此一教義在法國、西班牙修道院甚為普遍，盧爾維斯案件裡關於一名諾曼第天使指導一位修女的記述正是再明確、真實不過的例證。天使首先教導修女「鄙夷身體和漠視肉體。耶穌基督如此鄙視肉體，因此在眾目睽睽下裸身受到鞭打……」。他教導她「完全棄絕靈魂和自我意志，達到神聖、溫順、完全被動的服從。比如聖母瑪利亞相信加百列天使，謙卑地順服、受胎。」——「她不會面臨危險嗎？」——「不會。因為聖靈不可能導致不潔！祂反而能滌淨罪惡，使人變得純潔。」由於一位年老、權威神師大衛的傳授，這種崇高教義自一六二三年起即在盧爾維斯大為盛行。他的教誨主旨即是「以罪惡消滅罪惡，以回復純潔無罪的狀態。這正是我們的始祖（譯註：即亞當和夏娃）所為。」嘉布遣修會修士《受苦的虔誠》（*La Piété affligée*）（一六四五年）。

耶穌會神父這種既是僧侶也是世俗之人的指導者告解。如果黎希留主教放任這些嘉布遣修會、靜思會（récollets）、加爾默羅修會、多明我會的獵犬去捕獵，教會的所有教士誰能安然無恙？沒有人。即便是正派的神師、神父，在聆聽信徒懺悔時，有誰不會在善意的出發點下，多多少少使用寂靜教徒的淺顯討喜語言？

黎希留主教小心翼翼，不讓教會教士陷入恐慌，何況他已在籌備召開全體大會募集戰爭資金。修士可以控訴神父行使巫術，唯有這樣的控訴可以混淆視聽（一如戈弗里迪案件），別的告解神父、神師都不可能涉及相同罪行，安全不受波及，他們大可以坦蕩蕩說：「我不做這種事。」

由於這些未雨綢繆的防範，格朗迪耶神父（Urbain Grandier）③的案子存在著一些晦澀不明的部分。記述此一事件的歷史家，嘉布遣修會會士特朗基耶（Tranquille）最後證明這位神父是巫師，而且不只是巫師，還是惡魔。在審判紀錄裡，他被稱為（他們恐怕也會如此稱呼古代巴比倫女神亞斯達洛〔Astaroth〕）「宰制者格朗迪耶」。梅納茲（Ménage）卻持南轅北轍的看法，幾乎把這位神父歸類為被誣指行使巫術的偉人、自由思想的殉道者。

為了更深入瞭解這個案件，不可孤立看待格朗迪耶神父，而得讓他回歸到當時那齣魔鬼三幕劇的原本位置，他這個人和他的所作所為只是第二幕，第一幕在普羅旺斯上演，正是上一章提過，以戈弗里迪死亡作結的聖博姆修道院事件，至於盧爾維斯（Louviers）發生的第三幕，完全是盧丹（Loudun）事件的翻版（一如盧丹事件是聖博姆事件的翻版），也造就出翻版的戈弗里迪和格朗迪耶。將三幕放在一起看才足以令第二幕的案情明朗化。

這三樁事件如出一轍。同樣有一位放蕩神父、一位嫉妒的修士和魔鬼附身的發狂修女，同樣以神父被送上火刑柱燒死為結局。

能闡明這些事件的只有一點，讓我們得以窺見西班牙、義大利那些腐化修道院裡不可告人的狀況。南歐國家的修女，由於慵懶天性使然，驚人地消極被動，也可接受妻妾成群的後宮生活和更糟的狀況④。

法國修女的性情截然不同。她們精力充沛、積極、要求嚴格，嫉妒、怨恨隨時可讓她們成為可怕的惡魔（就心理層面而言），變得輕率、多話、惡毒。她們的供詞如此精確詳實，以致最後讓人覺得羞恥、厭惡，三十年期間的三件醜聞，以恐懼驚駭拉開幕簾，最後在嫌惡的噓聲下平淡可恥地落幕。

---

③新教徒奧賓（Aubin）所著的《盧丹魔鬼史》（*L'Histoire des diables de Loudun*）是嚴謹、考證詳實的作品，甚至在洛巴德蒙（Laubardemont）的筆錄裡得到證實。特朗基耶修士的著作卻是可笑怪誕的作品。訴訟案卷現存於巴黎國家圖書館藏。費吉耶（Figuier）在《神奇事件歷史》（*Histoire du merveilleux*）裡對這個案件有冗長、詳盡的描述。如同你們接下來會讀到的，我反對法官的判決，但是也不站在被控者這一邊。由於憎恨黎希留主教而將格朗迪耶神父封為殉道者是可笑至極的事。他瘋狂、虛榮、放蕩，應得的懲罰不是被燒死，而是終身監禁。

④請參見德里歐、羅倫特、里奇等人著作。

難以想像就在普瓦圖區的盧丹，胡格諾派教徒召開全國教務會議的大本營，就在他們鷹隼般的利眼監督和嘲笑奚落下，竟會爆發一樁嚴重的天主教醜聞。但正是在這些歷史悠久的新教城鎮，天主教徒們以征服者之姿生活，享有極大的自由，自然而然認為這些動輒遭到屠殺，最近又逢新敗的新教徒不敢多置一詞。盧丹的天主教徒（法官、教士、修士，一些貴族和一群工匠）儼然是成功征服新領地的殖民者，自有居住區域，和其他鎮民隔離。如同可以猜想得到的，這塊殖民地因教士和修士的對立而分裂。

為數眾多的高傲修士像處身異地的傳教士一樣，將新教徒鎮民視為次等公民，同時擔任天主教女信徒的告解神父。這時從波爾多來了一位年輕本堂神父，他是耶穌會的弟子，教養良好、討人喜歡，擅於寫作，口才更是一流。他的講道掀起轟動，不久後也在社交界大鳴大放。他出生於蒙索（Manceau），是天生的辯論家，但是受到法國南部的教育和薰陶，像波爾多人一樣油嘴滑舌，像加斯科人一般誇大、輕率。在極短時間裡，他讓整個小鎮陷入混亂，所有女人站在他這一邊，男人（所有或幾乎所有的）則反對他。他變得高高在上、傲慢不可一世，完全為所欲為。他挖苦嘲笑加爾默羅修會修士，在講道台上公然痛罵所有修士。群眾聽他講道的時候驚嚇得差點窒息。他儼然像教會神父一樣，一身華服威嚴地在小鎮招搖過市，夜裡則是低調地鑽進小巷或後門。

所有女人任他差遣。國王律師的妻子對他傾心，但王室檢察官的女兒更迷戀他，甚至和他生下一個孩子。這還不夠，這位擄獲眾多貴婦芳心的紳士一再擴展版圖，開始進攻修女院。

當時各處都有烏爾蘇拉女修會，修女獻身於女童教育，前往新教徒領地擔任傳教工作，她們懂得博取母親的歡心、吸引小女孩接受教導。盧丹的烏爾蘇拉女修會以沒落貴族家庭的女兒為成員。這座小修道院本身缺乏資助，成立之時幾乎只獲贈原是胡格諾派學院的建築物。出身不凡、家世顯赫的院長渴望提升修道院地位，吸引更多人入院，讓它變得富裕、知名。如果不是已由一名在地方深具影響力（和兩位當地法官是近親）的神父擔任神師，她大有可能選擇聞名的格朗迪耶神父擔任此職。名為米尼翁（Mignon）的這位教士對女院長不無影響力。兩人在聽告解時（以前是由院長聆聽修女告解）憤怒地得知年輕修女們只幻想著這位廣受人們談論的格朗迪耶神父。

權威受到威脅的神師、戴綠帽的丈夫、不快的父親（同一個家庭的三種羞辱），三種身分的嫉妒、憤怒匯合在一起，他發誓要毀滅格朗迪耶神父。為了達成目的，他們只需要放任他隨意妄為。他會自取滅亡。再不久即將爆發的醜聞將撼動整個小鎮。

居住在昔日胡格諾派宅邸裡的修女們沒法感到安心。她們教導的寄宿生是鎮民的孩子，也許還是年輕修女的關愛對象，這些小女孩們發現假裝鬼魂、幽靈嚇唬同伴是有趣的消遣。這一群出身富裕、飽受寵愛的小女孩不是太有紀律。夜裡她們在走廊奔跑，以致嚇到彼此。一些人因此生病，另一些人則是精神上出毛病。不過這些恐懼和幻覺混入她們白天一再聽到的種種醜聞，夜裡作祟的鬼魂都是格朗迪耶神父。幾個人宣稱看見他，夜裡感覺他就在身邊，一派大膽的勝利者姿態，但是醒過來時他已不見。這是幻覺嗎？是見習修女的玩笑嗎？或者格朗迪耶神父確實收買了女守門人？或是冒險攀牆而入？這一點從未真相大白。

然而從那一刻起，神師、丈夫、父親都認為這個男人已經完全在他們的掌握之中。他們首先從出身卑微的女門徒裡挑出兩個品行端正的人，要她們宣稱再也不要一位放蕩的花花公子、巫師、魔鬼、自由思想家在教堂擔任本堂神父，一位「只用單膝，而非雙膝跪地」的人，一位嘲笑規範、無視主教教規的人。最後一項指控巧妙地讓普瓦捷（Poitiers）主教，慣常會捍衛教士的主教，也與格朗迪耶神父為敵，毫不猶豫將他交給憤怒的修士們處置。

必須承認，整個案件經過完美策劃。在兩位教區平民的控告後，若再有一名貴族男子揮棒毆打他將大有助益。在那個決鬥風行的時代，一個遭到棒毆的男子會名譽掃地，受女人的鄙視。格朗迪耶神父感覺這一棒的嚴厲痛擊。如此熱愛榮譽的他去找國王，雙膝跪地，要求為神父的尊嚴報仇。這是一位信仰虔誠的國王，大有可能同意他的請求，但是周圍的人告訴國王，這只是一樁私通事件和受害丈夫的報復。

格朗迪耶神父被送上普瓦捷教會法庭受審，被判苦修贖罪，並逐出盧丹，而這座小鎮和神父一樣名聲敗壞。不過世俗法庭重審此案，判定他無罪。他還有比普瓦捷主教更高階的教會權威人士支持，即波爾多大主教蘇爾迪斯（Sourdis）。這位好鬥的高級教士、海軍司令、英勇水手聽見這些小過失只是聳聳肩。他宣告格朗迪耶神父無罪，但是也明智地勸告對方可以去任何地方，就是別回到盧丹。

而這正是驕傲教士絕對做不到的事。他想要在戰場上享受勝利的滋味，走過那些貴婦眼前。他在大白天大張旗鼓回到盧丹；所有人都從家裡窗戶看他舉著一枝月桂大搖大擺走過街頭。

但他並不滿足於這種愚蠢的勝利，開始要求賠償。輪到被他逼入險境的敵手們想起戈弗里迪案件，在那件案子裡，謊言之父魔鬼正式得到平反，被法庭視為誠實的好證人，證言被教會和國王手下採信。他們在絕望下召喚一位魔鬼，他很快就前來聽命，出現在烏爾蘇拉女修道院裡。

這件事的風險極大。但是有人就只在乎成功！女院長眼見她原本貧窮、沒沒無聞的修道院一夕之間吸引法庭、各省和整個法國的注意。修士們將之視為對抗教士對手的勝利。他們重現在上個相當風行的與魔鬼搏鬥戲碼（比如在蘇瓦松（Soissons）），通常在教堂大門前進行，民眾們驚懼又喜悅地目睹上帝戰勝魔鬼，以及聽見魔鬼承認：「上帝就在聖事裡」，胡格諾派信徒屈辱地被魔鬼說服。

在這麼一齣悲劇性的喜劇裡，驅魔師代表上帝，或者至少是擊敗惡龍的大天使。他筋疲力盡、汗水涔涔，走下平台，凱旋而歸，被群眾扛起，一群喜極而泣的女人讚美、感謝他。

在這類審判裡總是需要一點巫術元素的道理在此。人們只對魔鬼有興趣。當然，他

修道院拘謹、枯躁、無聊的生活，讓年輕修女產生病態心理，以裝神弄鬼為娛樂。

La Sorcière 08, 1911, by Martin van Maële (1863-1926).

來源：Wikipedia Commons

無法總是以黑色癩蛤蟆的樣子跳出人體（如一六一〇年在波爾多的案例）。但是，演出至少盛大輝煌。在普羅旺斯的那個案子，瑪德琳面對的可怕孤獨、聖博姆修道院的恐怖都是成功的重要元素。盧丹有一大批吵鬧、興奮的驅魔師被派往幾個不同教堂。至於稍後會看到的盧維爾斯案件，為了重現有點過時的趣味，想像一系列的午夜情節，扮成修女的魔鬼在閃爍火把的映照下挖洞，取出藏在裡頭的魔法法寶。

盧丹巫案始於女院長和一名伺候她的打雜修女。她們發生痙攣抽搐，吐出魔鬼般的胡言亂語。其他修女模仿她們，其中一位大膽放肆，重現馬賽那位路易絲的角色，同樣的魔鬼利維坦，以及一名精於詭辯和誣告的狡猾魔鬼。

整個小鎮受到撼動。各家修會的修士爭奪這些修女，分配各自負責的對象，開始對三位或四位一組的修女進行驅魔。他們劃分教堂場地，嘉布遣修會能使用兩座教堂。民眾蜂擁而至爭睹，全都是女人，在這些驚恐、興奮的人群裡，大喊自己也感覺到魔鬼的大有人在；鎮裡有六個少女遭到魔鬼附身。而在昔隆（Chinon），光是聽人講述這些可怕的事件時，又有兩個女人遭到魔鬼附身。

全國各處對此案議論紛紛，在巴黎，在法國王室亦然。出身西班牙、想像力豐富、信仰虔誠的法國皇后，派出自己的指導神父前往一探究竟，更重要的是，此人是蒙特古勳爵（Lord Montaigu），是教皇的黨羽，皇后的忠實僕人，他所看到的一切，所相信的一切，都將回報給教宗。奇蹟得到證實、確認。他親眼看見一位修女的傷口，魔鬼在女院長雙手留下的標記。

法國國王對這一切有何表示？他的虔誠信仰轉向魔鬼、地獄和恐懼。據說黎希留主教樂於讓他保持這種狀態。我懷疑這一點，魔鬼基本上是西班牙人，站在西班牙那一邊，如果他們談論起政治，肯定反對黎希留主教。或許這正是他害怕的。他向這些魔鬼致意，派姪女前往表示關切。

王室準備接受這一切，但是盧丹人還沒。當地的魔鬼拙劣地剽竊馬賽魔鬼，往往都是一早起來便如法炮製昨晚從米歇利斯神父那本知名指南學來的內容。如果沒有這些祕密的驅魔法教導他們在群眾面前的合宜舉止、行為，以及每晚細心的演練，他們絕不知道該說些什麼。

鎮裡一名有魄力的大法官，發現了這樁詐欺，親自揭發這一群陰謀者，威脅他們，告發他們。此時，格朗迪耶神父求助的波爾多大主教也給予默許，下令修士中止任意的驅魔行為，此外，他的外科醫生則前往診斷這些女孩，發現她們根本不是著魔，也沒有發瘋，沒有一點精神失常跡象。她們到底是怎麼回事？肯定是裝病的騙子。

因此，一整個世紀，醫生對抗魔鬼，科學和光明對抗黑暗謊言的偉大決鬥便不斷上演。我們可以看到亞格里帕（Agrippa）和韋爾（Wyer）率先發難。另一位叫鄧肯（Duncan）的醫生英勇地在盧丹繼續戰鬥，毫無畏懼地出版自己的意見，表示整個案件可笑之至。

號稱難以對付的頑強魔鬼心生恐懼，舉白旗投降，從此沉默不發一言。但是兩方的情緒過於高漲，以致事件無法就此戛然而止。支持格朗迪耶神父的狂潮席捲而至，被攻擊者現在搖身一變成為攻擊者。一位指控者的親戚，一名藥劑師，遭到鎮裡一位富裕的貴族小姐控告，因為他指稱她是神父的情人。他被控誹謗，被迫公開懺悔。

這下子，女院長覺得自己玩完了。不久後有一位目擊證人證實，她手上的烙印是畫出來的，每天都重新畫上。不過她的親戚是國王參政院的成員羅巴德蒙（Laubardemont），他拯救了她。當時他正好奉命前往盧丹清除障礙，同時自薦荐把格朗迪耶神父帶回去受審。黎希留主教聽說被控的神父是本堂神父，也是皇太后瑪麗・梅迪奇（Marie de Médicis）眾多密探之一（盧丹女鞋匠）的友人，便以這位教友的名義寫了一篇可恥的抨擊文章。

儘管如此，黎希留主教卻想表現寬宏大量，把案子帶過去，但卻難以做到。嘉布遣修會修士和若瑟神父把希望寄託在這個案子上。如果黎希留主教不表現出適當的關注，恐怕會在國王眼裡留下把柄。一個密切關切案件，名叫基耶（Quillet）的醫生前去見黎希留主教，並警告他這一點。但是樞機主教師對他頗為忌憚，對他的好意抱持敵意，以致後者認為應該小心為妙，於是前往義大利暫避風頭。

羅巴德蒙在一六三三年十二月六日抵達。恐怖也隨之降臨。他擁有無限權力。身為國王的直接代理人，他運用王國的一切權力，為了擊斃一隻蒼蠅，不惜揮舞一支可怕的大錘。

法官們覺得自己遭到了侵犯，一名民事官員提醒格朗迪耶神父，次日就要執行逮捕。但神父無視警告，因而遭到逮捕，未經任何法定程序，隨即被帶走，送進安茹的地牢。後來，他又被帶回來，送進他一位敵人的屋子裡，房間的窗戶被堵死，企圖讓他窒息。指控他涉嫌巫師的人親自執行檢查，在他身上扎針，以便找出魔鬼的印記，也算是在他死刑判決前先嚐到了復仇的滋味。

他被拖到各個教堂，和瘋狂的女孩當面對質，羅巴德蒙的到來又讓她們恢復說話能力。在那裡，他看到被判有罪的藥劑師調藥灌醉一群狂亂蕩婦，讓她們處於極度狂亂的狀態，以致有一次，格朗迪耶神父差點活活被她們抓死。

她們沒有馬賽那位路易絲的口才，於是便以厚顏無恥彌補。多可憎的場面！這些女孩利用所謂的惡魔附身，在群眾面前滔滔不絕說出淫蕩的胡言亂語！正因如此，吸引越來越多的旁聽民眾，到場聆聽端莊女性絕不敢說出口的事。

場面越來越可憎，也變得越發可笑。才教她們的幾個拉丁文，她們卻說得亂七八糟。民眾罵聲連連，說這些魔鬼怎麼連拉丁文第四級都沒通過。嘉布遣修會修士們倒是鎮定如常，表示這些魔鬼雖然說不好拉丁文，卻精通難以理解的語言。

這齣可恥的鬧劇，在二百四十公里外的巴黎聖哲曼區或羅浮宮看來卻是神奇、嚇人、了不起的。法國皇室驚嘆、顫抖。而黎希留主教（無疑為了博取好感）做了件卑鄙的事——他付錢給那些驅魔師和修女。

如此厚待，令這幫陰謀黨羽更為狂熱，完全陷入瘋狂。荒誕的言語繼之以可恥的行為。驅魔師們以這些修女疲累為藉口，親自帶她們出城散心。其中一位修女懷孕，怎麼看都是。但到了第五、第六個月，妊娠現象卻完全消失，她身上的魔鬼坦承，那全是他的把戲，是刻意以虛假的懷孕敗壞這位可憐修女的名聲。盧維爾斯的歷史家寫下了這段發生在盧丹的故事。⑤

經證實，若瑟神父悄悄來到鎮上，看到案子已經無望，於是默默離開。耶穌會修士也已前來，進行驅魔，卻不甚成功，嗅到民意的風向，也默默撤退。

不過修士們，特別是嘉布遣修會修士，介入得如此深入，唯一的脫身之道是在周遭散播恐懼，並對勇敢的大法官和他的夫人設下陰險圈套，想要消滅他們，以杜絕法庭將來可能的反撲。他們總算催促特別法庭儘速發落格朗迪耶。一切已經停滯不前。甚至連修女都背棄他們而去。在駭人的淫蕩狂歡，可恥地要求人血之後，兩三位修女昏厥過去，她們開始憎惡起自己的劣行，明白一旦坦白說出後的可怕命運，肯定是會被關進地牢度過餘生。⑥最後，在教堂裡，她們坦承自己犯下了該入地獄的罪，是她們假冒魔鬼，而格朗迪耶神父是無罪的。

⑤請參見《波舒哀的精神》（*L'Esprit de Bossuet*）。

⑥這仍是習俗，請參見馬比戎（Mabillon）。

她們自取滅亡，卻無力阻止事態進展。全體鎮民給國王的抗議書也毫無作用。格朗迪耶神父還是被判決處以火刑（一六三四年八月十八日）。他的敵人們如此憤怒，以致送上火刑柱前，他們還要求對他進行第二次的魔鬼印記檢查，在他全身各處插針探查。有一位法官要求拔掉他的指甲，但是外科醫生拒絕執行。

迫害他的人害怕執刑場面和被害人臨死前的遺言。在他的文件裡，他們找到一篇反對教士獨身制度的文章，說他是巫師的人現在相信，他其實是自由思想家。他們想起自由思想烈士對法官喊出的放肆言語，他們想到布魯諾（Jordano Bruno）被燒死前的呼喊，想到瓦尼尼（Vanini）臨死的對抗。所以他們和格朗迪耶神父提出妥協方案。如果他願意保持沉默，可以讓他先被絞死，免於被火焰活活燒死。懦弱的神父，重視肉體需求的男人，最後也屈服於另一個肉體的需求，答應不會說任何話。送往執刑處的路上以及在行刑台上，他都沒有說話。當他們見他已被牢牢綁在木樁上，一切準備就緒，柴火已經堆好，可以迅速化為熊熊火焰和濃煙將他包圍，這時，一位修士，聽他告解的修士，不待劊子手動手，便點火引燃柴堆。受縛的受刑者只來得及喊出：「你們騙我！」但滾滾濃煙升起，帶來痛苦的烈火高竄……再來只聽見淒厲叫聲。

黎希留主教在他的《回憶錄》（*Mémoires*）裡輕描淡寫帶過此案，顯然對這個案件引以為恥。他表示自己只是依照報告和民眾意見行動。但是收買驅魔師，給予嘉布遣修會主控權，無疑讓這些修士橫行法國，助長他們的狡滑欺詐行為。格朗迪耶神父重現戈弗里迪的角色，在盧維爾斯巫案裡，其邪惡下流又更勝一籌。

一六三四年，被趕出普瓦捷的魔鬼出現在諾曼第，模仿、再模仿聖博姆的老把戲，毫無創意、新意、想像力。普羅旺斯的狂暴利維坦在盧丹被仿造時，失去了南方固有的活力，只能讓涉入的修女們流利地說索多瑪語言以終結這個事件。唉！接下來在盧爾維斯，他甚至要失去勇氣，受到北方的沉重遲滯氣氛影響，淪為才智貧瘠的魔鬼。

20 盧維爾斯的著魔修女——瑪德蓮．巴范／一六三三～一六四七年

如果黎希留主教沒有拒絕若瑟神父的要求，對告解神父裡的三萬名光明會會員展開調查，我們想必能夠對修道院內部的生活及修女們的道德多些瞭解。儘管如此，盧維爾斯案件還是比艾克斯或盧丹案件提供了更多資訊，證明告解神父、神師雖從光明會得到收買人心的新武器，並沒有少利用巫術、魔鬼現身、天使顯靈這類①古老欺騙手法。

盧維爾斯修道院三十年間先後出了三位告解神父，第一位，大衛（David）是光明會會員和莫林諾派（Molinist，早於莫林諾〔Molinos〕，譯註：莫林諾派為耶穌會神學家 Luis de Molina 於十六世紀創立，莫林諾全名為 Miguel de Molinos，十七世紀西班牙聖徒）；第二位，皮卡爾（Picart）利用魔鬼和巫術蠱惑人心；第三位，布耶（Boullé）則是喬裝為天使。

關於此一事件的來龍去脈，有一本權威著作：《盧維爾斯修女瑪德蓮．巴范的故事及其審判等等》（*Histoire de Magdelaine Bavent, religieuse de Louviers, avec son interrogatoire, etc.*），一六五二年盧昂四開版（4to: Rouen）②，出版的時間說明作者書寫時完全自由。在投石黨亂（Fronde）期間，一位勇敢的神父，奧拉托利會（Oratorian）會士，在盧昂監獄裡發現一位受審訊的修女，根據其口述寫下她的一生。

瑪德蓮一六〇七年出生於盧昂，九歲時成為孤兒。十二歲時被送到一位洗衣婦那裡當學徒。那家人對告解神父，一位方濟會會士言聽計從，洗衣婦專洗修女的衣服，相當依賴教會賜予生意。修士讓女學徒們相信他（大概用顛茄或其他巫師藥水麻醉她們），帶她們前往巫魔會，讓她們和魔鬼達貢（Dagon）結婚。他控制了三位女學徒，而十四歲

---

①要欺騙那些期望受騙的女人是多麼輕而易舉的事。獨身制度在此時比中世紀更形困難，修道院裡的禁食、放血大為減少。許多人死於這樣極度閒散、無所事事的生活和多血症的煩躁。修女毫不掩飾自己的受苦狀態，坦白地對其他修女，對告解神父，對聖母瑪利亞吐露。那是值得我們心生憐憫而非嘲笑的動人陳述。我們可以在義大利一次宗教審判的紀錄讀到一名修女的供詞，她天真對聖母祈求：「聖母瑪利亞，求您發慈悲，給我一個對象讓我犯罪。」（拉斯特瑞〔Lasteyrie〕《懺悔》〔*Confession*〕）修道院的告解神父面臨極大的為難，不管他的年紀多大，此刻處於真正的危險境地。此外，一座俄國修道院的故事廣為人知，一位男人走進去，沒能活著出來。走進法國修道院的人是告解神父，他每天得走進去。修女們普遍相信一位聖人只能讓人聖潔，一位純潔的人只會讓人變得純潔。人們嘲笑她們是「被祝聖者」（見勒托樂〔Lestoile〕著作）。這個信仰在修道院裡極為盛行。（參見《受苦的虔誠》第十一章）。

②在我看來至為重要、至為駭人的一本書（*Bibliothèque Z, ancien 1016*），值得再版。它是這類歷史裡最驚人的作品。嘉布遣修會修士波思羅傑（Esprit de Bosroger）所著的《受苦的虔誠》，堪稱人類蠢行歷史的不朽經典。我在前面章節引用此書的驚人論點，恐怕會讓它被列為焚毀的禁書，不過我可是審慎沒有引述加百列天使對聖母示愛的逾矩行為，他像鴿子一樣的親吻等等。聖日內維耶（Saint-Geneviève）圖書館收藏有勇敢外科醫生伊夫林（Yvelin）所著的兩本出色小書《審訊》（*L'Examen*）和《辯護書》（*L'Apologie*）。它們被收錄於一本書名並不適切的合集《黎希留主教讚頌集》（*Eloges de Richelieu*）裡（第X卷）。《辯護書》也重複出現在第Z卷。

的瑪德蓮是第四位。

她信仰虔誠，特別崇拜聖方濟。一位盧昂貴婦，丈夫是因詐騙罪被吊死的檢察官漢尼基（Hennequin），甫在盧維爾斯成立一座聖方濟修道院。這位夫人希望藉此讓丈夫的靈魂得救。她尋求一位聖人，於是一位年老教士大衛成為這一座新成立修道院的指導者。修道院座落在盧維爾斯周圍的森林裡，地處偏遠、陰暗，且因為如此悲劇性的情況才成立，看來是苦修生活的理想地點。大衛寫過一本古怪、措詞激烈的作品《淫蕩者之鞭》（*Fouet des paillards*）③抨擊令修道院名譽蒙羞的虐待行為。儘管如此，這位嚴厲教士對純潔有奇特的定義。他是裸體生活宗派（*Adamite*），宣揚亞當在純真期的赤身裸體。盧維爾斯修道院的修女們遵從他的教誨，為了馴化初學修女，教導她們謙遜和習慣於順從，要求這些年輕夏娃（大概在夏天）回到人類之母的狀態。她們讓這些初學修女在修道院所屬的幾處私有庭園，甚至是小教堂裡赤身露體行動。瑪德蓮在十六歲時得以入院成為初學修女，她過於驕傲（或許還過於單純），不願忍受這樣的奇怪生活方式。引起上級的不悅，在聖餐式時因為試圖用祭壇罩布遮蓋胸部而被責罵。

她也不樂意揭露內心，不向女院長告解。告解在修道院相當平常，女院長相當喜愛聆聽修女們的告解。但她寧願向老教士大衛告解，他開始對她另眼相看，甚至在生病時由她照顧。他沒有對她隱藏自己的內心信條，亦即光明會教義：「身體無法玷汙靈魂，罪讓我們謙卑、治癒我們的驕傲，我們必須以罪來殺罪」等等。腦子裡充滿這些教義的修女們悄悄付諸實踐，她們的墮落行為嚇壞瑪德蓮。她和她們疏遠，在修道院的外圍生活，成為轉遞院外物品、與院外聯繫的修女。

瑪德蓮十八歲那年，大衛去世。由於高齡，他大概無法和瑪德蓮有更進一步發展。但是繼任的皮卡爾神父熱切追求她。他在聽告解時只跟她講愛情。他讓她管理聖器室，以便在小教堂裡單獨見她。她不喜歡他，但是修女們禁止她找其他告解神父，以免她洩露她們的小祕密。這讓她完全任憑皮卡爾宰割。他趁她生病，幾乎垂危時發動攻勢，他藉由製造恐懼動搖她，讓她相信大衛轉交魔鬼處方給他。最後，他以激起她的惻隱之心為手段，假裝生病，要求她到家裡看他。從那刻起，他成為她的主宰，似乎也以巫魔會藥水擾亂她的頭腦。她產生幻覺，以為被他帶去參加巫魔會，她在那裡成為祭壇和受害者。但是，皮卡爾不滿足於巫魔會不受孕的肉體享樂。他不怕醜聞，讓她懷孕。

修女們的敗德墮落行為，他一清二楚，所以她們都怕他。於利益好處上，她們也仰賴他。他的聲望、活躍，他吸引來的施捨、捐獻讓修道院富裕起來。他甚至為她們蓋了一座大教堂。盧丹案件已顯示出這些修院的野心和彼此之間的敵對競爭，想要勝過其他修院的嫉妒心。由於富人們的信任，皮卡爾的地位升高為修道院的恩人和第二位創院者。「親愛的，」他對瑪德蓮說，「是我建造了這座宏偉教堂。在我死後，妳將會看見奇蹟……妳不同意我的要求嗎？」

③請參見弗羅奎茲（Amable Floquet）《諾曼地最高法院史》（*Histoire du parlement de Normandie*）第五卷。

他儼然一位恣意妄為的專橫領主。他為她付了入院捐贈，讓她從在俗修女成為正式修女，從此不再負責遞送物品，可以生活在院裡，方便於生產或墮胎。修道院裡有一些藥，修女們有一些知識，無須傳喚醫生幫忙。表示（見《盧維爾斯修女瑪德蓮・巴范的故事及其審判等等》），她生過幾個孩子，但沒有交代這些嬰孩的去處。

已經年老的皮卡爾擔心瑪德蓮的輕浮個性，害怕她有天又跟某一位告解神父建立關係，向他和盤托出內心的悔恨自責。他採用一個惡劣的手段讓她永遠歸屬於他。他要求她立誓，在他死時也同時死去，和他一起前往他會去的地方。這個可憐的女人驚駭萬分。他打算把她一起帶入墳墓裡嗎？他打算和她一起下地獄嗎？她相信自己已經萬劫不復。成為他的財產，由他任意運用、濫用她的罪惡靈魂。他在一場四人的巫魔會出賣她的身體，在場者是他的助理神父布耶和另一個女人。他利用她藉由魔法去蠱惑其他修女。一塊浸泡過瑪德蓮鮮血、埋在修道院花園裡的聖餅肯定會迷惑她們的神智，擾亂她們的判斷力。

正是在這一年，格朗迪耶神父被判處火刑燒死。整個法國只談論盧丹的魔鬼。曾是那齣戲碼演員之一的埃夫勒（Evreux），赦罪院主教，將案件的可怕故事帶回諾曼第。瑪德蓮覺得自己遭到魔鬼附身，被魔鬼痛打；眼睛像火一樣燃燒的貓追著她示愛。其他修女慢慢受到影響，開始感覺到怪異的、超自然的騷動。瑪德蓮先向一位嘉布遣修會修士求救，接著求助於埃夫勒主教。知道此事的女院長並不覺得遺憾，她見到了這類案件為盧丹修道院帶來的聲譽和財富。但是，這位主教整整六年對任何求助充耳不聞，大概是害怕當時正在進行修道院改革的黎希留主教。

他想要了結所有這類醜聞。卻要等到他去世和路易十三死後，皇后和樞機主教馬薩罕（Mazarin）共同治國的混亂時期，教士們才真正又開始對付超自然力量，繼續他們和魔鬼的戰鬥。皮卡爾去世，這位危險男人把其他人拖下水的可能終於解除。為了對抗瑪德蓮的幻覺，他們找到另一位見到幻象的人。一位名為降生安娜的修女被帶入修道院，這個面色紅潤、歇斯底里，必要時陷入狂亂的半瘋女人對自己的謊言深信不疑。兩個女人進行決鬥。她們以惡意中傷攻擊對方。安娜看見瑪德蓮身邊站了一個全裸的魔鬼。瑪德蓮信誓旦旦，指稱看見安娜和女院長、副院長和初學修女的院長一起去巫魔會。其餘的沒什麼新鮮。全是艾克斯和盧丹著名審判的老調重談。兩個女人都讀過那兩個案件的相關報告。完全照本宣科，沒有添上自己的特色和創新。

控訴者安娜和她的魔鬼利維坦有盧丹案件要角之一的埃夫勒赦罪院主教支持。在安娜的魔鬼的忠告下，埃夫勒主教下令挖出皮卡爾的屍體，讓他遠離修道院以便將魔鬼一起驅離。瑪德蓮沒有陳述的機會就被宣告有罪，她受到羞辱、檢查，要在她身上找魔鬼印記。她的面紗和袍子被扯掉，赤裸的身體成為可恥好奇心的玩物，準備要窺探她的血液以便將她送上火刑柱。修女們必須親自進行此一殘酷檢查，這本身就已經是可怕的處罰。這些處女假裝為已婚婦女，確認她是否懷孕，剃掉她身上的毛，拿著針深深插入顫動的肉裡，找尋是否有任何一處對疼痛無感，那即是魔鬼印記。但是每一針刺都帶來疼痛，她們無法證明她是女巫，不過這個女人的眼淚和尖叫至少讓她們得到滿足。

但是修女安娜還不滿足，由於她指證見到瑪德琳的魔鬼，加上檢查的證實，主教判決瑪德琳在地牢裡終身監禁。據說她的離去可讓修道院恢復平靜。事實卻非如此。魔鬼肆虐得更為猖狂，約有二十位修女尖叫、預言、掙扎。

這景象吸引來自盧昂甚至是巴黎的好奇人群。巴黎一位已經看過盧丹鬧劇的年輕外科醫生伊夫林（Yvelin），來到盧維爾斯一探究竟。他和一位相當有洞察力，也是盧昂助理參贊的法官同行。他們持續關注案情，在盧維爾斯住下，研究了十七天。

他們從第一天就察覺到其中的欺詐成分。抵達鎮上時，他們和埃夫勒赦罪院主教有過談話，並由安娜修女的魔鬼重述一遍（做為特別的揭露）。他們每一次都跟著人群到修道院的花園。舞台相當驚人。黑夜的暗影、火把、顫動迷離的光線，這一切製造出盧丹案件不曾有過的效果。然而過程簡單，一位著魔修女說：「你們會在花園某某處發現一個蠱惑的道具。」在她指稱的地方開始挖，果然發現道具。不巧的是，伊夫林的朋友，那位抱持懷疑態度的法官緊跟著主要演員安娜修女。在他們剛挖出的洞口邊，他抓住她的手扳開，發現道具（一小段黑線）就躺在她手裡，她正準備要將它扔進洞裡。

在現場的驅魔師、赦罪院主教、教士和嘉布遣修會修士都滿臉羞愧。勇敢的伊夫林獨自進行調查，看到事件本質。他表示在那裡的五十二位修女裡有六位附魔者應該受到懲罰。另外十七位的受蠱惑者只是受害者，是一群因為修道院病態生活而激動的少女。

他明確地表示，她們都正常，只是歇斯底里，由於子宮週期性地脹痛而發狂。煩躁不安的情緒在她們之間互相感染，造成集體神智錯亂。第一件要做的事就是把所有人隔離開來。

接著，他以伏爾泰學派的高度懷疑精神，檢視那些教士也認定為不可思議的超自然跡象。這些附魔者能預言未來，但是預言從未實現。她們能翻譯語言，但是未明原義（例如 *ex parte Virginis* 被理解為「聖母離開」）。她們在盧維爾斯民眾面前會說希臘語，面對巴黎學者卻再也說不出來。她們會跳躍、動作靈巧，卻是世上最簡單的動作，比如爬上連三歲小孩也會爬的粗大樹幹。總之，她們所能做到的真正驚人、反常之事，是說出沒人敢於說出口的骯髒下流言語。

揭開她們面具的外科醫生幫了人類大忙。因為情況要是繼續下去，將會出現更多的受害者。除了巫術道具，還發現寫給大衛或皮卡爾的文件，指出某某人是女巫，等於判人死刑。人人擔心自己會被列名。教會造就的恐怖日益加劇。

這時已進入樞機主教馬薩罕攝政，奧地利的安皇后開始掌權的動盪時期。進入無秩序、無政府狀態。「法語裡只剩下一句話，*La reine est si bonne*（皇后多麼善良）」。她的仁慈給予教士掌握大權的機會。世俗權力跟著黎希留主教一起入土，改為主教、教士、修士統治。但是法官和伊夫林蔑視宗教的大膽行徑卻危及了這個美好希望。悲鳴聲傳入皇后耳裡，不是受害者的呻吟，而是那些被逮到的騙子的哀哀泣訴。他們向皇室抱怨神聖的宗教受到褻瀆凌辱。

盧維爾斯的修女們假扮成附魔者，刻意做出一些驚人、反常之事，例如爬上樹幹或口出下流之語。
La Sorcière 08, 1911, by Martin van Maële (1863-1926).
來源：Wikipedia Commons

伊夫林沒預料到這樣的一擊，十年來身為皇后御醫，他深信皇室對自己的支持。從盧維爾斯回到巴黎之前，他的敵手們利用皇后的軟弱要求指派其他專家，是他們挑選的人，一個和孩子一樣天真的老傻瓜，來自盧昂的傻子醫生和他的姪兒，兩個都是受到教會保護的人。他們當然會發現，盧維爾斯案件是超自然事件，超越人類的理解。

伊夫林深感沮喪。兩個盧昂的醫生將這位外科醫生視為不學無術的理髮師、江湖術士。皇室不再支持他。他只好寫一本小冊子堅持陳述己見。這本作品留存下來。在裡面，他坦言接受科學對上教會的盛大決鬥，表示（一如十六世紀的韋爾）「這類案件的合適評判者並不是教士，而是專業人士」。他費盡千辛萬苦，總算找到肯冒險印刷的人，但是沒有人願意銷售他的書。於是這位英勇的年輕男人在光天化日之下發送這本小冊子。他選定巴黎最熱鬧的新橋，站在亨利四世雕像前發送這本手冊給行人。手冊記載這件可恥詐騙案的筆錄，法官從這些魔女手裡找到證據，證明她們的劣行，不容狡辯。

再回到不幸的瑪德蓮。她的敵人，下令以針刺檢驗魔鬼印記的埃夫勒赦罪院主教，更親自標記針刺處！把她當獵物一樣帶回埃夫勒，監禁在小鎮裡的主教地牢。地下通道通往一個地下室，地下室下方有一個黑暗潮濕的地牢，可憐的女人被關在那裡。她的無情女伴們相信她不久就會死在那裡，甚至沒有一點慈悲，給她一些布包紮傷口。她忍受疼痛和骯髒，躺在自己的排泄物裡。無盡的黑暗裡不時傳來飢餓老鼠的奔跑聲，囚犯懼怕牠們，牠們有可能來啃咬鼻子、耳朵。

但是這一切還遠遠不及她的暴君，那位赦罪院主教帶來的恐怖。他每天到地下室，對著通向地牢的洞口說話，威脅、命令，強迫她認罪，叫她對其他人做各種指控。她停止進食。他擔心她會死去，將她移出地牢一陣子，改關在上面的地下室。接著，由於伊夫林的小冊子激怒他，他又把她關回下頭的惡臭陰溝。

原來的一道光明、一點希望突然消失，讓她陷入完全的絕望。傷口已經癒合，她稍微恢復一些力氣。她內心浮現想要尋死的強烈渴望。她吞食蜘蛛，只是嘔吐，沒有死去。她弄碎玻璃吞下肚，但沒死成。她找到一支鈍掉的刀子，嘗試割喉，卻沒有成功。接著，她對準更柔軟的地方，把刀子刺入肚子。整整四個小時的時間，她把刀刺得更深，痛苦地扭動、流血。全都沒有用。這個傷口甚至很快就癒合。雪上加霜的是，她如此憎恨的生命反而越發強壯。就算她的心已死去，又有什麼用呢？

唉！她再次成為女人！她仍然激起肉慾，對獄卒，這些主教府的粗野僕從仍有誘惑力，他們不顧地牢的恐怖、惡臭、可憐女人的不潔汙穢狀態，到牢裡玩弄她，認為可以隨意處置這位女巫。她表示是一位天使救了她。她能夠抵抗這些男人和老鼠，但是抵擋不了自己。監禁使人墮落。她開始夢想魔鬼，呼喚他，懇求再次給予她在盧維爾斯時的那些可恥、苦惱、痛苦愉悅。他沒有回來。幻想的力量在她心裡死去，她的心智不只墮落，已然衰弱死去。她再次浮現自殺的念頭。一位獄卒給她殺老鼠的毒藥。她正要吞下去，一位天使阻止她（是天使或魔鬼？）犯下罪行。

自此以後，她落入最卑下的狀態，懦弱、卑屈到難以描述的深淵，她簽署承認一長串未曾犯過的罪行。她需要被燒死嗎？許多人拋棄這個想法，只有無情的赦罪院主教還在考慮這個可能。他提供賞金給牢裡的一位埃夫勒巫師，要他出面作證以讓瑪德蓮被判處死刑。

但是她今後可發揮不同用途，做偽證、誣陷他人。每一次需要毀掉一個人時，她被帶往盧維爾斯、埃夫勒。一位已死女人的可惡幽靈只為造就他人的死亡而繼續活著。她如此以言語的力量害死一位名叫迪瓦（Duval）的可憐男人。赦罪院主教口述，她順從地逐字重述一遍，他告訴她該藉由哪個特徵辨認出她從未見過的迪瓦。她認出迪瓦，指證在巫魔會上見過他。由於她的證詞，他被送上火刑柱！

她坦承這個殘暴罪行，想到得在上帝面前答辯就瑟瑟顫抖。她陷入極度的自我鄙視，他們再也不屑看守她。牢門大敞，她有時候還握有鑰匙。成為嚇人怪物的她，能逃到哪裡去呢？所有人從此以後排斥、唾棄她，她唯一的容身處只有自己的地牢。

在馬薩罕主教和善良女皇治國的無政府時期，最高法院是僅存的權力機構。到那時為止對教會最為友好的盧昂最高法院，對他們行事的傲慢、囂張跋扈、送人上火刑柱的行為感到十分憤怒。主教的一紙命令就能讓人將皮卡爾的屍體挖出棄置他處。現在輪到助理神父布耶受審。最高法院聆聽皮卡爾家人的控訴，判決埃夫勒主教自費將皮卡爾的屍骨送回盧爾維斯的墳墓。它傳喚布耶，撤銷對他的控訴，趁這個機會終於將不幸的瑪德蓮帶離埃夫勒，來到盧昂。

盧昂最高法院極有可能傳喚外科醫生伊夫林和當場逮到修女們詐欺的法官。這些欺騙者向巴黎請願。騙子馬薩罕保護這些騙子，整個案子被移交到國王法庭，一個沒有眼睛旁觀或耳朵旁聽的寬容法庭，任務在於埋藏、掩蓋、蒙蔽所有的司法問題。

同時間，教士們在盧昂的地牢裡以甜言蜜語安撫瑪德蓮，聆聽她的懺悔，命令她祈求那些迫害者，那些盧維爾斯修女們的原諒，以做為補贖。瑪德蓮從此以後保持緘默，再無可能被帶上法庭，做出不利她們的證言。教會大獲全勝。嘉布遣修會修士波思羅傑（Esprit de Bosroger）就在著作《受苦的虔誠》（*Piété affligée*）大肆歌頌這番勝利，在這本述說人類蠢行的可笑經典裡，未察覺自以為的捍衛實則是控訴。在前面（第十九章註釋②），我們可讀到這位嘉布遣修會修士的美妙文字，他視為天使教誨的準則恐怕也會令莫林諾派教徒大驚失色。

我說過，投石黨亂是為正直的生活方式揭竿起義。愚蠢之徒只看見它的形式和荒誕可笑一面；它的根本卻是極為嚴肅的道德反動。一六四七年的八月，第一口自由氣息吐出時，最高法院立即快刀斬亂麻。它下令，第一，摧毀盧維爾斯這座索多瑪修道院，將修女們送回各自家庭；第二，從今以後，各省主教每年應派遣神父特使前往各家女修道院四次，以確認這類卑鄙行徑沒有再發生。

對於教士，仍然需要給予一點補償。它把皮卡爾的骸骨交給他們焚燒，加上一副布耶活生生的身軀，這位助理神父在大教堂公開懺悔後，被囚車載運到魚市，在那裡被火焰吞噬（一六四七年八月二十一日）。瑪德蓮，或該說她的骸骨，永久留在盧昂的監獄裡了。

21 十七世紀的撒旦凱旋

投石黨實質上是伏爾泰派（譯註：伏爾泰是誕生在投石黨運動之後）。歷史像法國一樣悠久的伏爾泰精神一度被壓制，但卻在十七世紀突然重新出現在政治領域，不久後又出現在宗教領域。國王在子民眼中變得再無威勢，取笑聲在他們背後清晰可聞。

然而取笑聲就只是取笑聲嗎？遠非如此，它標誌的是理性的得勝。克卜勒（Keppler）、伽利略、笛卡兒和牛頓勝利地建立起理性的信條，建立起對大自然不變法則的信仰。奇蹟再也不敢出現，就算出現，馬上會被喝倒采。

更確切地說，隨意、反覆無常的荒誕奇蹟消失無蹤，由普遍、固定的「大自然奇蹟」取而代之——後者因為遵守法則與秩序而更顯神聖。

這是一場普遍革命的最後勝利。為其發端的是一些大膽的創新形式，如伽利略的反諷文字，如笛卡兒賴以建立其最後理論系統的絕對懷疑論。若是中世紀的人見著，恐怕會驚呼：「這是魔鬼的詭計！」

但這勝利不只是一消極的勝利，而是一積極的勝利，具有著堅實基礎。早前遭流放的大自然精靈神和自然之科學，以不可抵抗之姿凱旋回歸，以堅實的「事實」驅散中世紀黑暗的空洞陰影。

人們曾愚蠢地說：「潘恩大神（Pan）已死。」接著，看見他還活著，他們便將他塑造為邪惡之神——在那些黑暗而混亂的時代，會犯這種錯誤再自然不過。但現在，他不只還活著，且跟指引群星的不變法則和諧一致。所以，這個時代有兩件看似矛盾的事情並行不悖：撒旦精神取得勝利，但巫術走向消亡。

任何魔法（不管是魔鬼或神的奇術）已經病入膏肓，行將就木。巫師和神學家都變得無能。他們淪為江湖術士，徒勞地祈求神奇事件或無法預料的天典。

狂熱的詹森教派信徒在整整一世紀裡，只獲得一個微不足道的可笑奇蹟。耶穌會又更不幸：它雖然那樣有權勢又富有，卻無論如何求不到奇蹟，只好滿足於一位歇斯底里修女瑪加利大（Marue Alacoque）看見的異象（這個女孩顯然極度愛好鮮血，眼裡只看見鮮血）。奇蹟和巫術可聊獲安慰者，是看到對方就像自己一樣無能。

它們兩者的命運確實是脣齒相依，一者的沒落會帶來另一者的沒落。它們曾經因為中世紀的想像和恐懼而共生，如今又因為同時受到嘲笑和輕蔑而休戚相關。正因如此，當莫里哀嘲笑魔鬼和他的「沸騰湯鍋」時，教會才會大為緊張：它感覺天堂的信仰也同時受到此嘲笑的低貶。

由柯爾貝爾（Colbert）主持的世俗政府（有很長一段時間柯爾貝爾的權力相當於國王）。不掩藏它對這些過時問題的鄙夷，下令將盧昂最高法院仍然不斷關入牢裡的巫師全部釋放，最後禁止法庭受理任何巫術案件（一六七二年）。盧昂最高法院提出抗議，清楚指出一旦否定巫術，也將會連帶動搖許多其他事情。一旦懷疑低層次的玄祕事物，對高層次玄祕事物的信仰亦會為之搖晃。

為什麼巫魔會會消失？因為巫魔會正變得無處不在，成了男人日常生活的一部分。據說參加巫魔會的女人「都不會帶著受孕之身回家去」。人們以此指責魔鬼和女巫是生育的敵人，說他們痛恨生命而喜歡虛無。然而，在假裝虔誠和巫術垂死的十七世紀①，喜愛不孕和恐懼生育卻變成了最普遍的疾病。

如果撒旦有閱讀的習慣，讀決疑論者（他的後繼者和發揚光大者）的作品（譯註：決疑論者〔Casuists〕：這裡指耶穌會裡研究哪些罪可赦免、哪些罪不得赦免的理論家）將會讓他大樂。然而撒旦和決疑論者仍有一差別：撒旦在過去的恐怖時代曾關懷飢餓者和憐憫窮人，反觀決疑論者則只對富人表現惻隱之心，讓墮落、奢侈的富人去到告解室時，會謙恭地（但不無脅迫意味地）要求教會聖師許可他們在問心有愧的情況下犯罪。日後如果

---

①我不把拉瓦贊（La Voisin）視為女巫，也不把她用來娛樂麻木貴族（諸如她的弟子盧森堡、范登和這類的人）的拙劣滑稽巫魔會視為真正的巫魔會。和拉瓦贊結盟的邪惡教士偷偷為他們主持的黑彌撒，想必比往昔民眾公開參與的這類聚會更猥褻下流。一些扮演活祭壇的女人被綁在立柱上示眾。她遭受嘲笑！多醜惡的事！……更常淪為殘酷女人的玩物，比如一位無恥狂妄的女人布依雍（Bouillon）或是為惡多端、嫻熟毒藥知識的邪惡歐琳布（Olympe）（一六八一年）。

有人有勇氣）寫出決疑論的歷史，我們將會看見決疑論者的行徑有多麼怯懦：為了不失去懺悔者，他們願意屈從任何可恥的權宜辦法。從納瓦羅（Navarro）到埃斯科巴（Escobar）的一系列決疑論者，曾就妻子是否可代替丈夫受罰的問題進行了持續的論辯，而一些爭論仍懸而未決。但是這還不夠：從佐基（Zoccoli）到利果里（Liguori）的一百年間（一六七〇—一七七〇），決疑論者更是完全放棄了對人性（nature）的抵抗。

人人都知道參加巫魔會的魔鬼有兩張面孔：正面一張陰森可怕，背面一張滑稽可笑。但此時，他再也用不著第二張面孔，可以慷慨地將它送給決疑論者。

撒旦當時的忠誠信徒都是那些由教會②支配的體面人家。上流社會的女人透過當時的最大消遣（即有利可圖的通姦）而累積豐厚財富，她們對謹慎嗤之以鼻，大膽地順服本性的驅動。虔誠的家庭只跟隨自己的耶穌會神師。為了保留和集中家庭財富，為了只有兒子繼承萬貫家財，出現各種奇奇怪怪的神修方式。最驕傲的妻子在陰暗隱蔽處，跪在跪凳上追隨莫林諾（譯註：天主教「寂靜主義」的提倡者，主張神修的主旨在於絕對的寂靜無為，人應該壓抑個人努力，以便上帝充分施展作為）的教訓，忽視、遺忘、遠離自己：「我們在世界裡受苦！但是虔誠地忘我最終會減輕、平息我們的痛苦，讓我們贏得暫時的緩解。這緩解就像我——死亡？不是。在其中，我們會多少感覺到身邊發生的事。我們沒有介入其中或是回應它的刺激，卻聽見它的隱約、輕柔回聲，就像是一種偶然的恩典，既帶來撫慰，又令人戰慄，它只有在自由意志消失的順從狀態才會發生。」

說得多精微，多深奧……可憐的撒旦，你已經被超越！鞠躬吧，讚美吧，承認你的這些後嗣吧！

醫生更是他的嫡生兒子，因為他們正是誕生於那種被稱為巫術的民間經驗醫學，繼承了他最珍貴的遺產。但這些受寵兒子很快就數典忘祖，忘卻女巫為他們的專業披荊斬棘的恩情。

不只是忘恩，還落井下石。對撒旦這位失勢的國王（即他們的親生父親和孕育者），他們猛揮鞭子，給了嘲弄撒旦的人一些兇殘武器。

十六世紀的醫生已經嘲笑過從古希臘女預言家到女巫時代的女人，其實都是受脹氣所苦，所以撒旦也者既非魔鬼也非上帝，而是（如中世紀的人所說的是）「空氣王子」。在他們看來，撒旦只是一種病！

十七世紀的醫生指出，所謂的魔鬼附身，只是修道院禁錮、乏味、精神緊張生活的結果。「戈弗里迪案」那位瑪德琳的六千五百個魔鬼，在盧丹、盧維爾斯那些狂亂修女

②自願不生育的案例在十七世紀持續增加，特別是奉行懺悔室最嚴格戒律的規矩家庭。甚至是詹森教派信徒。看看阿諾德（譯註：Antoine Arnauld, 1616-1698，詹森派第二任領袖）家族人數的穩定減少，先是二十個孩子，十五個孩子，接著是五個！最後完全沒有孩子。這個精力充沛的家族（也和英勇的柯爾貝爾家族結親）最後變得軟弱無力嗎？並沒有。它逐漸縮小以產生一位富有的長子，一位領主和國王宰相。它達到目標，而肯定經過縝密籌劃、具有野心抱負的審慎節育，最終導致家族的滅亡。

體內鬥爭的魔鬼軍團，不過是生理性騷動。伊夫林說過：「如果風神能讓地面顫動，他為什麼不會讓少女的身體顫動呢？」參與「凱薩琳．卡帝耶案」（下一章的主題）調查的外科醫生冷淡指出，凱薩琳的問題是「子宮脹氣」。

就這樣，為中世紀恐懼的事物被用簡單的療法打倒，它看似匆忙拔腿逃跑，再也不見蹤影！

不過，這是一種對問題的過度簡化。撒旦不只是空氣或風神。醫生們看到的既非最高級形式的撒旦，也非最低級形式的撒旦：在最高級形式中，撒旦表現為偉大的科學革命，而在其最低級形式中（出現在一七〇〇年左右）則表現為慾力之神普里阿普斯和偽善者塔爾土夫之合體，即虔誠通姦和赤裸裸道德敗壞的奇特合體。

歷史學家自以為理解十八世紀，卻從沒有指出過它的一個主要特徵。

這特徵便是，它的表面和上層越是有教養、明亮和被光充滿，它的廣大底層（由教會世界、女修道院和輕信一切的婦女構成）便越是密封和黑暗。在卡里奧斯特伯爵（Cagliostro, 1743-1795，譯註：煉金術師、詐欺師）、梅斯梅爾（Mesmer, 1734-1815，譯註：維也納醫師，提出「動物磁力說」，並以此治療疾病，被稱為梅斯梅爾催眠術）和「動物磁氣療法」治療師在十八世紀末出現之前，許多教士都是使用過去時代的巫術牟利。他們開口閉口都談巫術蠱惑，大力散布恐懼，再以原始的方式為人驅魔。其中一些人甚至以巫師自居，而他們會敢這樣幹，是因為曉得風險極小，不太會有火刑加身的可能。他們感覺在那個時代受到安全的保護，得利於他們的敵人（啟蒙哲學家）所鼓吹的寬容精神和嘲笑者的輕率（後者以為只要嘲笑就能終結迷信）。時代新精神是攝政王的精神，即一種抱持懷疑態度又心存寬厚的精神。它出現在《波斯人信札》（*Lettres persanes*），又在睥睨一世的伏爾泰的作品裡淋漓盡至。世界的行為準則漸漸可以用伏爾泰的一句格言含括：「取笑一切但不處罰任何事。」

寬容精神讓樞機主教唐森（Tencin）敢公然與妹妹共賦同居。寬容精神讓修道院主持能安穩擁有一後宮的修女，甚至能宣布她們懷孕，合法、正式地宣告嬰兒的出生③。出於寬容精神，被逮到進行可恥驅魔儀式的阿波尼奈爾（Apollinaire）神父得到原諒④，而耶穌會帥哥科維尼（Cauvrigny）在外省女修道院鬧出許多風流醜聞後，懲罰只是被召回巴黎，換言之，他得到的懲罰是高陞。

惡名昭彰的耶穌會神父吉哈爾（Girard）也得到同樣的處罰：他合該被吊死，卻載譽而歸，在神聖氛圍裡死去。這確實是該世紀最難以理解的事件之一。它顯示出當時常見的戲碼順序（一種集多種矛盾元素於一身的戲碼）：以〈雅歌〉的危險溫柔做為序曲，接著是瑪加利大的狂喜，然後是血淋淋心臟的結合，又以莫林諾的病態話語調味。吉哈爾自己在這一切之中再加入了魔鬼成分和巫術的恐怖。他一人而身兼魔鬼與驅魔師的雙重角色。而整個事件的可怕結局是那個被他殘忍玩弄的可憐女人（譯註：指凱薩琳·卡帝耶，詳下文），不只沒有被還以公道，反不斷被折騰至死。她最後消失在世人眼前——八成是根據一紙密令被監禁起來，餘生被囚在一個活塚裡。

③舉例來說，有幸參與普羅旺斯省三級會議的皮紐（Pignan）鎮教務會也自豪於有權支配該地的所有修女。這個教務會有十六名議事司鐸。會長室一年收到十六位修女的懷孕通報（見何努〔Renoux〕的《貝斯手抄史》〔*Histoire manuscrite de Besse*〕）。這樣的公開不無好處，可以減少修道院裡的殺嬰罪行。順從地承受職責、以微小恥辱為代價的這些修女生性仁慈，是稱職的母親。總之，她們不會殺孩子。皮紐的修女將孩子送到外頭的農家請他們照料，農民收養孩子，視若己出撫養成人。因此，現今眾所皆知一些農民是普羅旺斯教會貴族的後代。

④請參見加尼涅（Jules Garinet）《法國巫術史》。

22 吉哈爾神父和凱薩琳・卡帝耶／一七三〇年

耶穌會很值得同情，因為雖受到凡爾賽宮器重，他們在上帝這邊沒有半點威望可言，沒出過任何微不足道的奇蹟。詹森教派至少擁有大量的動人傳說：無以計數的病人、殘疾者和跛子曾在「巴黎執事」（譯註：詹森派一位執事，死後被尊為聖徒）的墓前得到片刻的痊癒和紓解。遭到一連串可怕災厄（先是路易十四大帝，再來是攝政時期和法律的荒謬體制），許多法國老百姓變成了乞丐，這群不幸的人民來向一位正直有德但有許多可笑特性的聖徒祈求救贖，又有什麼可嘲笑的呢？「巴黎執事」的一生固然可笑，卻也感人無比。如果那些善良的人們在這位恩人的墓前大受感動以致突然忘卻自己的病痛，根本無須訝異。病癒的效果幾乎都無法持久，然而奇蹟確實發生過。不久以後，固然開始有人做假，不過在起初（一七二八年），這些民間信仰的奇特景象仍然相當純粹真誠。

耶穌會修士會願意獻出一切以換取一丁點這類他們否認為真的奇蹟。他們努力了將近半世紀，以形形色色的傳說和小故事來妝點修女瑪麗・瑪加利大的事蹟，使之成為一則耶穌會的「聖心傳奇」。另外，過去二十五到三十年來，他們也試圖說服世人，說他們的盟友英王詹姆斯二世（就像法國國王那般）不只生前擁有治癒淋巴性結核的神授能力，死後還能讓啞巴說話、瘸子走路、斜視的人恢復正常。不幸的是，斜視的人在痊癒後目光更偏；至於啞巴，事後證實扮演這個角色的女人是騙子，曾因行竊當場被逮到。她跑遍鄉間大城小鎮，每到一處知名聖徒的教堂即奇蹟般痊癒，收取參拜者的施捨，接著移師到下個地點。

說到奇蹟，法國南部是發生奇蹟的好地點。那裡的女人易於激動和陷入歇斯底里，很適合自我催眠、被聖蹟治癒和出現聖痕。

耶穌會出了馬賽的一位主教貝爾曾斯（Belzunce），這位主教仁慈而英勇，在黑死病大流行時即富有盛名，但為人輕信而心胸狹窄，在他的保護之下，大可放心幹些本來有大風險的事。他們安排了一位來自弗朗什孔德省的耶穌會會士隨侍他的身邊，這個男士不乏聰明才智，雖然外表嚴肅，但華麗的講道風格甚受到女士的歡迎。一位真正的耶穌會會士能夠以兩種方式功成名就，一是透過和女性私通，一是透過表現出極端的虔誠。但吉哈爾既不年輕也不英俊。他四十七歲，高大瘦削，一臉倦容；他有點重聽，外表骯髒，隨時都在吐口水①。他三十七歲以前都在教書，仍然保有對男學生的一些「愛好」。十年以來，也就是說自黑死病大流行以來，他都是女修道院的告解神父。他大獲成功，對那些向他懺悔的修女產生巨大的影響，讓這些普羅旺斯修女接受了一種與她們天性完全南轅北轍的教義：自我泯滅和絕對順服，以此達到與天主合一。這是因為，可怕的黑死病威脅壓倒了她們的歡樂心性，讓她們失去人生鬥志，陷入一種病態的身心俱疲狀態。在吉哈爾的引導下，馬賽加爾默羅修會修女將這樣的密契主義推展到極端，她們中間克己苦行最甚的一位是雷慕薩（Rémusat）修女。

儘管有這樣的成功（或許應該正是因為此一成功），耶穌會將吉哈爾調離馬賽，急於利用他來提高耶穌會在土倫（Toulon）的地位。它極有這個必要。因為，柯爾貝爾創建的「海軍隨軍神父神學院」被委託給耶穌會來培養年輕教士（目的是壓制遣使會神父在海軍漸積的壞影響力），但兩位主其事的耶穌會會士卻無法勝任。他們一位是蠢材，另一位叫沙巴底（Sabatier）的神父儘管已是老成持重的年紀，脾氣卻非常暴躁。他有著海軍退伍軍官的傲慢，不屑表現出任何節制。土倫居民指責沙巴底的，不是他與已有情人的女子或是和已婚婦女往來，而是他公然、厚顏無恥地與她出雙入對，讓戴綠帽的丈夫陷入絕望。他的主要目的是讓這位丈夫明白自己的恥辱，感覺到嫉妒的折磨。事態最後變本加厲到可憐的男人因為痛苦死亡②。

然而，耶穌會的對手製造出更大的醜聞。擔任奧利烏勒（Ollioules）克萊爾女修道院神師的嚴修會修士跟他們的修女情人公開同居，還不只於此，他們甚至對院裡的女寄宿生動邪念。一位叫奧巴尼（Aubany）的教長強暴了一位十三歲的女寄宿生，為了躲避她

①對於一個如此備受討論的案件，我引用的來源極廣，主要是一本對開本書籍《吉哈爾神父和卡帝耶訴訟案》（*Procédure du P. Girard et de la Cadière*）。

②土倫市立圖書館《手抄劇本和歌謠》（*Pièces et chansons manuscrites*）第一卷，相當有意思的選集。

親戚的報復而逃到馬賽。

被任命為隨軍神父神學院院長後，吉哈爾憑著他的嚴肅外表和靈巧的管理手腕，很快即讓土倫那些沒有嚴格紀律的修士和極為粗俗的教區教士知所收斂。

土倫一帶的男人都是些粗漢，言談和外表通常都很粗鄙，所以當地女人非常欣賞北部男人的文雅和持重，也崇拜他們一口貴族式法語。

來到土倫的吉哈爾想必已經熟知當地風土民情。他在那裡有一位虔誠教友吉歐（Guiol）女士：她女兒在馬賽的加爾默羅修道院當修女，所以不時會前往馬賽。這位吉歐女士對吉哈爾百依百順得甚至超乎他預期，她的年紀已不小（四十七歲），感情極為強烈，道德完全敗壞，什麼都敢幹，也樂於為吉哈爾做任何事，不在乎他究竟是聖徒還是罪人。

吉歐女士除了有一女兒在馬賽加爾默羅修道院修道，還有一個女兒在土倫的烏爾蘇拉修道院當雜役修女。也從事教育女童工作的烏爾蘇拉修道院在各方面都像社交中心，女童母親時常出入的會客室儼然是修道院和外在世界的中繼站。吉哈爾神父顯然是在這些修女的引介下，認識了城裡的仕女。她們其中一位是四十歲和未婚的葛拉維（Gravier）小姐，她的父親曾是皇家兵工廠工程承包商。葛拉維小姐有一個如影隨形的同伴——堂妹雷布爾（Reboul）小姐。這位堂妹雖然和她年紀差不多（三十五歲），卻是她的唯一繼承人，有望哪一天會繼承她的財產。以這兩人為中心逐漸形成一個崇拜吉哈爾神父的小團體，專門找他告解。一些其他的年輕女孩陸續加入，包括一位商人的女兒凱薩琳・卡帝耶、一位女裁縫洛吉兒（Laugier）和一名船伕的女兒巴塔瑞兒（Batarelle）。這個小團體一起閱讀祈禱書，有時一起吃點心。但是她們最感興趣的是一系列講述雷慕薩修女（她於一七三〇年二月離世）經歷的神蹟和出神狀態的信件。這對吉哈爾神父是多大的榮耀，因為正是他引領她如此接近上帝！她們一邊讀信，一邊落淚、發出驚嘆。如果這些女人還未體驗所謂的出神狀態，她們的狀態也相當接近了。雷布爾小姐為了取悅堂姊，已經開始以眾所皆知的方法，屏住呼吸和捏住鼻子讓自己陷入神奇的出神恍惚。③

在這群有老有少的女人之中，最嚴肅的一位無疑是凱薩琳・卡帝耶（Catherine Cadière）。這位全心投入信仰和賑濟工作的纖弱十七歲少女有張悽楚的臉孔，似乎顯示她雖然年紀極輕，卻比其他人更能深刻感受到肆虐普羅旺斯和她家鄉土倫的不幸災厄。這很好解釋：她是在一七〇九年大飢荒那年出生，又在從女孩成長為女人之際，目睹了黑死病的可怕景象。

這朵憂傷之花完全是土倫的產物。為理解她的起源，得先理解土倫的今與昔。

土倫是一個啟航點，是一個廣闊港口和一家巨大海軍兵工廠的門戶。這是旅客第一眼看見的，也阻止了他們看見真正的土倫。在這座城的舊城區住著兩類居民，一是外地來的官員和人員，一是土生土長的土倫人，後者對前者沒有好感：他們嫉妒政府雇員，

---

③請參見《審判》（*le Procés*）一書和斯威夫特（Swift）的《論精神的自發作用》（*Mécanique de l'enthousiasme*）。

也時常被海軍的傲慢態度觸怒。這一切集中於狹窄城牆圍起的城區陰暗街道裡。這個黑色小城的特點在於它就座落在兩片輝煌之間，一是美如鏡面的海港，一是一座形如圓形劇場的灰色光禿山脈，兩者中午的光亮都令人目眩眼花。街道相形之下顯得更為陰暗。除了通往港口的街道，其他街道沒有多少光線照入，整天籠罩在陰影裡。骯髒的小巷道裡有一些寒愴的小店，但是從光線那頭走來的人看不見它們的存在，這就是城區普遍的樣子。城中央是小巷構成的錯綜複雜迷宮，那裡有很多教堂和變身為兵營的古老修道院。水溝裡的汙水滾滾奔流。空氣不甚流通，你會驚訝在如此乾燥的氣候下能見到處處潮溼。

在新劇院對面有一條叫做醫院街的小巷，它一邊和狹窄的皇家街相連，另一邊通往更為狹窄的加農尼街，乍看像一條死巷。陽光在正午會來瞥一眼，不過它覺得這個地點如此憂傷，於是立即離開，讓小巷再次沉入幽暗。

被陰暗籠罩的這些屋子當中，最小的一間屬於小商販卡帝耶先生。他家必須從店面進入，每一層樓有一個房間。卡帝耶一家人正直、虔誠，而卡帝耶夫人不啻是完美的化身。這些善良的人並不貧困。他們不但擁有這一間小房子，也像土倫多數的布爾喬亞一樣擁有一間農舍。那是一間簡陋房子，通常是生產一點葡萄酒的小石屋。在柯爾貝爾父子掌權的法國海軍崛起時代，港口的龐大活動為城裡帶來收益。全法國的財富不斷湧至。許多大領主都曾帶著家眷和僕役途經此處，揮霍地留下許多錢財。但是這一切好景突然結束，讓土倫陷入貧窮，甚至沒有足夠的錢支付兵工廠工人的報酬（損壞待修理的軍艦就此留在港口，最後被當作廢鐵賣出④）。其實，在一七〇七年被圍城期間，它便幾乎半死不活，而到了可怕的一七〇九年（路易十四的大厄之年），當所有的災難（寒冬、飢荒、傳染病）同時蹂躪整個法國之時，土倫的狀況更是糟上加糟！連普羅旺斯的樹木也未倖免於難。與各城的往來完全中斷，路上擠滿飢餓的乞丐！土匪強盜切斷所有往外道路，土倫陷入膽戰心驚。

卡帝耶夫人不巧在這個殘酷的一年懷上身孕。她有三個兒子。長子留在家裡幫忙父親看店；次子雅各賓（jacobin）在多明我會學院就讀，準備成為多明我會修士；三子在耶穌會修道院修習，打算成為教士。卡帝耶夫人想要一個女兒，祈求上帝給她一位聖女，整整九個月都在祈禱、禁食或是只吃黑麥麵包。最後，她終於如願，生下女兒凱薩琳。這個女孩非常纖弱，像幾個哥哥一樣，不太健康。之所以如此，空氣不流通而屋子潮溼，還有卡帝耶夫人懷孕期間吃得太少，都是原因。凱薩琳三個哥哥們害有腺腫毛病，有時會發炎，她從小就受相同的病痛所苦。她沒有真正生病，但顯現出生病孩子的嬌弱模樣。她有長高，卻沒有變得結實。在其他女孩活力充沛，享受著青春喜悅的年華時，她已經宣稱：「我沒有多久可活了。」

她患過天花，留下了一點痕跡。無法說她是否美麗。可以肯定的是，她優雅迷人，具有著普羅旺斯年輕女性的雙面氣質：既活潑又愛幻想，既開朗又憂鬱，虔誠、品行端

④請參見布杭（Brun）先生的出色論文。

正，但偶爾會小小的不守規矩。在漫長彌撒的休息時間，如果她和其他同年紀的女孩一起去參觀農舍，她不會反對和她們做一樣的事，像是唱歌、跳舞或搖鈴鼓。但是這樣的日子極其罕有。多數的時間裡，她最大的消遣是爬到屋頂，和天空更靠近一點，看一點日光，或許能看到一點海面或周圍群山的峰頂。那些山當時已經面貌嚴峻，不過比現在稍微可親一點，有多一點的樹，沒那麼光禿，翠綠的野草莓樹和落葉松點綴其間。

在大瘟疫時期，死氣沉沉的土倫共有二萬六千個居民。對為數如此龐大的一群人來說，土倫的空間可說甚小。此外，還得減去依傍環狀城牆而建的那些宏偉修道院（最小兄弟會、經堂修會、耶穌會、嘉布遣修會、雷哥列派、烏爾蘇拉女修會、往見會、西妥教團、仁慈聖母女修會、善牧會）和城區中心巍峨聳立著的多明我會修道院。再加上教區教堂、本堂神父住宅、主教府等等，神職人員佔去了大量空間，留給民眾者少之又少。⑤

可以想見，在人口如此集中一處的情況下，疾病必然猛烈地肆虐。土倫的好心腸也帶來不幸。它寬容大量地接納逃離馬賽的人：他們大有可能帶入瘟疫，因為一綑綑羊毛是傳染的源頭。驚恐的土倫貴族準備逃跑，四散到鄉間。這時英勇的首席執政官德．安特修（d'Antrechaus）攔住他們，嚴厲對他們說：「閣下，如果富人們帶著錢包離開，這個貧困小城的民眾會變得如何？」他攔下他們，強迫所有人留下。馬賽的傳染慘狀被歸因於居民之間的自由來往，因此，德．安特修嘗試一個完全相反的制度，也就是隔離土倫的家家戶戶，讓他們閉門不出；同時又成立兩所大醫院，一所在港口下錨地，另一所在山上。沒進醫院的人得待在家裡，違反者得被處死。整整七個月，德．安特修堅持此一驚人的豪賭，進行這項看似不可能的任務，將二萬六千人留在家裡，負責他們的三餐飲食。在這段期間裡，土倫宛如墳墓，整天唯一的活動是早上挨家挨戶的分發麵包和搬移死者。大多數醫生皆死亡，除了德．安特修以外，其他行政官也都死去。挖墓者皆死光，由被判死刑的逃兵接替，而這些人表現出極端的粗暴舉止（例如從四樓把屍體頭下腳上扔到馬車上）。一位母親剛失去女兒，她因為不忍看見女兒小小的可憐軀體被如此粗魯對待，便付錢請這些人把屍體好好抬下樓。過程中，孩子甦醒、恢復知覺。她重新被抬上樓，最後完全痊癒。她的孫子正是書寫出土倫歷史的出色學者布杭（Brun）先生。

卡帝耶家的女兒跟這位死而復生的女孩同年，當時都是十二歲，正是女性最易被感染憂傷的年齡。全市的教堂關閉，節慶取消（特別是土倫的歡樂聖誕節），這對孩子來說不啻是世界末日。她似乎從來沒有走出那樣的打擊。土倫全城此後也沒能重新振作。它依舊保有荒漠般的樣子。一切破敗，處於哀悼期，滿是寡婦、孤兒和絕望的人。德安特修目睹了所有人（包括他的兒子、兄弟、同僚）的死，而他自己也破了產，以致必須到鄰居家用餐，窮人們爭搶供應他飲食。

小女孩凱薩琳告訴媽媽，她再也不要穿家裡的漂亮衣服，要把它們賣掉。她現在只

---

⑤請參見德．安特修（d'Antrechaus）的著作和藍柏（Gustave Lambert）所撰的出色小冊子。

想幫助病人，她老是慫恿母親一起到街尾的醫院幫忙。她的鄰居，一位名叫洛吉兒（Laugier）的十四歲少女失去了父親，和寡母一貧如洗地生活。凱薩琳時常到她家，帶去食物、衣服和任何她可以給的東西。她要求父母幫洛吉兒支付女裁縫的學徒費，她的支配力如此大，他們沒有拒絕此一龐大花費。她的虔誠、迷人的心地讓她變得無所不能。她的慈悲成了一項熱情，她不只給予金錢，還有感情。她希望這個女孩洛吉兒十全十美。她樂於和這個女孩為伍，常常和對方同床共寢。兩人都進入加爾默羅修會成立的第三會德蘭女修會。凱薩琳成為其中的模範，十三歲的她和已經培育完整的加爾默羅修女無異。她從一位往見會修女那裡借來密契主義的書籍，熱切地狼吞虎嚥。十五歲的洛吉兒則是完全相反，她對任何事都沒有興趣，只在乎吃和打扮。她就是這樣的人，因此被指派管理聖女德蘭教堂的聖器室，而這正是和教士們建立過分親密關係的機會。當她的行為放肆到必須被驅出修會時，一位代理主教怒氣沖沖表示，如果她被驅逐，他就馬上封鎖教堂。

兩個女孩都有著普羅旺斯人的性情，即極易於陷入興奮、激動，從小時候就表現出當地人所謂的「子宮脹氣」症候。不過在兩人身上造成的結果大異其趣，在洛吉兒為純粹肉體性，她貪吃、懶惰、狂暴，而在純潔、溫柔的凱薩琳身上完全是思惟性的表現，由於她的體弱多病或是吸收全部天性的強大想像力，她對性事毫無概念。「二十歲的她跟七歲女孩一樣」。她只想著祈禱和救濟他人，完全沒想過結婚。她一聽到結婚二字就會哭，彷彿是逼她離開上帝。

有人借給她一本她主保聖人聖女凱薩琳·熱內亞（sainte Catherine de Gênes）的傳記，她自己又買了聖女大德蘭（Sainte Thérèse）所著的《內在堡壘》（*Château de l'âme*）。極少有告解神父願意跟隨她探索密契主義，而笨拙地談論這些神聖內容的神父又令她苦惱。不管是她母親的告解神父、大教堂的神父、加爾默羅修會神父或是年老的耶穌會沙巴底神父都無法讓她滿意。十六歲時，一位聖路易教堂的神父（一位潛心神修的男人）成為她的神師。她天天待在教堂，當時已守寡且需要她幫忙家事的母親總是在她終於回家時給予懲罰。不過這不是她的錯。她在出神狀態下會忘卻任何事。和她同齡的女孩把她視為聖女，以致在彌撒的時候，她們相信看到聖餅受到她的愛吸引，飛向她，自行進入她嘴裡。

她的二哥和三哥對吉哈爾教士有相當不同的觀感。在多明我會學院就讀的二哥自然會對耶穌會教士反感，但在耶穌會修道院學習的三哥卻視吉哈爾為聖人和偉人。凱薩琳喜歡這個和她一樣體弱多病的三哥，所以他對吉哈爾的不斷讚美勢必會對她產生影響。有一天，她在街上遇見這位神父，看到他如此嚴肅卻又如此善良、溫和，內心有一個聲音說 Ecce homo（就是他，他就是注定要引導妳的人）。那個星期六，她去找他告解，而他對她說：「小姐，我在等妳。」她驚訝又感動，完全沒想到可能是三哥先知會了他，而認為是他也聽到神祕聲音的指引，兩個人都得到上帝通知，要共享這神聖恩典。

夏天的六個月飛快過去，每個星期六聽她告解的吉哈爾神父沒有任何示好舉動。沙巴底神父的醜聞發揮了嚇阻效果。出於審慎，吉哈爾開始時止於暗中的愛慕，也繼續保持他和吉歐女士的關係——吉歐女士確實是個成熟迷人的女人，但也熱情激昂，儼然魔鬼的化身。

不過，天真無邪的凱薩琳卻自己給了吉哈爾機會。先是，她那位輕率鹵莽的哥哥雅各賓無所顧忌地出借一本名為《耶穌會的道德操守》（*Morale des Jésuites*）的諷刺作品給一位認識的夫人，讓這本書在城裡流傳。耶穌會修士們很快聽到風聲。沙巴底神父發誓要寫信到宮廷，以得到一封密信將這位可憎的雅各賓關進大牢。他的妹妹驚恐不安，她淚眼汪汪去懇求吉哈爾神父介入調解。不久以後，等她又回去找他，他告訴她：「請放心，您哥哥沒有什麼可擔憂的，我已經將事情處理好。」她深受感動。吉哈爾感覺到自己的有利優勢。一位如此有權勢的男人，國王的朋友，上帝的朋友，剛剛表現得如此善良、仁慈！還有什麼更能打動一顆年輕的心？他冒險對她說（仍以慣常的曖昧措辭）：「把妳交付給我，完全獻身給我。」她絲毫沒有臉紅，以天使般的無邪回答：「我會的。」但她的意思只是從今以後將吉哈爾看作唯一的神師。

他對這個女孩有何意圖？他是想讓她成為情婦，或只是用她做為招搖撞騙的工具？吉哈爾大概猶豫不定，不過我相信他傾向第二個選擇。他有許多女人可選，大可不冒風險在其他地方滿足感官享樂。畢竟，凱薩琳受到一個虔誠的母親保護。她和家人一起居住，有一個已婚的大哥和兩個教士哥哥，屋子極窄小（唯一的入口是大哥的商店），而她外出幾乎只到教堂。雖單純，但本能就能感覺到什麼事情邪惡不潔和什麼地方潛藏危險。找吉哈爾神父告解的一群女人喜歡在一間屋子集會，一起大吃大喝或做其他的蠢行，用普羅旺斯方言大叫：「耶穌會萬歲！」一位受到噪音困擾的鄰居來察看，見到她們趴在地上，唱著歌、吃油炸點心（據說這些花費由施捨金支付）。凱薩琳受到邀請加入，但是所見的一切令她厭惡，她從沒有再回去過。

所以，想要征服她只能透過心靈層面的征服。吉哈爾神父起初的目的似乎只想要支配她的靈魂：得到她的服從，讓她接受他在馬賽傳授的絕對順服教義。他相信模範榜樣會比訓誡有效，於是指示死心塌地效忠他的吉歐女士帶她到馬賽（吉歐女士在加爾默羅會當修女的女兒是凱薩琳的童年朋友）。這個狡猾的女人為了贏取她的信任，佯稱她也有過出神狀態。她告訴凱薩琳一些可笑故事。比如說，她發現酒窖裡的一桶酒變酸，跪下來祈禱後，這桶變質的酒馬上又變好。另一次，她感覺頭上戴著荊棘冠，但是天使們為了安慰她，為她安排一頓豐盛晚餐，她和吉哈爾神父一起享用。

凱薩琳得到母親的允許，可以和這位善良的吉歐夫人到馬賽，而卡帝耶夫人支付費用。那是那個炎熱地區的最炎熱月份，八月（一七二九年），一片枯竭的田野放眼所及只有炙陽烘烤的岩石和沙礫。在熱氣烘烤和旅行疲憊之下，可憐女孩的虛弱腦子更容易地接受修道院苦行修女們的有害影響。最驚人的榜樣是先前提過的雷慕薩修女：她讓自己克制得如同死人（後來真的死去）。凱薩琳欽佩如此高度的完美。她的陰險旅伴不斷試探她，建議她跟隨這位修女的腳步，得到同樣的聲望。

在凱薩琳這趟短暫旅行期間，留在悶熱土倫的吉哈爾神父不幸地墮落。他時常去拜訪也自認有出神狀態的洛吉兒，安慰她（這安慰是如此卓有成效，以致她突然就懷孕）

當凱薩琳小姐終於充滿靈性狂喜回來，吉哈爾則追隨完全相反的肉體享樂，對她「吹出欲望的氣息」。她的火被點燃，但卻是（顯然是）以她獨有的方式被點燃。出於純潔、神聖和慷慨的精神，她急於拯救他，讓他免於墮落，為此不惜完全獻出自己，甚至為他而死（一七二九年九月）。

聖潔的她有一項天賦，即是看到男人的內心深處的黑暗。她好幾次發現那些告解神父的祕密生活和私德，指出他們所犯下的錯誤，對此，他們其中一些人深感震驚、困窘，謙恭地表示悔罪。這個夏天的一天，看到吉歐夫人走進家裡，她突然說：「壞女人！您做了什麼？」吉歐夫人緊接著就承認：「對，我剛做了件壞事。」什麼壞事？也許是把洛吉兒獻給吉哈爾。應該是如此，她下一年又同樣把巴塔瑞兒獻給他。

常和凱薩琳共寢的洛吉兒很可能吐露自己和聖人做愛的快樂。聽到這些對凱薩琳想必是嚴酷的考驗，會激起精神的極度不安。她一方面相信吉哈爾所說的，和聖人做的一切行為莫不神聖。但是另一方面，她天生的是非善惡判斷力和以前接受的教育，強迫她相信對人的過度溫柔是極大的罪惡。兩個矛盾的教義令她不知所措，宛如經歷可怕的風暴，她覺得自己遭到魔鬼附身。

她再次顯露好心腸。在沒有羞辱吉哈爾的暗示下，她告訴他自己看到一個異象：一個靈魂受到淫欲和致命罪惡所折磨，而她覺得自己必須拯救這個靈魂，願意以自身做為交換，接受魔鬼的附身，為另一個人而犧牲自己。吉哈爾沒有否認，但允許她被魔鬼附身，唯只限一年（一七二九年十一月）。

她跟城裡所有人一樣知曉沙巴底神父的醜聞——那人傲慢、暴躁，完全不像吉哈爾那樣謹慎。她認為耶穌會修士受到的鄙夷（她相信他們是教會的支柱）遲早會讓耶穌會垮掉。有一天，她對吉哈爾說：「我看到一個異象：黑暗的海面上有一艘載滿靈魂的船，遭到邪惡思想的暴風雨擊沉，而船上有兩位耶穌會修士。我看到救世主出現天上，便對祂喊說：『主啊！拯救他們，讓我溺死……只溺死我一個人。』全能的上帝答應了我的請求。」

在她受審的過程中，當已成為她最殘酷敵人的吉哈爾千方百計要讓她被處死時，她不曾再提起這些異象。她也從未解釋意義如此明顯的兩個寓言。她情操高尚到沒有再多提異象內容。她發誓要犧牲自己，不惜陷入某種地獄。我們是否可以說，她出於自負，因為相信自己無異活死人，對肉體情感無動於衷，所以魔鬼將奈何不了她？但有一點是肯定的：她並不太懂肉慾之事，以為魔鬼會加諸她的只是痛苦和酷刑。吉哈爾冷酷無情，完全不值得她為之犧牲。他不只沒有心生憐憫，還以卑鄙的欺騙玩弄易於受騙的她。他在她放文件的盒子裡放了一張紙條，上頭是上帝的訊息，表示祂會因她的緣故而拯救整艘船。但是這位狡猾的神父小心翼翼不把這張可笑的紙條一直留在裡面，知道她要是一再閱讀，可能會發現它是偽造的。帶來紙條的天使隔天又把它帶走。

吉哈爾眼看她如此激動、無法禱告，以同樣的詐騙手段，輕率地允許她任意外出，每天前往不同的教堂。她只變得更糟。她已經滿是魔鬼的身體成為兩方陣營的棲身處。勢均力敵的兩方在她體內戰鬥。她感覺身體就要爆開、死去。她昏厥倒下，數小時後才甦醒。到了十二月的時候，她幾乎不再出門，只躺在床上。

吉哈爾於是有了好藉口登門看她。他審慎行事，總是由她的三哥帶領進她的房間，至少伴隨到房門口。病人的房間在屋子頂樓。母親總是謹慎地待在樓下的商店。他獨自和她在一起，想留多久就留多久，願意的話，可以鎖起房門。她那時病得很重。他把她當小孩對待，傾身靠向床頭，用雙手捧起她的臉，像父親一樣吻她。她帶著敬意、溫柔和感激接受這一切。

極度純潔的她也極度敏感。其他女孩絕不會察覺的輕微碰觸（比如被別人的手輕掠過胸部旁的手）足以讓她昏厥。吉哈爾觀察到這一點，興起一些壞念頭。他任意讓她昏厥，她從未想過抵抗，她完全信任他，只是感覺擔憂，有點羞愧於如此冒昧和神聖的人共處，會浪費他的寶貴時間。他停留得越來越久。可以預見很快就會發生的事。可憐的女孩，即使病懨懨，仍然讓吉哈爾無法克制地陶醉。有一次，她醒來時發現自己的身體處於相當可笑、下流的姿勢；另一次，發現他正在撫摸她。她滿臉羞紅，發出呻吟、抱怨。不過他厚顏無恥地對她說：「我是妳的主宰，妳的上帝……妳得順從地承受這一切。」將近聖誕節這個盛大節日的時候，他拋下最後的克制顧忌。她醒來時大喊：「天啊！我受到好大痛苦！」「可憐的孩子，我相信是如此！」他以同情的聲音說。自此以後，她抱怨得少了，但是從來沒法明白在睡夢裡的感覺是什麼回事。

吉哈爾比她更明白，但是對自己所為的事不無驚恐。在一或二月，一個確鑿的徵兆告訴他，她已懷孕。雪上加霜的是，洛吉兒也同樣懷孕。這些所謂的宗教集會、大吃大喝，縱情於當地的便宜美酒，對天性如此容易激動的南部人來說，最先造成的效果是自然而然的興奮激昂，一種彼此傳染的出神狀態。狡猾、更有經驗的人佯裝出神。但是對洛吉兒，這個年輕、紅潤、感情強烈的女孩來說，出神狀態是真實的。她在家裡的小房間顯出真正的發狂、昏厥，特別是吉哈爾神父來看她的時候。她的懷孕時間比凱薩琳稍晚一些，約莫是在主顯節時期。

巨大的危險步步逼近。她們不是生活在荒漠或是與世隔絕的修道院（院裡休戚與共的修女們自會協助隱瞞），而是就住在人來人往的大街。洛吉兒周遭有愛探私事的女鄰居，凱薩琳則和家人一起生活。她二哥雅各賓開始覺得吉哈爾神父停留極久的拜訪相當不妥。有一天他到訪時，他堅持陪在妹妹身邊，但吉哈爾將他趕出房間，而憤怒的母親則將兒子攆出家門。

事情已經逼近一觸即發的臨界點。那位被驅出家門的二哥想必向多明我會學院跟老師們抱怨過此事。多明我修士抓住這個大好良機，趕忙去宣揚醜聞，暗中煽動全城反對吉哈爾。但這位耶穌會神父卻想出奇特的一招自救，讓自己從淫棍變為惡棍。

他熟悉他的被害人的身體。他看過她小時候害淋巴腺腫所留下的痕跡。它們並不像傷口乾淨地癒合，那裡的皮膚始終發紅，特別柔細纖薄。她腿上有這些痕跡，乳房下方的細緻皮肉上也有。吉哈爾想出一個邪惡的主意，要重新弄傷這些傷疤，將它們指為聖痕——就像聖方濟和其他聖徒力圖模仿耶穌基督，用釘子和長矛往身上刺，以求自己的身體和被釘上十字架的祂完全一致！耶穌會不正遺憾沒有任何可與詹森派相抗衡的奇蹟事例嗎？吉哈爾肯定如此突然發生的奇蹟必然會讓他們大喜過望，順利得到土倫耶穌會神父的支持。其中的老沙巴底神父願意相信一切，他曾是凱薩琳的告解神父，這件事有助提高他的名聲。另一位格里涅（Grignet）神父是虔誠的傻子，告訴他什麼，他就信什麼。要是加爾默羅修會神父或其他修會膽敢懷疑，只要透過教會高層施壓，他們自會噤聲。就算之前一直與他為敵，雅各賓到時也一定會改變態度，因為這樣的事會為他家帶來榮耀，而他自己會成為聖女的兄長。

「但是，」有人會說，「這種事不是很正常嗎？被證實為聖痕的例子無可勝數。」⑥其實未必，因為當凱薩琳發現自己身上的新傷痕後，只覺得又羞愧又苦惱，害怕童年疾病的復發會讓吉哈爾厭惡她。她很快去找一位懂醫藥的鄰居特克（Truc）女士，向她購買（假裝是幫三哥買的）一種治療燒灼傷的膏藥。

殘酷的吉哈爾神父是用何種方式製造這些傷口呢？是用指甲還是隨身攜帶的小刀？又或是他一次又一次地大力吸吮？受害者毫無所悉，但是在睡夢中不可能對疼痛毫無知覺。

她認為如果不向吉哈爾坦白一切，將是一項奇大的罪行。所以，雖然擔心惹來他的厭惡反感，她還是說出了實情。他看見傷口，開始裝模作樣，指責她不應想要治癒傷痕，因為此舉乃是對抗上帝的旨意：她身上的傷痕乃是聖痕。他跪下來親吻女孩腳上的傷痕。她劃了個十字，俯跪在地，感到不可置信。吉哈爾堅決主張那些是聖痕，責罵她，要她露出肋部，對那裡的傷痕發出讚嘆。「我也有聖痕，」他告訴她，「但是它在我的內心。」

於是她被迫相信自己是活生生的奇蹟。雷慕薩修女那時剛離世，這個情況也有助她接受如此驚人的事。她看見自己景仰的這位修女被光輝包圍，心臟由一些天使扛著。那麼世間由誰來繼承她的位置，承繼她的崇高天賦和那些上天的豐厚恩典？吉哈爾給予凱薩琳這個繼任權，利用她的驕傲心理誘使她墮落。

她自此以後變了個人。她自負地神聖化身體的所有騷亂不適。懷孕女人的害喜、顫抖，她毫不理解的這些症狀，她歸因為體內聖靈的激烈活動。四旬齋的第一天，和家人同桌用餐時，她突然看見上帝。「我想要帶妳到荒漠裡，」祂說，「和妳分享四旬齋難以形容的滋味，和妳分享我的瀕死苦痛……」她渾身顫抖，她害怕得承受的痛苦。不過她相信只有自己能為世間的罪人們獻身。她夢見鮮血，只看見鮮血。她看見不斷冒血的耶穌基督。她自己吐出血，又以其他方式失去更多的血。同時間，她的性格似乎改變。她越是受苦，越是感覺到深陷愛河。四旬齋的第二十天，她看到自己的名字和吉哈爾的名字合而為一。被全新情感喚起激發的驕傲感油然而生，這樣的驕傲讓她明白聖母（女人）對上帝的特殊支配。

她感覺天使的地位遠遠不及任何聖徒、聖女——她看見上帝榮耀的宮殿，和天主羔羊成為一體！……而種種幻象的極致，她感覺自己被托起離開地面，上升到空中。

⑥可參見莫里（A. Maury）的《魔法》（*Magie*）。

她不敢置信，但是一個可靠的目擊者葛拉維小姐對她保證這是實情。所有鄰居來拜訪她，表示仰慕、崇拜。吉哈爾神父帶著格里涅神父前來，對方跪倒在地，喜極而泣。

吉哈爾神父不敢天天去她家裡拜訪，便要她常常來耶穌會教堂。她邁著吃力的步履在早課已經結束的下午一點鐘走進教堂，或是在晚餐時間前往。那時教堂裡都無一人，吉哈爾直接在祭壇和十字架前激情縱慾，這樣大不諱的褻瀆神聖令他更為興奮熱情。她難道沒有絲毫顧慮？她真能如此受到矇騙嗎？在仍然真誠、不造作的狂熱當中，她的道德心似乎已經遲鈍、模糊。擁有身上這些流血的聖痕，耶穌基督的這些殘酷恩典，她開始感覺到奇特的補償。她為昏厥而快樂，她表示在那期間感覺到了愉悅得難以形容的痛苦和神祕的恩典波濤，「最後在完美和完全合一中達到最高峰」。

這些新經驗起初讓她吃驚又憂慮。她和吉歐女士談起，對方只是露出微笑，說她太愚蠢，說她小題大做，也嘲諷地補充說自己也有過同樣的經歷。

於是，這些不忠誠的朋友盡其所能讓一個品德相當良好的女孩走向墮落，這女孩遲鈍的感覺只在神聖權威人士的可憎支配下才好不容易甦醒。

她幻想裡有兩件事激起我們的憐憫：一是她內心對忠誠結合的聖潔理想，相信看到自己和吉哈爾的名字在生命之書裡永遠結合在一起。另一件感人的事是她在瘋狂脫序行為之中展現的仁慈，她那孩子似的心腸。在聖枝主日那一天，看見全家人在餐桌旁團聚，她連續哭了三小時，想著「在同一天，沒有人邀請耶穌去晚餐」。

在四旬齋期間，她幾乎無法進食，少量吃下的食物也被她嘔出。在最後兩個星期，她完全禁食，陷入極為虛弱的狀態。誰會相信吉哈爾會對這個氣息奄奄的垂死女孩行使新的虐待行為？他阻止她的傷口癒合。還在右肋處製造一個新傷口。在聖週五那一天，為了圓滿完成這齣殘酷的劇碼，他讓她戴上鐵絲打造的荊棘冠，鐵刺刺入她的額頭，鮮血滴落臉龐。這一切不是祕密進行。他先剪去她的長髮帶走。他在港口一處做鐵籠子的商販畢塔先生那裡訂製鐵冠。她從未戴著這頂荊棘冠出現在訪客面前，他們只看見它造成的效果：流淌的血滴，鮮血淋漓的臉龐。這樣的臉被印在餐巾上，製作成聖容像繪畫布，吉哈爾拿它們分送給虔誠的女信眾。

卡帝耶夫人在不情願的情況下成了這場詐欺的幫兇。她懼怕吉哈爾神父，越來越相信這個人什麼都幹得出來，她開始意識到他有辦法做出任何事，而某位他的心腹（很可能是吉歐女士）告訴她，如果她膽敢說出一個字，她的女兒只剩一天可活。

但凱薩琳從未說過謊。在她對這段四旬齋時期的口述證詞裡，她明確地說這頂頭冠有銳利尖刺，刺進她的額頭才造成流血。

她也毫不掩飾自己送給訪客的小十字架的來源。吉哈爾提供她一個樣品，而她託一位親戚（海軍兵工廠的木匠）照樣品大量製作。

聖週五那天，她整整二十四小時處於昏厥（而他們稱為出神狂喜），由吉哈爾神父照料，而他進行的是危險、致命的照料。她已懷有三個月身孕。吉哈爾看見這位聖女開始發胖。他決定採取墮胎這個激烈的解決辦法。他每天讓她服用危險藥水和棕紅色粉末，打算讓她流產。她如果因而死亡會是最好的結果，他則得以安然脫身。若她不死，他就會把她送進修道院。就像皮卡爾神父（請見前一章的盧維爾斯案件），吉哈爾和一些女修道院有往來，深知這類地方諳於保密遮掩這類事情。他打算把凱薩琳送到普姆勒的卡爾特修會修道院或奧利烏勒的克萊爾女修道院。他甚至在聖週五這天提出這種提議。但是她看來如此虛弱，他們不敢讓她下床。在復活節過後四天，吉哈爾神父正在她的房間裡，她開始痛苦地排泄，突然排出一大塊像是凝結血塊的東西。吉哈爾拿起夜壺，到窗前謹慎地打量外頭。不過凱薩琳對自己排出什麼毫不知情，竟叫來女僕倒夜壺。「多麼輕率！」他忍不住喊出聲，後來還不知謹慎地一再這樣說。

關於洛吉兒的墮胎，我們無從知道如此詳細的細節。她在這個四旬齋發現自己懷孕。她出現奇怪的痙攣，開始有相當可笑的傷痕，一個是在裁縫工作時被剪刀劃到，另一個是肋部的嚴重皮疹。她虔誠的出神狀態突然間成為瀆聖的絕望行為。她對十字架吐口水。她大罵吉哈爾：「讓我變成這樣的那個邪惡神父，他在哪裡？……要玷汙一位二十二歲的女孩並不困難！……他在哪裡？他把我變成這樣。讓他過來！」她周圍的女人都是吉哈爾的情人。她們去找他，他不敢來面對這位盛怒的懷孕女孩。這些想消弭醜聞的女士肯定能自行找出辦法，神不知鬼不覺地平息事件。

吉哈爾真如後來人們聲稱的是巫師嗎？看到這位既不年輕也不英俊的男人如此輕易迷惑這麼多的女人，的確會相信他行使了巫術蠱惑。但是最古怪的是，在名譽如此受損以後，他仍能控制掌握輿論。有段時期，他似乎蠱惑了整個小城。事實是，耶穌會神父被認為極為權勢，沒有人想和他們作對。即使低聲說他們的壞話也是有風險的事。大多數的神職人員是托缽會的卑微修士，不認識有力人士，沒有位居高位的保護者。即使是因為失去凱薩琳而難過的加爾默羅修會修士，也保持沉默。她的二哥雅各賓，在怕事的母親的勸告下回到策略性的謹慎手段，和吉哈爾親近，最後和弟弟一樣對他完全效忠，甚至協助他進行一場奇特詭計，打算讓人相信吉哈爾有預言能力。

如果吉哈爾有任何值得擔心的威脅，那正是來自他似乎完全掌控的那個人。仍然順從的凱薩琳已經開始顯現些許獨立自主的癥候。四月三十日，吉哈爾殷勤地為吉歐女士和他那群虔誠信徒舉辦郊遊，凱薩琳陷入深沉的幻想。如此明媚的春日，如此優美的鄉間風景，讓她深深感動，對上帝傾訴衷腸，帶著真正虔敬的感情說：「主啊，您是唯一！……我只要您！……您的天使無法讓我滿足。」接著其中一位相當愉快的女孩以普羅旺斯的方式，在頸子上掛上一面小鈴鼓，凱薩琳像其他女孩一樣蹦跳、舞蹈，把一塊地毯當圍巾圍到脖子上，假裝是流浪的吉普賽人，沉醉於種種輕浮行為。

她極其興奮激昂。五月時，她得到母親的允許前往聖博姆參觀抹大拉教堂——抹大拉是所有嚮往懺悔的女性尊崇的女聖徒。吉哈爾指派兩位忠誠監督人吉歐女士和雷布爾小姐陪伴她同行。在旅途中，儘管她不時又陷入出神狀態，她顯然已經厭倦被動承受暴力聖靈（惡靈或聖靈）的擺佈。她許諾讓魔鬼附身的一年期限已將屆滿。她不是得到自由嗎？一旦離開街道陰暗的土倫，來到空氣清新的鄉間，處身於陽光普照的大自然，她似乎擺脫那個陰暗小城的蠱惑，恢復自己，起而對抗外靈，敢於做自己、遵照自己的意志。她沒能感化同行的兩位吉哈爾心腹。結束這段小旅行（五月十七日至二十二日）

之後，她們告知吉哈爾這個變化。他可以自行確認。她現在抗拒陷入出神狀態，再也不願臣服於衝動，只願依照理智行事。

他以為用魅力、神父權威、著魔和肉慾享樂掌握了她。現在他發現她已非自己的囊中物。這個並非被征服，而是遭到（陰險地）突襲的溫柔靈魂回復原有的本性。他感到不快。他曾是教師，對孩子有專制權力，可以任意施以處罰，接著對象換成修道院的修女，她們也一樣聽任他的支配，他的內心存在嚴酷、嫉妒的控制欲。他決定重新找回對凱薩琳的控制，要處罰她任何的微小反抗——如果說一個受壓制靈魂畏畏縮縮的重新振作可被稱為反抗的話。

五月二十二日，當她照習慣去找他懺悔時，他拒絕赦免她的罪，說她罪大惡極，他隔天會對她施以嚴厲、非常嚴厲的贖罪懲罰。

是哪種贖罪懲罰呢？禁食嗎？她已經虛弱、奄奄一息。而另一種補贖方式，即長時間的禱告，並不是寂靜主義派神父認同的方式，他們禁止教徒花長時間禱告。只剩下體罰，苦鞭的懲戒。這是普遍的處罰方式，在修道院和中學都一樣受到濫用。這種簡單、快速、效果強烈的方法，在貧困、嚴酷的時代也在教堂裡實行。我們可以在寓言詩、寫實的中世紀風俗畫裡看到聽完一對夫妻懺悔的神父，毫不客氣就在告解室裡施以苦鞭懲戒。學生、修士、修女都接受同樣的處罰。⑦

吉哈爾曉得凱薩琳不習慣於受羞辱，生性相當害羞（她先前所遭受的一切是在睡夢中進行，在她未知之下），將會因為可恥的懲罰大感痛苦，因此受挫，失去她在外地找回的活力。她想必會比別人感到更大的恥辱，由於女人的傲慢而受苦。她受了這麼多苦，曾經如此嚴格地禁食！接著是墮胎。她天生嬌弱的身體已經和影子沒有兩樣。她肯定擔心別人看見自己可憐、消瘦、帶著傷口、疼痛的身體。

接下來的駭人記述引自凱薩琳的三段證言（如此天真、老實的陳述）。我們應該刪節一些內容，以免讀來令人過於難受。但是如此一來就缺乏重要性和用處。為了故事和正確判斷起見，必須不作節略。這就是她的陳述：

他冷酷無情。他說：「由於您拒絕穿上上帝的禮物，您得一絲不掛。您需要在世人面前一絲不掛，而不是在您的沉默神父面前……」——「跟我發誓保守祕密……如果您說出來，您會失去我……」

還沒有完全脫下她的衣服，他讓她躺上床，說道：「您應得的不是這張床，而是在艾克斯所見的斷頭台。」她驚恐不已、渾身顫抖，沒有爭吵，謙卑順從。她的雙腿腫脹，些微的行動不便應該讓她深感苦惱。他這時用苦鞭打了她幾下。

---

⑦路易十四的皇太子也遭到殘酷的鞭打。博弗勒（Boufflers）公爵的兒子（年方十五歲）因為苦鞭的痛楚而死（於聖西蒙）。奧布修女院（Abbaye-aux-bois）的女院長被院長威脅施以「身體懲戒」，於是向國王請願，得以不用公開遭受鞭打，但是院長仍有權給予適當處置，她應該在私下遭受同樣的處罰。人們越來越將它視為危險、不道德的手段。恐懼和恥辱導致可悲的哀求和卑微的妥協。約瑟夫一世皇帝在位期間的著名審判揭露耶穌會學院裡的祕密地點。審判報告在約瑟夫二世時代和現今都曾再版。

她驚異地發現在言語、鞭子威脅之中，他在她的手肘下方各放了一個墊子。當這位法官，這位發怒的神父給了奇特、下流、出乎意外的一吻時，她更是大驚失色。

令人厭惡的是，他並不愛惜她。我們看過他使用的殘酷藥水，現在看見的是他如何在她有需要他時捨棄她。他怨恨她比其他墮落的女人優越。他怨恨她誘惑（如此單純無知地）他，讓他的名譽受到影響。他尤其無法原諒她保有自己的靈魂。他只想馴服她，滿懷希望地等著迎接她常說的話：「我感覺得到，我活不久了。」放蕩的無賴！他在她可憐、衰竭的身體印下可恥的吻，希望她就此死去！

她失去知覺，失去思考。他對她說：「這不是全部。仁慈的上帝不滿足。」他讓她下了床跪在地上，指示她全部脫光。她聽到後大叫出聲，要求他的赦免……但是她過於激動，以致昏厥過去，任憑他的處置。變得遲鈍的她，感覺到某種稍縱即逝的「不可思議溫柔」碰觸。就在她恢復意識之時，他抱住她，讓她經驗到不曾感覺過的疼痛。⑧他是如何跟她解釋他的溫柔撫摸和他的殘酷行為之間的驚人矛盾？他把它們解釋為考驗她的耐心和順從嗎？或者他大膽談到莫林諾的真正教義本質：「只有蒙受罪的行為方能把罪除去。」她會相信這一套嗎？她有沒有意識到，他那些打著贖罪幌子的行為只是一種放蕩縱慾？

她不想知道。在五月二十三日之後，在六月潮濕炎熱天候的影響下，她經驗了極端的道德敗壞。她忍受他的支配，她有點怕他，也對他有一種奴隸般的愛，繼續每天承受這樣的贖罪行為。吉哈爾毫不憐惜她，甚至不對她隱藏自己和其他女人的關係。他想把她送進修道院。在這之前，她是他的玩物。她明白這一點，任憑他這麼做。這些惱人的羞辱令她越來越虛弱，越來越憂鬱，她對人世毫無留戀，不斷重複著說（吉哈爾聽到絲毫不覺悲傷）：「我感覺得到，我活不久了。」

---

⑧在證言裡是以希臘文表達，在第6頁和第389頁各竄改一次，以減輕吉哈爾的罪行。唯一正確的版本是她在土倫刑事長官前的陳述。

23 住在修道院裡的凱薩琳・卡帝耶／一七三〇年

奧利烏勒（Ollioules）女修道院的女院長算是年輕的女院長。她只有三十八歲，富於機智、反應敏捷，喜愛或厭惡全憑一時衝動，輕易就能受到內心或感覺左右，完全缺乏這類機構管理者的得體、分寸。

這家修道院有兩個收入來源。一方面它有兩三位來自土倫行政官家庭的修女，帶來豐厚的入會金（她們隨自己的意思過生活，跟當告解神父的嚴修會修士愛幹什就幹什麼）。另一方面，在馬賽和各地設有分會的嚴修會，也幫忙招募寄宿生和付費的初學修女（奧巴尼教長事件已經清楚說明，當初學修女對女孩來說有害無益）。

奧利烏勒女修道院不是門禁森嚴的隱修院，內部幾無任何紀律可言。在非洲氣候似的仲夏燠熱夜晚，修女和初學修女大可自由地進出。一六三〇年在盧丹修道院發生的事，於一七三〇年在奧利烏勒如出一轍地再次上演。院內大多數修女（十五位當中的十二位），由於受到修士冷落（他們喜歡追求出身好的修女），這些貧困、無聊、不幸的修女只能靠閒聊、孩子氣遊戲和她們之間的曖昧親密關係尋求慰藉。

女院長擔心凱薩琳會察覺這一切，不願意讓她入院。接著，她的態度突然丕變。這位尊貴女士寫給凱薩琳一封措辭親切、充滿奉承的信，完全是一個年輕女孩意料不到也不敢奢望的對待。女院長表示希望凱薩琳放棄讓吉哈爾擔任神師，但她並不是打算把她交給嚴修會神父指導（她知道他們信不過）。她有一個大膽、驚人的念頭：由自己來當凱薩琳的告解師。

她非常自負。她打算將這個非凡的女孩納為己有。她認為可以輕易控制對方的心智，自認比一位年老的耶穌會神父更討人喜歡。她樂於利用這位年輕的聖女為修道院帶來好處。

她給予凱薩琳莫大禮遇，親自到修道院外門門口迎接她。她親吻她，把已經手到擒來的這位女孩帶到修道院的美麗房間，宣布兩人從今以後共用這個房間。女孩的謙遜、蒼白病態的優雅和一種神祕動人的奇異感令她深感著迷。凱薩琳在這趟短短旅程裡吃了不少苦。女院長想讓她馬上躺下休息，要她躺到自己的床上。她告訴女孩自己非常喜歡她，想跟她分享這張床，兩人可以像姊妹一樣共享這張床。

對她的計畫來說，這也許是最不明智的手段。太過頭了。由於一時心血來潮，她讓這個女孩和自己同床共寢，凱薩琳似乎成了她的小寵妃。這種上流社會貴婦之間常見的這種過分親密在修道院是禁忌，只能偷偷摸摸進行，由一位女院長為之更是樹立了一個壞榜樣。

女院長卻驚訝地發現女孩在躊躇。凱薩琳猶豫的理由絕對不只是出於謹慎和謙卑，更不是因為嫌惡女院長。相較之下，生龍活虎精力充沛的女院長還比凱薩琳年輕，她也樂於將自己的旺盛生命力傳遞給這一位病奄奄的女孩。女院長柔聲迫使凱薩琳就範。

為了讓凱薩琳忘記吉哈爾，女院長相當指望日日夜夜和她親密共處的效果。讓修女們來跟自己懺悔是所有女院長的癖好、最珍貴的奢望（這是聖女德蘭允許的行為）。在這樣精心安排下，一切肯定猶如探囊取物。女孩肯定只跟告解神父傾吐微不足道的小事，把內心深處的祕密保留給自己特別重視的那個人。晚間、夜裡，同床共寢的女伴積極示好之下，女孩肯定會吐露許多祕密，包括自己的祕密和他人的祕密。

凱薩琳起初無法擺脫如此強烈的糾纏。答應和女院長同床共眠。女院長以為已經掌握她。對女院長而言，這掌握是一種雙重掌握：既掌握了一個聖女也掌握了一個女人。我的意思是，一個神經質、敏感的女孩，由於極其虛弱，或許顯得性感。女院長命人記錄下從凱薩琳口中說出的每一句話。另外，她也仔細記下女孩身體活動的任何枝微末節，把報告寄到土倫。她樂於讓女孩成為被膜拜的偶像，當她手裡的可愛娃娃。但這種過於激烈的做法讓凱薩琳感到顧忌不安和恐懼，令虛弱無力的她做出出乎意料的反抗。她謙卑地要求讓她離開這個鴿子窩、這張過於柔軟的床、這樣養尊處優的生活，去和初學修女或寄宿生一起生活。

女院長大驚失色，覺得屈辱。她感覺受到冒犯，這個忘恩負義的女孩大大觸怒了她，她矢言絕不原諒。

凱薩琳受到其他修女的衷心歡迎。其中一位是初學修女的導師德萊斯科（De Lescot）

修女，她是巴黎人，聰明又仁慈，比女院長優秀得多。她似乎明白凱薩琳只是不幸命運的受害者，擁有一顆充滿上帝聖潔的年輕心靈，不過被奇特的命運殘酷地烙上印記，將她推向恥辱和不幸結局。德萊斯科修女全心全意看好她，以防止她做出輕率冒失的事，每逢她有任何最不可原諒的行為，也嘗試理解和寬恕。

除了那兩三位和修士們同居，對高深密契主義毫無興趣的貴族修女，其他人都愛凱薩琳，把她視為天國來的天使。她們少有投射對象的感情集中在她身上，只在她的身上。她們不只覺得她虔誠、神奇地篤信宗教，也覺得她乖巧而善良，是迷人和有趣的同伴。她們不再覺得無聊。凱薩琳以自己的夢吸引、感化她們，她說的是真實故事（我的意思是「真誠」的故事），說時總是混合最純粹的溫柔。例如，她會說：「我每晚都會到處旅行，甚至到過美洲。我在各處留下信件要人們改宗。今晚，我會去找妳們，即使妳們把自己鎖在房間裡也照樣會找到，然後，我們會一起進入耶穌的聖心。」

就像奇蹟似的，她們都宣稱在午夜看到她來訪。她們相信感覺到凱薩琳親吻臉頰，領她們進入耶穌的心。她們既恐懼又快樂。其中最最篤信一切的是來自馬賽的朗波（Raimbaud）修女，她三個月內有幸進入聖心十五次，也就是差不多每六天一次。

這當然只是想像力作祟。可以證實這一點的是，凱薩琳不可能同一時間出現在她們所有人的房間裡。女院長感到不快，首先因為她心生嫉妒，以為自己是唯一被排除在外的，再來她相信凱薩琳就算鎮日流連在夢境、幻象裡，遲早會從這麼多的親密朋友口裡聽到院裡的醜聞。

這些醜聞都不是祕密。但是除了異象這個管道，沒有任何事進得了凱薩琳的腦子，她以為是神的啟示讓她得知這些醜聞。她的仁慈心爆發開來。她憐憫被如此侮辱、冒犯的上帝。她再一次想像自己得為其他人付出代價，由自己去承受盛怒魔鬼可能施加的最殘忍酷刑以拯救其他人免於懲罰。

這一切在六月二十五日聖約翰日猛然落在她身上。她晚上和修女們待在初修院裡。她突然身體扭曲，一邊發出尖叫往後倒，就此失去知覺。她醒來時，初學修女們圍繞在她身旁，好奇地等待她要說的話。但是導師德萊斯科修女猜到她要說什麼，感覺她會因此走向毀滅。她立即將凱薩琳帶回房間，在房裡，她發現女孩身上處處被劃傷，襯衣沾滿血跡。

她無法明白吉哈爾怎會讓她一個人面對這樣內在和外在的搏鬥呢？她需要支持，但是他沒來看她，就算來了也只待在會客室，隨即又匆匆離去。

她在六月二十八日寫信給他（由哥哥代筆，她雖能閱讀，卻幾乎不會寫字），以最熱烈、迫切的措辭請求他來看她。他推遲邀約，說他得到耶爾（Hyères）講道，又說他喉嚨疼痛等等。

出乎意料的是，是女院長本人最後將他請來。她大概擔心凱薩琳已得知修道院的內幕。她確定凱薩琳會對吉哈爾說初這一切，她想要先發制人。她寫了極盡奉承、措辭溫柔的短箋（七月三日）給這位耶穌會神父，請求他如果來訪，先悄悄來見她，屆時，她會是他的弟子、信徒，就像耶穌基督的謙卑弟子尼苛德摩（Nicodemus）。「以我這個職位享有的蒙福自由，在你的指導下，」她寫道，「我可以悄悄地增進美德。我們那位初學修女可提供絕佳的藉口和掩護。」

這個輕率得驚人的方法顯示女院長的理智失衡至何種程度。因為沒能成功取代吉哈爾在凱薩琳心中地位的她，現在打算取代凱薩琳在吉哈爾心中的地位。她突如其來、單刀直入採取攻勢。她以尚有魅力貴婦的姿態開門見山地表白，確定自己的提議會被接受，甚至明白提到自己享有的自由！

她會開始這樣錯誤的一步，正是基於吉哈爾已經不再關心凱薩琳。可是她應該猜到他在土倫有其他麻煩。他正面對棘手的困境，這次對象不是年輕女孩，而是一位成熟、富裕、出身良好的貴婦：他那些懺悔者裡最正經規矩的葛拉維小姐。四十歲年紀的她無法倖免於他的攻勢。他不想要羊圈裡有不合群的羊。一天早上，她又驚又羞地發現自己懷孕，對他發出強烈的譴責（七月）。

擔心這段偶發事件的吉哈爾，對女院長突然的主動示好冷淡以對。他認為這可能是她和嚴修會神父聯手設下陷阱，決心保持謹慎。他去見了女院長，當時對方已經有些懊悔那個鹵莽的提議，感到尷尬，他隨後去見凱薩琳，不過只是在院裡的小教堂聽取她的懺悔。

凱薩琳無疑因為他缺乏熱情的舉動深受傷害。事實上，他的行為非常奇怪、前後不一致。他寫給她輕佻、大獻殷勤的信，信裡有一些幾乎是戀人口吻的玩笑性挑逗（德萊斯科修女的供述），然而來見她時只願意在公共場合見她。

在當晚寫的一封短箋裡，她巧妙地進行復仇，告訴他，在他給她赦罪那一刻，她感覺自己神奇地超脫自己和所有人類。

但這正是吉哈爾期望的。他的生活現在一團混亂，凱薩琳是不必要的麻煩。她的信讓他開心不已，他以毫不帶刺的講道對她闡述何謂超脫。他同時迂迴暗示自己此時非常需要小心謹慎。他告訴她說收到一封信，內容是對他所犯錯誤的嚴厲指責。由於他週四（六日）要前往馬賽，他可以順道去見她一面（一七三〇年七月四日）。

她等待他的到來。但是吉哈爾沒有出現。她非常不安。滿溢的情緒澎湃湧升，成為暴風雨中怒濤翻滾的大海。她向密友朗波修女吐露心事。朗波不願和她分開，違反規定在夜裡來和她同床共寢，打算第二天對旁人宣稱是一大早來找她。這是七月六日的夜裡，在火爐般的奧利烏勒，這是悶熱難耐的一夜。在清晨四或五點左右，眼看凱薩琳痛苦掙扎，朗波以為「她腹痛，於是去廚房拿火。」她離開後，凱薩琳使出極端方式，以求讓吉哈爾即速趕來身邊。她或許以指甲劃開額頭的舊傷，或是又以鐵刺荊棘冠刺入額頭，她弄得滿臉是血。大滴的鮮血沿著她的臉頰流淌。疼痛改變她的容貌，她的雙眼奇異地閃閃發亮。

這一幕持續了兩小時。修女們蜂擁而來看她，大感驚嘆。她們想帶嚴修會神父來看她，被凱薩琳阻止。

至於女院長，小心不讓吉哈爾知情，她不想讓他看到凱薩琳這樣悲愴的狀態，這樣太過感人的模樣。然而仁慈的德萊斯科修女深知什麼事能給凱薩琳安慰，她通知了吉哈爾。然後這位神父終於來到修道院，但是他沒有上樓到她的房間，而是像個真正騙子那樣，先在小教堂的聖體台前跪了整整一小時，陷入出神狀態。他最後上樓去，看到所有修女圍著凱薩琳。她們告訴他，她有片刻像在參加彌撒禮，嘴唇動了動，像在領受聖餅。「這還用妳們來說！我更清楚呢！」這位狡猾的騙子說，「一位天使先前通知我主持彌撒禮，從土倫為她授聖餅。」這樣的奇蹟讓修女們大為震驚，其中一位甚至因此臥病兩天。吉哈爾接著以不得體的輕浮言語對凱薩琳說：「小貪吃鬼啊！您偷了我半塊的餅嗎？」

其他人充滿敬意地離開，留下他獨自和淌血、蒼白、虛弱的受害者共處，吉哈爾因此更為激動。換成其他任何男人都一定會深受感動。有什麼告白比她的依賴，她非要見他不可的渴望更真實、更強烈呢？由鮮血、傷口而非任何言語表達的告白想必直擊心田。接著，她羞辱了自己。如果說這個天真的女孩有過跟隨本性衝動的時刻，那就是這一次。在她短暫不幸的人生裡，這位對感官肉慾懵懂無知的可憐聖女，就只有過這麼一小時的軟弱！吉哈爾之前都是在她沒有知覺的情況下佔有她，但這一次卻不同，這一次他同時佔有了她的靈魂和意志。

可以預料得到的是，凱薩琳在她日後的供述裡對這次會面的情景簡略帶過：她害羞地說自己失去意識，不清楚發生的事。但在對友人阿勒蒙女士的自白裡，她沒有抱怨，坦承一切確實發生。

吉哈爾是如何回報她如此強烈的情感，如此急於見他的動人心意呢？是責罵她。會讓其他男人動容、燃起熊熊熱情的這團火焰，倒讓吉哈爾喪失熱情。他的暴君性格只能忍受意志力已死的女人，可以完全任他擺佈的玩物。而這個女孩以如此強烈的主動性強迫他前來。女學生左右了教師。這位易怒的學究把此事當作學生的造反行為。他放縱的嚴厲、自私自利的冷酷，以及斥責可憐女孩時的明顯愉悅，讓凱薩琳只感到悔恨。

另一件可憎的事。為他流的血等於暗示他可以利用這次事件。在這次會面，也許是最後一次會面，他想要確保這個可憐的女孩至少能嚴守祕密，即使已被拋棄，她仍然相信自己屬於他。他問她，她只讓其他修女目睹她流血的奇蹟，是否因她較不喜歡他。聽後，她當場讓臉上的傷口出血，他用水為她清洗，兩人再把和著血的水喝下①，他相信，透過這個可憎的聖餐，她的靈魂將會和他的緊緊相繫。

他待了兩三個小時，時間已近午夜。女院長氣憤不已。她親自帶著晚餐前來，要他們開門。吉哈爾喝了茶，這天是週五，他假裝在禁食，想必已在土倫飽餐一頓。凱薩琳要求喝咖啡。由於是週五，廚房裡的雜務修女大吃一驚。然而女孩不喝提神劑的話，恐怕會昏厥過去。咖啡讓她恢復了些許精力，她留住吉哈爾。他和她一起（房門現在沒鎖）待到四點，想要抹去上午行為帶給她的悲傷。他不斷保證友誼和保護如常，這些謊言讓激動的女孩稍微放心，恢復了平靜。她送他到門口，走在他身後時，她像孩子一樣開心地蹦跳了兩三次。他冷冷地說：「小傻子！」

她為一時的軟弱付出了殘酷代價。當天晚上的九點，她看到可怕的異象，其他人聽見她大叫：「天啊！走開！……離開我身上！」八日一早彌撒的時候，她沒有待到聖餐禮（顯然覺得自己不配領受聖餅）就回房。所有人震驚不已。不過她受到大家愛戴，一位追過去的修女編造出善意的謊言，發誓說她看到耶穌基督親自為她授聖餅。

德萊斯科修女靈巧、嫻熟地寫下傳說，諸如神祕的鮮血噴湧、虔誠的嘆息和淚水，從她那顆受傷的心靈吐露的任何話語。極其罕見的狀況出現，一群女人展現柔情，共同袒護一個女人。沒有什麼更能說明不幸的凱薩琳得到的萬千寵愛、她討人喜歡的非凡天賦。短短一個月時間裡，她已經成了所有修女寵愛的孩子。不管她做什麼，她們挺身為她辯護。她畢竟純潔天真，她們只將她視為魔鬼邪惡攻擊的受害人。當中一位可敬、堅強的女人，奧利烏勒鎖匠的女兒，修道院裡負責與外界聯絡、名叫馬瑟隆的修女，曾經撞見吉哈爾的某些下流、放肆行為，卻依然說：「沒什麼，她是聖女。」當吉哈爾提到要讓凱薩琳離院時，她大叫：「別想帶走凱薩琳小姐！……我會叫人造一扇鐵門，阻止她離開屋子！」

每天來看她的哥哥被當前的狀況嚇壞，也懼怕女院長和那些嚴修會修士可能利用她，於是鼓起勇氣以妹妹的名義寫一封給吉哈爾的公開信，她回想起六月二十五日見到的神啟，關於嚴修會修士的日常生活，告訴他：「就這件事，是執行上帝計畫的時候了」——無疑是要求進行調查，反控提出控訴的人。

這是一種過度大膽，毫不謹慎的冒險。反觀垂死的凱薩琳絲毫沒有這些念頭。她的

---

①這是德國騎兵，北部軍人的習俗，以歃血儀式成為血盟兄弟（請參見米榭勒《法國法起源》）。

朋友們認為引發騷亂的人也許能平息事件。她們請求吉哈爾來聽凱薩琳懺悔。這是駭人的一幕。她在告解室裡發出尖叫、哀號，即使在三十步以外都能聽見。一些好奇的修女眼見有這個偷聽的機會，沒有錯過。吉哈爾不斷重複：「小姐，冷靜下來！」卻毫無效果——他宣布赦罪。她卻無法寬恕自己。十二日那天，她心臟以下的部位劇烈刺痛，她以為肋骨就要爆開。十四日那天，她似乎瀕臨死亡，院方通知她的母親前來。她接受臨終聖禮，隔天，「她做了最感人、最生動的當眾認罪。我們淚流滿面。」二十日，她感覺到心臟微弱，自己瀕臨垂死。接著，她突然地好轉，看見帶來慰藉的異象。她看見罪人瑪德琳得到寬恕，處身於天國的榮耀裡，佔據路西法原來的座位。

然而，吉哈爾只有讓她更為墮落、終止她的悔恨，才能確保她會守口如瓶。他有時會來到院裡（會客室），輕率地親吻她。不過他更常派出自己的親信來看她。吉歐女士和其他人來拜訪她，給予撫慰、擁抱，凱薩琳流著淚吐露祕密時，她們露出微笑，說那只是上帝選民享有的神聖自由，說她們也和她一樣享有。她們大加吹噓此般結合的愉悅美妙。吉哈爾不反對她們對彼此傾吐知心話，分享最可恥的祕密。他對墮落行為如此習以為常，他把葛拉維小姐懷孕的事告訴了凱薩琳。他希望女孩邀請葛拉維前來奧利烏勒，平復她的怒氣，說服她懷孕狀態極可能是魔鬼製造的幻覺，有辦法可以消除。

這些可憎的訊息沒對凱薩琳起任何作用。它們卻激起她兄長的憤慨，兩人知道那是確實的事。他們以妹妹署名寫出的信非常奇特。他們內心忿恨、氣惱，將吉哈爾視為無賴惡棍，但是不得以妹妹充滿尊敬、溫柔的口吻對他說話，然而字裡行間不時會透露他們的怒氣。

至於吉哈爾寫的信則都經過深思熟慮的雕琢，顯然為可能發生的審判預作準備。稍後我會引用唯一一封他沒有機會篡改的信。它寫於七月二十二日，內容甜中帶刺，語氣有禮殷勤，一個輕率、冒失男人會寫的信。以下是內容要點：

「主教今晨抵達土倫，將前往探訪凱薩琳……得先行商議該做和該說些什麼。如果代理主教和沙巴底神父前去看她，要求看（她的傷口），她要告訴他們自己被禁止行動和說話。」

「我非常渴望再次見到妳，見到一切。您曉得我只要求應有的權利。很長一段時間以來，我只看到一半（他指的是隔著會客室的柵欄）。我會讓妳疲倦嗎？啊！妳不也讓我疲倦嗎？」……

就各方面來看是古怪的一封信。他既提防主教，也防備耶穌會修士，（他的同僚沙巴底神父）。這是一個不安罪人寫的信。他曉得她持有他的信和文件，總之是可以毀滅他的東西。

兩個年輕人以妹妹的名義回以一封激昂的信。字裡行間沒有辱罵，卻是充滿嘲諷的尖銳口吻，感覺得出熊熊怒火。妹妹在信裡承諾聽從他的話，不向主教或耶穌會神父吐露任何事。她稱讚他「有如此的勇氣鼓勵別人受苦」。對他可憎的甜言蜜語，她以同樣的方式回敬（可以感覺到出自男人之手，兩個冒失男人的筆觸）。

第三天，他們去知會他，說她想馬上離院。他大驚失色，想到那些信件會跟她一起脫離他的掌握。他驚嚇得六神無主。他氣餒得前往修道院會客室，在她面前下跪，問她是否有勇氣離開他。可憐女孩被打動，回答說沒有，她往前走，讓他擁住她。而這位猶大只想欺騙她，多爭取幾天的時間，以取得上級的支持。

二十九日這天，一切丕變。凱薩琳仍然留在奧利烏勒，她請求他的原諒，承諾自己的順從。吉哈爾顯然已成功說動有力人士，取得協助，從這天開始，他們收到威脅（也許來自艾克斯，爾後來自巴黎）。耶穌會權貴、宮廷保護人都寫信來。

兩位兄長面對這樣的戰鬥要如何是好？他們無疑請教過所屬修會的上級意見，大概得到警告，要他們別過度抨擊吉哈爾身為告解神父的放蕩不羈行為，因為如此可能觸怒將告解視為最珍貴寶物的教會；他們該做的是把他從教會系統孤立起來，強調他所宣揚教義的獨特性，突出他的寂靜主義者身分。唯有這種方式才能讓他得到制裁。在一六九八年，第戎附近的一位本堂神父因為宣揚寂靜主義被送上火刑柱。他們想（顯然透過妹妹的口述，而她對他們的計畫一無所知）寫一份傳記揭露狂熱、自負吉哈爾的寂靜主義。這是她對四旬齋期間所見異象的陳述。在那些異象裡，吉哈爾的名字已在天國，她看見他的名字和自己的名字在生命冊裡合而為一。

他們不敢將這份傳記直接呈交給主教。但是他們讓一位友人，一位年輕的指導神父卡梅勒（Camerle）偷走它。主教讀了內容，其他抄本在城裡流傳。八月二十一日，吉哈爾人到主教府，主教笑著對他說：「神父啊！您列名在生命冊呢，不是嗎？」

吉哈爾驚恐莫名，以為自己已經完了，他寫信給凱薩琳，嚴厲地指責她。他再次淚眼汪汪要求拿回他的信件。凱薩琳表示震驚，跟他保證傳記一直在她兄長手裡。當她發現文件已經外流，她陷入極端絕望。她受到身心最劇烈疼痛的襲擊。她有片刻以為自己的身體已經崩解。她幾近瘋狂。「我多麼渴望疼痛！我拿起苦鞭兩次，我猛烈地揮打到鮮血大量冒出。」在如此狂亂的失去理智，整個人昏頭轉向，沉浸在無限的良心譴責時，吉歐女士添上最後的一擊，將吉哈爾描述為即將死亡的男人。她的憐憫上升到最高點。

她現在要交出文件。儘管它們明顯是她唯一可以捍衛、保護自己的憑藉，可證明自己的清白，證明自己只是他人詭計的受害者。將它們還給吉哈爾等於冒著兩人角色可能對調的風險。也就是她才是引誘神父步入歧途的罪魁禍首，所有可憎惡行都是她的做為。

不過，如果只有毀掉自己或失去吉哈爾兩個選擇，她寧願選前者。一位魔鬼（無疑是吉歐女士）以這個選擇誘惑她，吹捧這樣的犧牲如何崇高。她寫信給凱薩琳，告知上帝要求她做出流血的犧牲。她列舉一些被控訴聖徒的例子，指出他們不會替自己辯護，而是像溫順羔羊坦然受死。凱薩琳追隨這些人的腳步。吉哈爾在她眼前受控時，她為他辯護，說道：「他說的是真話，我說的是謊言。」

她大可只交還吉哈爾的來信，但是以她寬厚的心腸，她願意接受任何要求，她還交出自己信件的草稿。他同時擁有二哥雅各賓寫的底稿和三哥寫出的信件。從此以後，他再沒有什麼可怕。再也不可能控制他。他可以刪節、填補、擦去、篡改信件內容。他大可任意造假，他也貫徹執行。八十封信共計留下十六封，而它們像事件發生後精心完成的作品。

吉哈爾掌握局勢，大可嘲笑他的敵人。現在輪到他們膽戰心驚。身處上流社會的主教瞭解凡爾賽皇宮和耶穌會在那裡的影響力，知道不可不謹慎對待耶穌會修士。他甚至為那次生命冊的惡意指責向吉哈爾賠禮，又親切地表示要當他親戚孩子的教父。

土倫的主教一向是大領主。主教名冊涵蓋普羅旺斯所有望族的姓氏，諸如博歐、格蘭戴文、尼柯拉、佛賓、佛賓德佩德，以及義大利所有名門，諸如費斯科、特里維爾斯、拉沃佛。從一七一二年到一七三七年，在攝政王和弗勒里主教治國時期，土倫的主教是拉圖杜潘（la Tour du Pin）。他相當富有，也代管朗格多克區的阿尼亞納修道院和聖奇岩修道院。據說他在一七二一年的大瘟疫期間表現良好。除此之外，他幾乎都不在當地，平日過著世俗生活，從不主持彌撒，不僅僅是風流而已。

他在七月抵達土倫，儘管吉哈爾說服他放棄去奧利烏勒看凱薩琳，他還是敵不過好奇心。他見到正常時候的她。他對她一見傾心，認為她聖潔、善良，相信她得知的一切來自上天的啟示，因此不假思索跟她談起自己的事情、興趣和未來，把她當作一般的預言者一樣尋求她的建議。

儘管她的兩位兄長懇求他，讓她離開奧利烏勒，遠離吉哈爾的掌控，他有所躊躇。然而有辦法讓他下定決心。在土倫開始流傳凱薩琳想效法聖女德蘭在十二歲做的事，前往荒漠。據說這是吉哈爾為她灌輸的念頭，以便某天可以帶走她，讓她遠離因她帶來榮耀的主教管區，把這個珍寶獻給遠方某個由耶穌會獨自掌控的修道院，利用她的奇蹟和所見異象，善用她這位年輕、民間聖女的吸引力。主教感到不快。他指示女院長只能把凱薩琳交給她的母親，她不久後會去修道院接女兒離開，把她送到自家的農舍。

為了不得罪吉哈爾，他們讓凱薩琳寫信給他，表示如果她的遷居造成他的不便，他可以增添一位助手，給她第二位告解神父。吉哈爾明白其中的暗示，寧願放棄凱薩琳以平息嫉妒。他以一封（九月十五日）措辭極為謹慎、謙卑、可憐的短信與她斷絕關係，試著讓她仍然對他保有友誼和柔情。「就算我對您犯了錯，您會記得我是誠心想幫助您……在耶穌基督的聖心裡，我是也永遠會是您的忠誠朋友。」

主教卻不覺得放心。他認為三位耶穌會神父吉哈爾、沙巴底和格里涅想讓他卸下心防，然後某天早上，拿著巴黎來的命令帶走女孩。他打定主意，九月十七日這天派出自己的馬車（輕盈、高級的四輪敞篷馬車）接她到附近她母親擁有的農舍。

為了平復她的情緒和保護她的安全，讓她走上正軌，主教為她找告解神父，起初找的是一位加爾默羅修會修士，他在吉哈爾之前曾擔任她的告解神父。但是這個年老的男人拒絕。其他可能人選也紛紛婉拒。主教不得不選擇一位陌生人：三個月前才從弗朗什孔德來的尼可拉斯（Nicolas）神父，他是赤足加爾默羅修會（carmes déchaussés）的一位修院院長。這位四十歲的男人冷靜、果敢，意志堅定，幾乎稱得上固執。他一開始的表現證明了他值得主教的信賴：他謝辭了提議。他畏懼的不是耶穌會修士，而是凱薩琳這個女孩。他推測她絕非善類，可能是地獄的天使，害怕魔鬼在溫柔女孩的偽裝下進行更惡毒的襲擊。

但是一看見她就讓他大感放心。她看來如此單純，很高興終於能有一個可靠、值得信賴的男人給她堅定的支持。吉哈爾持續的搖擺不定態度令她深以為苦。她從第一天起就比過去一個月來說得更多，講述自己的人生、痛苦、虔誠和所見的異象。到了晚上，她仍然沒有停止陳述，那是九月中的一個燠熱夜晚。房間的三道門和每扇窗戶都開啟。她繼續說到將近黎明，兩位兄長在她身旁熟睡。隔天，她在葡萄棚下繼續說，以上帝般的訓誨方式說起最崇高的奧祕。那位加爾默羅修士目瞪口呆，自問魔鬼是否有可能如此稱頌上帝。

她的天真單純顯而易見。她看來是善良、聽話，如羔羊般溫順，如幼犬般淘氣的女孩。她想要玩滾球遊戲（農舍的平常娛樂），他沒有拒絕和她一起玩。

如果她體內真有外靈，至少沒有人敢說那是說謊的靈體。長久、近距離觀察她的話，沒有人可以否認她的傷口也時會流血。她的新告解神父和吉哈爾不同，他避免做那些下流的確認行為。他只是看腳上的傷口。他只是太常目睹她的出神狀態。劇烈的熱氣可能突然襲擊她的心臟，擴散到全身。她會失去意識，陷入痙攣，開始胡言亂語。

這位加爾默羅修士相當清楚她體內有兩個人：年輕女孩和魔鬼。第一位正直善良，甚至非常天真無邪，就算別人對她做任何壞事，她全然不懂，甚至包括那些讓她深受困擾、痛苦的事。在她開始懺悔前，她提到吉哈爾的吻，這位修士嚴厲地對她說：「這是非常嚴重的罪行！」──「天啊！」她哭著說，「那麼我萬劫不復了，因為他對我做過其他更糟的事。」

主教常來看她。農舍成為他散步的目的地。面對他的詢問，她天真地稟實回答，總之說出一切的開始。主教勃然大怒，深覺羞辱、憤慨。他無疑猜到女孩沒吐露的其他部分。他這下可以嚴厲指控吉哈爾。他完全沒考慮到和耶穌會修士對抗的風險，完全以加爾默羅修會的觀點思考，承認女孩受到蠱惑，而吉哈爾就是巫師。他打算立刻停止他的職務，摧毀他，讓他失去名聲。凱薩琳卻為這個對她犯下如此多罪的男人求情，拒絕對他復仇。她在主教面前下跪，懇求他赦免吉哈爾，不要談到這麼嚴厲的處理方法。她以感人的口吻謙卑地說：「我現在既已得到啟示，我知道自己曾經罪孽深重。」她的二哥加入一起懇求，他預見這樣宣戰的可能危險，也懷疑主教是否能堅決奮戰到底。

她稍微平靜一些。季節變了。酷熱的夏天已經過去。大自然總算大發慈悲。舒爽的十月來到。由於她被自己拯救，主教感到心滿意足。可憐的女孩不再待在修道院受壓抑的環境，不再跟吉哈爾有關係，現在由家人和正直、勇敢的修士守護，也受到主教的保護。主教不干涉她，始終提供保護，她完全恢復平靜。她就像得到十月甘霖滋潤的乾草，重新振作，重新恢復生氣。

大約有七個星期的時間，她顯得相當規矩。主教非常開心，他想讓尼可拉斯修士在凱薩琳的協助下去接觸吉哈爾的懺悔者，讓她們也同樣恢復理智。她們來到農舍，想必是多麼勉強、不情願。事實上，傳喚這些女人來見凱薩琳是相當不合禮儀的事，女孩如此年輕，也才從出神的精神錯亂狀態復原不久。

情況顯得劍拔弩張又可笑。一邊是吉哈爾的女人，另一邊是主教的人馬。主教這邊的支持者包括喜愛凱薩琳的阿勒蒙女士母女。另一邊的叛亂份子以吉歐女士為首。主教和她商談，引介她認識尼可拉斯神父，勸她帶朋友來跟他告解。他派出自己的記錄員去找她，接著是一位檢察官（吉歐女士的舊情人）。這一切都沒有生效，主教使出最後一個辦法，就是將她們所有人傳喚到主教府。她們在那裡全盤否認一切，包括出神狀態、聖痕，說她們只是吹牛。其中一位，大概是吉歐女士，厚顏無恥又惡毒地提出驚人建議，說當場可以讓他看她們身上並沒有任何印記。她們以為他會輕率地落入陷阱。但是他妥善地回應。他斷然拒絕，再來對這些女士表示感謝，說她們犧牲羞恥心來讓他效法吉哈爾之舉甚為可嘉，但只怕會淪為全城民眾的笑柄。

主教的行動遭遇失敗。一方面，這些厚顏無恥的女人嘲笑他。另一方面，凱薩琳令他大失所望。才回到陰暗的土倫，回到窄小的醫院街，她的病情又復發。她就處在最初發病的危險、陰暗環境，就處在兩方勢力的戰場。以法國皇室為後盾的耶穌會修士有政治人物、外交人士、賢人們的支持。加爾默羅修士只有主教，甚至沒有同僚修士或本堂神父的支持。他倒有一項武器。十一月八日，他從凱薩琳那裡拿到一張手寫的許可，表示如果有必要，可以當眾公開懺悔。

這個大膽、勇敢的行動讓吉哈爾為之顫抖。他不是勇敢的人，如果他被指控的理由和耶穌會無關，他早已沒救。他躲在耶穌會。可是他的同僚沙巴底神父，這位暴躁易怒的老男人直驅主教府。他走進裡面，像波皮利烏斯（Popilius）一樣，袍子上寫著戰爭或和平。他背水一戰，讓主教明白控訴耶穌會修士對他而言是職業生涯的毀滅，他到死為止都會是土倫的主教，永遠不會成為大主教。此外，以凡爾賽皇宮為靠山的這位使徒，毫不避諱地說出，如果這個案件揭露耶穌會神父的品行道德，一位主教的道德也會受到檢視。一封顯然由吉哈爾撰寫的信讓他相信所有耶穌會修士已準備好反控主教，宣稱他的生活「不只有愧主教一職，還糟糕透頂。」惡毒、陰險的吉哈爾，充滿怒氣、怨恨的沙巴底，大有可能惡意羅織罪名。他們還會提到這一切是因為一個女孩，吉哈爾在她生病時接近她，而主教在她健康時得到她的歡心。在這位上流社會人士、偉大領主井然有序的人生裡，那會是多大的麻煩和醜聞！為了一個瘋狂、殘弱女孩的童真復仇而宣戰，和這些正派人士反目成仇，會是多麼滑稽可笑的騎士義行！樞機主教邦茲在土魯斯死於失戀折磨，但至少是為了一位美麗的貴婦，高貴的岡吉斯女爵。這裡，主教冒著毀滅自己的風險，被恥辱壓垮、淪為笑柄，只是為了醫院街一個商販的女兒！

沙巴底神父的威脅帶來其他的影響。主教對凱薩琳的熱切關注已經逐漸消散。他氣惱她又生病，毀去他原本的成果。由於她再度發病，他等於犯下過錯。他怪罪她無法痊癒。他告訴自己，沙巴底神父說的有理，讓自己受到牽連是愚蠢的事。改變突如其來。如同上帝的慈悲一擊。他像前往大馬士革路上的聖保羅，突然看見光芒，就此站到耶穌會陣營。

沙巴底神父還不罷休。他在主教面前放了紙筆，要他當場簽署兩份停職令，一是針對他派在凱薩琳身旁的加爾默羅修士，另一份是針對女孩的二哥雅各賓（十一月十日，一七三〇年）。

24 凱薩琳・卡帝耶審判案／一七三〇～一七三一年

對卡帝耶一家人而言，不難想像這是多麼可怕的打擊。凱薩琳病情的發作不只越加頻繁，也越來越猛烈。病症甚至傳染給她的親密友人。同樣經驗過出神狀態的鄰居阿勒蒙夫人，本來將之視為上帝的神啟，現在卻突然陷入恐懼，認為這是地獄魔鬼的作為。這位五十歲的善良女士想到腦裡時常出現的不潔念頭，深信自己已成了魔鬼的禁臠而滿身邪惡。儘管有女兒的悉心照料，她仍離家到凱薩琳家尋求庇護。凱薩琳的家自此沒有寧日，連開店做生意都成問題。凱薩琳的大哥憤怒地大罵吉哈爾：「我看他是下一個戈弗里迪……等著被燒死吧！」她的二哥緊接著說：「就算傾家蕩產也不能放過他。」

十一月十八日凌晨，凱薩琳突然大叫出聲，覺得快要窒息，家人以為她就要香消玉殞了。大哥在慌亂中探出窗外，對著左鄰右舍大嚷：「救命啊！魔鬼就要勒死我妹妹了！」聽聞風聲的鄰人衣衫不整地趕來。醫生們診斷凱薩琳是「子宮窒息」，亦即歇斯底里，打算用吸杯法治療。準備吸杯的同時，他們設法扳開她緊閉的雙唇，灌入一口白蘭地，她這才甦醒過來。這時負責診療靈魂的醫生也陸續前來，首先是卡帝耶夫人的告解神父，再來是土倫各堂區的神父。屋裡屋外充滿喧鬧、叫喊，眼見一群神父攜帶聖器、全副武裝浩浩蕩蕩前來，準備進行驅魔，街上隨即擠滿看熱鬧的人潮。剛抵達的人一頭霧水探問：「怎麼回事？」──「是凱薩琳，她被吉哈爾施了巫術。」可以想見圍觀人群的憐憫和憤慨。

耶穌會修士們極度恐慌，為了驅散懼意，他們隨即做出一件殘忍的事──前往主教府，要求當天即起訴凱薩琳──以致這位才經歷垂死掙扎的可憐女孩，躺在床上，連一點準備都沒有，又要面對突然的盤查審問……

沙巴底（Sabatier）神父在主教府不肯離開，他堅持等到主教召喚宗教法官兼代理主教拉穆迪厄（Larme-dieu）、宗教檢察官雷布（Reybaud）神父前來，並指示他們即刻開始辦案。

就教會法的規定，這是不可能也不合法的事。先得經過偵訊才進行審問。還有一個問題：除非有人犯下拒絕聖事的罪名，否則宗教法官無權親自進行偵查。拉穆迪厄和雷布神父皆提出異議，但沙巴底神父相應不理。他可不願原本的如意算盤被一板一眼的法律程序耽擱。

拉穆迪厄，Larme-Dieu，意思是上帝的眼淚。多麼動人的名字，這位法官自信滿滿、樂於助人、對教士挺客氣。他可不是像野豬般盲目的粗魯法官，不會在法律這條路上橫衝直撞，完全對每位被告一視同仁。在奧利烏勒教長奧布尼的案子中，他用了很大的心思，審理案子的速度慢到讓被告奧布尼有時間逍遙法外。之後，他得知奧布尼已逃到馬賽，也未採取任何行動，彷彿馬賽距離法國有千里之遙，隸屬古老地圖上那種遙遠未知的地域。但在這裡的情況卻大不相同：這位牛步審理奧布尼教長案件的法官，對凱薩琳案卻火速展開行動。早上九點，在醫院街居民好奇的目光下，拉穆迪厄領著宗教檢察官，還有兩位堂區副神父和幾位神學家簇擁，一行人浩浩蕩蕩抵達凱薩琳的家。女孩被叫來接受審訊，他們要她發誓說出不利於自己的實情，要憑著良知和告解的精神，把自己的祕密和盤托出，對自己做出指控。

既然程序毫不合法，凱薩琳大可不必回答。但她沒有爭辨，照著他們的要求宣誓，等於自動棄械、束手就擒。因為一旦做出宣誓，就代表她必須說出一切，即使是女孩羞於啟齒的可恥、微不足道細節。

拉穆迪厄的第一次審訊和筆錄顯示他和耶穌會修士們已有共識——無非是要告訴大家，吉哈爾是凱薩琳詭計誘騙的受害者。堂堂一個五十歲的男人，身為聖師、教師和修女們的神師，是如此天真、易於輕信，被一個女孩耍弄！狡猾、淫蕩的凱薩琳用異象欺騙他，不過並沒能誘使他一起墮落，惱羞成怒的她於是陰險地把所有卑鄙下流的行為都歸罪於他。

這次審問不僅沒能證實拉穆迪厄和耶穌會修士們原先所預設的罪狀，最動人之處，在於凱薩琳所展現的溫和有禮。她顯然因為做了宣誓才不得不做出指控。她沒有嚴詞指責敵人，即使是她兄長口中背信忘義的吉歐夫人出賣了她，無所不用其極想摧毀她。若不是這位夫人說服凱薩琳交出那些猶如救命符的信件，可憐的女孩怎會落入萬劫不復之地。

凱薩琳的無邪天真讓三位哥哥愕然不已。唉！由於已經宣誓，她毫無保留地和盤托出一切。從此以後受到輕視，連耶穌會的死對頭，連放蕩者和傻子也訕笑她。

既然已經邁出第一步，耶穌會修士們希望不出差池，教士們的筆錄能得到更正式的認證。她看似是被告，卻在他們安排下成為控訴的原告，如此一來，民事和刑事法官馬特利・尚塔（Marteli Chantard）得聽取她陳述的證詞。尚塔法官在精簡的訴狀裡，明確地陳述誘惑的事實：凱薩琳責怪吉哈爾對她的猥褻撫摸，對方只是一笑置之，還有吉哈爾建議她就任憑魔鬼附身，最後則指出這個狡猾男人以吸吮的方式來維持「聖痕」等等。

身為國王的官吏，這位尚塔法官理應自己承接這個案子。由於宗教法官行事匆促，並未遵照教會法規定的程序，使得起訴完全無效。然而這位世俗法官缺乏勇氣，沒有表達自己的意見，他答應協助宗教法庭的調查，讓拉穆迪厄擔任陪審法官，甚至在主教府的法庭聆聽證人陳述，由主教的書記官負責記錄（而不是他自己的書記官）。但主教書記官如實記錄了一切嗎？事實上，如果看到主教書記官如何威脅證人，每晚將證言帶給耶穌會修士過目，我們便會懷疑他的公正性了。

首先由凱薩琳家所在堂區的兩位副神父作證，他們的態度淡然，雖不偏袒她，也不至於攻訐她，完全和耶穌會站在同一陣線（十一月二十四日）。耶穌會修士們眼看計畫就要脫軌，於是不顧廉恥，冒著引起公憤的風險，決定進行石破天驚的一擊。他們逼迫主教下令囚禁凱薩琳和她的主要證人，也就是是阿勒蒙（Allemand）母女和巴塔瑞兒（Batarelle）小姐。因此，巴塔瑞兒小姐被關入修道院監獄，阿爾蒙母女則被送入專關瘋女人和淫蕩女人的天主教養所。十一月二十六日那天，臥病的凱薩琳被強行拖下床，送交給由吉哈爾神父指導的烏爾蘇拉女修會，那些修女將她丟在破爛的麥桿床上。

如此殺雞儆猴、樹立了恐怖氣氛後，法庭這才開始傳喚證人，十一月二十八日出庭作證的是兩位精挑細選過的人選，一位是伶牙俐齒、隨時準備誣陷凱薩琳的吉歐夫人，另一位是曾受凱薩琳照顧的吉洛兒小姐。這個懷過吉哈爾神父孩子的吉洛兒，過去曾經痛責吉哈爾，現在她必須補償當時的失言，為了取悅吉哈爾而汙衊有恩於自己的凱薩琳，歷歷指陳後者的大膽無恥言辭。不過放蕩的吉洛兒連扯謊也不脫本性，引述的言語內容根本並非凱薩琳平日的說話方式。接著由葛拉維小姐和她的堂妹雷布爾小姐作證，總之，「吉哈爾黨羽」——土倫居民給這群女人的稱號——全到齊了。

不過，精心的安排並非萬無一失，從證人口裡不時蹦出一些真相實情。吉哈爾黨羽聚會的屋子，其屋主是一位檢察官的妻子，她坦承，那些女人喧嘩笑鬧，把整棟房子攪得天翻地覆，讓她不得安寧，甚至拿捐獻金買食物等等。

耶穌會修士們尤其擔心奧利烏勒的修女會和凱薩琳站在同一陣線。主教書記官前往修道院，以主教的名義向修女們宣布，作證不當的人將會受到處罰。為了對她們施加更強大的壓力，耶穌會這幫人甚至為奧巴尼教長解決強暴案，付了八百法磅給女寄宿生的家人，讓他擺脫審判和牢獄之災。奧巴尼教長回到奧利烏勒女修道院，向修女們表示自己是來警告她們，如果不乖乖聽話，「恐怕難逃審問」，這群修女嚇得渾身顫抖（見《審判》〔Procès〕十二開本，第二卷）。

儘管有這番打點，十五位修女說出的證詞仍無法讓吉哈爾陣營的人滿意。其中只有兩三位修女為吉哈爾辯護，其他所有人則如實說出事實，特別是七月七日那天發生的事，等於是直接指控吉哈爾的罪行。

為了確保證人說出適當的證詞，絕望的耶穌會修士們只好採用極端辦法。他們駐守在出入法庭的大廳，攔下證人，加以哄騙、威脅，如果有人的立場是和吉哈爾敵對，立即無恥地強行將他攆出大門（見《審判》十二開本，第一卷）。

拉穆迪厄法官和尚塔法官都成了耶穌會修士們操弄的魁儡，讓土倫居民們看得渾身戰慄、膽顫心驚。凱薩琳的家人在十二月、一月、二月公開控訴法庭，表示拒絕審判並指責證人收到收買。耶穌會修士們自覺無法再掌控大局，於是請求上層有力人士的支援。最好的方式顯然是由司法大會議（Grand Conseil）下令移交案件以暗中結案（如同樞機主教馬薩罕〔Mazarin〕處理盧維爾斯〔Louviers〕事件的方式）。不過大法官是達古梭（D'Aguesseau），耶穌會修士們並不希望案子被移交到巴黎。他們將它留在普羅旺斯。他們得到國王的諭令（一七三一年一月十六日），將由普羅旺斯最高法院（那裡有許多耶穌會盟友）按照兩位司法推事在土倫蒐集的資訊做出審判。

來到土倫的是一位世俗法庭推事弗孔（Faucon）和一位宗教法庭推事德夏萊瓦（de Charleval），他們直接投宿於耶穌會會所。這兩位特派員毫不掩飾對吉哈爾的強烈私心偏袒，凱薩琳被當成被告一樣傳喚到庭，而吉哈爾則備受禮遇，出庭後仍然可以自由活動，還繼續主持彌撒、聆聽告解。而凱薩琳住在敵營的修會，被吉哈爾的虔誠擁護者鎖在房裡，面對她們的殘酷對待。

說到烏里蘇拉女修會的待客之道，簡直就像是要把凱薩琳送上黃泉路一樣。她們讓她住進一位發瘋修女的房間，裡頭弄得骯髒不堪，她睡在這瘋子的麥桿床上，處身於惡臭之中。第二天，她的家人好不容易才得到允許，為她送來床墊和被單。修女們指派來看守、照顧凱薩琳的人是一個雜役修女，正是吉歐夫人的女兒，她深得乃母真傳，大有可能做出陰險行為，危害凱薩琳的節操甚或是生命。凱薩琳被判處的贖罪懲罰對她而言不啻嚴厲，也就是無法告解和無法領聖餐。自從無法領聖餐，她又再度發病。她的敵人沙巴底神父前來訪視，意外的是，他試圖拉攏她，用聖餅誘惑她！這是他提出的交易條件：想領聖餐的話，她得承認自己是故意誹謗中傷吉哈爾，是不值得領聖餐的人。依照凱薩琳極度謙卑的性格，她本可能聽命照辦。但是一旦這麼做，不只是毀掉自己，也等於把加爾默羅修會神父和兩位哥哥一起拖下水。

吉哈爾陣營的人不得不迫採用法利賽人（Pharisee，譯註：言行不一的偽善者）的詭計，自行代為解釋她的話。凱薩琳以神祕主義層次說的話，被用世俗觀點解讀。為了躲避這些陷阱，她表現出眾人最意想不到的本領，即是清醒的理智。

那些人最惡毒的詭計是讓凱薩琳擁有一個情人，奪走民眾的憐憫，轉而訕笑她。他們宣稱，她曾經對一位年輕小混混提議一起遠走高飛、環遊世界。

那個時代的領主，都喜歡用少年當侍從，動不動就把領地上最漂亮的農民子弟收為己用。主教就收容了一位佃農的兒子，讓孩子脫離了貧困，待他長大後，便讓他剃髮成為修士，年方二十，就擔任指導神甫，頗有神父的派頭。這個年輕人就是卡梅爾（Camerle）神父，由於他和僕役們一起長大，什麼粗活都得做，他就像多數鄉下少年，即使身上土氣磨得差不多了，但還是不脫流氣，集單純與狡猾於一身。他發現主教到土倫後就對凱薩琳大感興趣，對吉哈爾毫無好感。為了取悅主教，他在奧利烏勒監視兩人的曖昧關係。但自從主教懾於耶穌會力量、改變立場以後，卡梅爾又以同樣的熱忱積極協助吉哈爾，幫助他對抗凱薩琳。

就和《聖經》裡的約瑟（Joseph）一樣，他宣稱凱薩琳如波提乏（Putiphar，譯註：《創世紀》中的人物）一般，試圖誘惑他、動搖他的道德。假使這是事實，假使她真的恭維過他，向他表露過自己的心思，他若藉此責罰他，拿她的話當把柄，那就徒然暴露他的卑鄙而已。但以他的小廝出身及後來所受的修士訓練，是不會教導如何得到女人尊敬和愛慕的。

她妥善、高明地保護自己，讓卡梅爾自討難堪。最高法院的兩位卑鄙特派員眼看她回應的方式連連讓人無力招架，於是縮短對質時間，縮減她要求的證人數量。她點名的六十八位證人，他們只傳喚了三十八位（見《審判》十二開本，第一卷）。他們毫不遵守規定時限或法庭程序，加速對質的進行，但並未帶來任何有利進展。二月二十五日和二十六日，她的證言和前次如出一轍，重複原來對吉哈爾神父的指控。

耶穌會修士們勃然大怒，遺憾在土倫時沒有以劊子手或拷問來「稍加要脅」。這是 ultima ratio（最後手段）。那個時代的最高法院都訴諸這個辦法。我眼前就有一份對拷問

①的熱烈頌文，是一位學識淵博、後來被拔擢進入國王法庭的最高法院法官於一七八〇年撰寫的，此文被獻給國王路易十六，並得到教宗保祿六世充滿溢美之詞的讚揚。

二月二十七日一大清早，負責看守她的雜役修女，即吉歐夫人的女兒，送上一杯酒給她。凱薩琳大吃一驚，她不渴，而且早晨從不喝酒，更別說是不摻水的純酒。這位粗魯、健壯——擔任這類職務的女人特色，以便制服不順從、發瘋的修女或是懲罰女寄宿生——的雜役修女，逼迫病弱的凱薩琳乖乖就範喝，還被迫喝下整杯，甚至包括難入口、有鹹味的剩餘殘渣。

這杯難嚥的飲料是什麼？從她墮胎那時的事，可知吉哈爾多麼擅長調配藥方。而這裡光是一杯純酒的勁道已經足以對虛弱的病人發揮作用。足以讓她變得醉醺醺，在出庭當天只能結結巴巴吐出幾句話，讓書記官得以任意曲解話中原意。裡頭加的藥（也許是能混亂心智數天的女巫藥草）則可讓她的神智不清狀態持續數天，無法反悔取消證詞。

她在二月二十七日所作的陳述立場突然完全改變！她為吉哈爾辯護！奇怪的是，兩位特派員沒覺察到如此意外的變化。眼見一位酒醉少女古怪、可恥的當眾出醜，他們並不覺得驚訝或疑惑。在法官的引導下，她表示吉哈爾從未碰過她，她從未感覺到愉悅或痛苦，一切的感覺都只是因為身體孱弱。只不過加爾默羅神父和兩位兄長讓她把夢境當作真實發生的行為描述出來。她不只為吉哈爾開脫，還抹黑自己的親人、朋友，攻擊他們，等於是在他們的脖子套上了絞索。

這番證言的清楚、明確實在令人稱奇，顯然是出自經驗豐富的書記官巧手撰寫。驚人的是，陰謀既然進行如此順利，法官卻沒有繼續審訊。二十八日未進行。從三月一日到六日也毫無動靜。

這大概是因為二十七日，在酒精的作用下，她還能說話，還能吐出隻字片語供書記官擅自修改。但到了二十八日，毒藥藥效達到極致，她處於昏迷或完全發狂狀態（就像巫魔會的參與者那樣），不可能讓她在大庭廣眾之前現身。再者，在她心智混亂的狀態下，可以輕易餵她喝下其他種類藥水，她對這些天發生過的事絕不會有知覺或記憶。

我肯定就在這六天期間，從二月二十八日到三月五、六日左右，發生了一件特別的事件。簡單的三行字，隱約地透露了其間的醜陋，以及這可憐女孩的悲慘。那是她自己或兩位兄長都沒有勇氣多加詳述的。兩位兄長要不是受到指控、生命受到威脅，他們絕不可能說出來的。

吉哈爾去探訪凱薩琳！多麼放肆、下流的行為啊！

據凱薩琳兄妹的證言，吉哈爾的探訪從此案進入司法程序就已經開始。不過，從十一月二十六日到二月二十六日期間，證人們的證詞對吉哈爾大為不利，令他驚慌失措、銳氣大減。三月十日以後，凱薩琳已恢復清醒，離開了修道院，他更不敢去看她。因此，他只可能在女孩因為藥效陷入恍惚的這五天裡去看她。

---

①德．沃格朗（Muyart de Vouglans）《正常秩序下的法國刑法》（*Lois criminelles*）（一七八〇年版的對開本）末尾部分。

吉歐夫人曾經出賣凱薩琳，她的女兒自然也做得出這樣的事。由於凱薩琳自己的說辭矛盾，吉哈爾這下扳回一城，更得寸進尺前往她的牢房。凱薩琳此時因為藥效處於遲鈍呆滯，甚至全然絕望、失神的狀態，當時，就算她保有一丁點清楚的意識，恐怕也因為意識到自己的證言已將親友推向死路而深感悲痛。她的命運已告底定。但是另一件審判才剛開始，被告是她的兩位哥哥和英勇的加爾默羅神父。她可能因為悔恨向吉哈爾求情，勸他撤銷控告，最重要的是不要讓她自己接受訊問。

狀況淒慘可憐的凱薩琳，懇求吉哈爾的赦免。由於長期處於坐姿，結果導致輕微的不良於行，讓她非常痛苦，而痙攣更導致她子宮脫垂，有時非常疼痛。由此可見，吉哈爾絕不是臨時起意的罪犯，而是不折不扣的變態、惡棍，見到她的悲慘模樣，只讓他確信能輕易遂行己意。他心想，如果趁此機會侮辱她，她必會一蹶不振，再也沒有心思或勇氣來否認二月二十七日那天的證詞。他當時恨她入骨，卻以無恥的玩笑話談及她的脫垂毛病，眼見可憐的女孩毫無防衛力，他卑鄙地伸出手碰觸她的患處。她的哥哥證實這是事實，但是羞愧地草草帶過，未深入說明。凱薩琳自己也確認這是事實，她只回答簡短兩個字：「是的。」

唉！她恍神了好幾天，才緩緩恢復神智。三月六日，她再次被傳喚出庭，這次是準備確認所有證言，將兩位哥哥打入萬劫不復境地。但是到了那天，她的喉頭突然哽住，完全說不出話來。兩位好心的特派員告訴她拷問室就在隔壁，對她詳加解說如何使用楔子粉碎骨頭，以及拉架、鐵針的刑求法。身體虛弱的她完全喪失了勇氣，勉強接受和殘酷的吉哈爾當面對質，對方得意洋洋大笑，他不只羞辱了她的身體，還讓她的良心墮落！讓她成了謀害親哥哥的人！

吉哈爾陣營的人儘速利用她的虛弱狀態。艾克斯普羅旺斯的最高法院一收到訴狀，就確認了加爾默羅神父和兩位兄長的起訴罪名，並判定他們得另外受審，準備等凱薩琳被定罪、處罰以後，再行審理他們的案件，慢慢折磨他們。

三月十日，凱薩琳從土倫的烏里蘇拉女修會被帶往奧利烏勒女修道院。吉哈爾不放心，設法讓騎警隊負責押送她，就像對付惡名昭彰的可怕攔路土匪一樣。他要求一抵達奧利烏勒修道院就將她鎖在房裡。看著凱薩琳在持劍士兵護送下來到，已經虛弱得舉步維艱，院裡的修女們不由得掉下眼淚。大家都憐憫她。這時有兩個勇敢的男人——檢察官奧班（Aubin）和公證人克萊（Claret），幫她準備文件以取消之前的證詞，這些文件駭人聽聞，詳述了兩位特派員和烏里蘇拉修道院女院長的恐嚇威脅，特別是他們強迫她喝下毒酒（一七三一年三月十日至十六日）。

同一時間，這兩位英勇無畏的男人擬了一份申訴書寄給巴黎的大法官，揭露法庭不當、不合法的程序，指控宗教法官拉穆迪厄、刑事法官尚塔和兩位特派員肆無忌憚地違反法紀。但大法官達古梭的回應懦弱無當，他沒有挺身干涉，而是任由艾克斯普羅旺斯最高法院審理此案，儘管法院成員的包庇行為已讓司法的可信度蒙羞！

事態至此，艾克斯普羅旺斯最高法院下令將凱薩琳從奧利烏勒帶回艾克斯，這次依舊由騎警隊負責押送。按照慣例，半途會在小客棧過夜。抵達客棧後，隊長說明依照上級的命令，他要和女孩同宿一房。吉哈爾陣營的人似乎認為，幾乎不能走路的女孩還會跳窗逃跑。何其可恥的手段啊！她的貞節這下取決於騎兵隊長能否自制！如果她抵達艾克斯時懷有身孕，該是多大的笑柄？所幸她的母親緊緊跟著隊伍一起走，騎兵們不敢揮槍驅逐她。卡帝耶夫人當晚留在女兒房間裡，整夜和隊長一起戒備看守（兩人都站著），捍衛了女兒的貞節（見十二開本，第一卷）。

凱薩琳被送到艾克斯的烏里蘇拉女修道，依照國王諭令，得由院裡的修女負責看守她。女院長聲稱尚未收到命令。接下來發生的事，顯示了狂熱的女人會變得多麼殘忍、惡毒。女院長把凱薩琳擋在大門外長達四小時，讓她在大街上被群眾品頭論足（見十二開本，第四卷）。耶穌會修士們聚集而來，對她發出怒罵、噓聲，還有一群孩子開始扔擲石塊，簡直就是四小時公開的示眾，路人行經目睹時，不免要問烏里蘇拉女修會是否受令要殺死女孩。

決鬥場地已經準備就緒，準備工作完美得令人讚嘆，耶穌會陣營的法官和深富謀略的貴婦同心協力使出威嚇手段。沒有律師甘冒自毀前程的風險，為這個聲名狼藉的女孩辯護。沒有人敢天天到修道院會客室和凱薩琳商討案情，那裡有一群蛇蠍般的修女獄卒。替被告辯護的責任因此落到艾克斯律師協會的會長夏東（Chandon）身上。他沒有拒絕這個艱鉅任務，困惑不安的他想要促成兩方協商和解，卻遭耶穌會修士斷然拒絕。這位夏東是正直不阿、勇氣過人的男子，他揭發訴訟程序醜惡的違法事實。如此一來不只是和耶穌會對立，也等於和最高法院為敵。他清楚指出吉哈爾神父犯下了精神性亂倫，不過基於審慎，並未詳細說明他的放縱行為。他也絕口不提那些女人懷上吉哈爾孩子的事，這雖是眾所皆知的實情，卻沒有人願意出面作證。最後，他提出一個最有力的指控，指稱吉哈爾是巫師，引發眾人的哄堂大笑。夏東沒有氣餒，他從《福音書》開始，以一連串的聖經段落證明魔鬼的存在，旁觀群眾卻笑得更厲害。

由於吉哈爾陣營有心人士的刻意扭曲，正直的加爾默羅神父被指為凱薩琳的情人，汙衊吉哈爾和其他耶穌會神父的龐大陰謀，就是出自他一手策劃。這一來，一群無所事事者、冒失的上流社會人士、看好戲的人和思想家樂得做壁上觀，看加爾默羅修會與耶穌會兩方彼此廝殺。幾年後會被稱為伏爾泰派的人士比較青睞體面的耶穌會修士，而不是前身為托缽會的加爾默羅修會。

案子變得越來越混亂複雜。出現各種玩笑嘲諷，特別是對凱薩琳的訕笑。人們當它是爭風吃醋的案子，把它當成茶餘飯後的話題。為吉哈爾和凱薩琳寫歌謠的學生或學者都提起曾在普羅旺斯流傳、關於瑪德琳（戈弗里迪案件）的各種嘲諷，說她體內有六千個魔鬼，又說那些魔鬼有多害怕鞭子，一次鞭打所造就的奇蹟就足以讓凱薩琳相形見絀（存於土倫圖書館的手稿內容）。

關於鞭打凱薩琳的事，吉哈爾的朋友們很輕易就為他洗刷了名聲。他以指導神師的身分執行此一權力，並無違反常規之處。鞭打是父愛的展現。他為了「治癒她的靈魂」才施以鞭刑。鞭打魔鬼附身的人、瘋子及某些病人，其實是世代以來的習俗。驅逐敵人，不論其為魔鬼或疾病，這是公認的方式，也是相當普及的觀點。一位可敬的土倫工人看到凱薩琳的悲慘狀況，表示治癒她的唯一處方就是公牛牛鞭。

有龐大勢力支持的吉哈爾，實在無須為自己辯護，事實上，他也沒費那麼大的勁。他的答辯隨意輕率，甚至不在乎證詞是否前後一致。他的陳述和自己陣營證人的證言互相牴觸。他似乎嘲笑整件事，他以攝政時期領主般的狂妄語氣表示，就算他真像凱薩琳兄長所說的獨自和她關在房裡，「那也只發生過九次。」

「高尚的神父為什麼和一個女孩獨處呢？」他的朋友們說，「還不是為了觀察、判斷、深入研究嗎？身為一位指導神師，面對那種狀況，這是必要的本分。讀一讀聖女凱瑟琳·熱內亞的傳記。她的告解神父夜裡躲在她房裡以便當場目擊奇蹟，見證她受到神啟的時刻。」

「然而不幸的是，魔鬼永不入睡，他對上帝的羔羊佈下陷阱，放出這隻雌龍，這隻兇殘、瘋狂、惡魔般的怪物來吞噬他，以惡意誹謗來毀滅他。」

古時候有個習慣，就是將怪物扼殺在搖籃裡，現在人們不也可以因循舊習？向吉哈爾告解的其他懺悔者提出仁慈建言，建議他盡快用劍和火對付她。「讓她死吧！」這些虔誠信徒說。許多貴婦也希望她得到懲罰，認為她膽大妄為，竟敢控訴為自己帶來許多榮耀的恩人。

最高法院裡確實有幾位頑固的詹森教派信徒，既與耶穌會為敵，當然偏袒凱薩琳。但是眼見對手包括可怕的耶穌會、王室、法庭、主教乃至艾克斯的上流社交界，他們勢必沮喪、氣餒。他們難道會比身為法院的最高首長，卻如此軟弱的達古梭大法官更英勇嗎？負責起訴吉哈爾的檢察長卻公開宣稱自己是吉哈爾的朋友，還給予他因應指控的建議。

現在的問題只在於——要凱薩琳進行哪種贖罪，對她處以哪種矯正、哪種正式的贖罪、哪種以儆效尤的處罰，才能夠讓吉哈爾和耶穌會修士感到滿意。儘管耶穌會修士生性寬厚，他們承認為了捍衛宗教，殺雞儆猴是有益的作法，藉以稍微嚇阻狂熱的詹森派教徒和數量漸增的拙劣思想作家。

可從兩點攻擊凱薩琳，讓她無法脫罪：

一、她誹謗他人。不過沒有任何法條可以誹謗罪名將人處死。為了判她死刑，得回溯歷史：「依古羅馬法 De famosis libellis（誹謗罪）條文，辱罵誹謗皇帝或帝國宗教者得處以死罪。耶穌會修士是宗教的一部分。因此應當對控訴一位耶穌會神父的人處以死刑。」

二、還有更好的理由。——在審判剛開始時，審慎的宗教法官拉穆迪厄曾詢問她，是否預知許多祕密，她回以肯定答案。因此可依巫術審判的規定，將她以預言者和欺詐者之名定罪。依照教會法，這兩項罪名就足以將她送上火刑柱。甚至大可將她稱為女巫；根據奧利烏勒修女們的說法，她晚上可以同時間現身在不同修女的房間裡，她俯身壓在她們身上的重量如此的輕盈等等。修女們對她的迷戀，如此突如其來、不可思議的柔情，看起來確實像受到蠱惑。

有什麼能阻止她被處以火刑？整個十八世紀，燒死女巫的事情所在多有。西班牙在腓力五世統治期間即燒死一千六百人，直到一七八二年還有一位女巫被燒死。一七五一年在德國有一位女巫被燒死，一七八一年在瑞士也有一位女巫被處以火刑。羅馬教廷仍然實行火刑，在宗教審判的火爐和地窖悄悄進行。②

「法國無論如何更為人道吧？」——法國的狀況雖不盡相同，一七一八年在波爾多還是有一位巫師被燒死。③在一七二四年和一七二六年，人們在格列夫廣場點燃柴堆，凡爾賽宮廷毫不在意，將之視為小孩子的遊戲。負責照料年幼國王（路易十五）的奧爾良公爵和弗勒里在王宮裡寬容大量，對巴黎的統治卻是極度嚴厲。一位趕驢人和一名貴族德肖夫爾先生被活活燒死。以嚴厲的懲罰懲戒敗壞公眾道德者，正是慶祝樞機主教弗勒里（Fleury）掌權的最佳方式。——將打擊吉哈爾神父清白的這位魔鬼少女凱薩琳處以極刑，不正能夠殺雞儆猴？

要徹底還吉哈爾的清白，就得證實他是受到蠱惑，是受到擺布的被害者。法條規定再明確不過。根據教會法和新近的判例，兩人之一得被判處火刑。五位檢察官當中，兩位打算將吉哈爾送上火刑柱，其中三位想燒死凱薩琳。他們達成妥協。佔多數的三位檢察官，並不堅持火刑，捨棄漫長、可怕的火刑場面，採用簡單的死刑方式即可。

五位檢察官做出決議，向最高法院提議：「讓凱薩琳先行接受拷問，再帶往土倫的漁夫廣場接受絞刑。」

然而，決議造成的效果出奇地驚人。輿論出乎意料出現大轉向。上流社會人士、嘲諷者不再發笑，他們現在瑟瑟顫抖。他們即便輕佻，並不打算漠視如此可怕的一件事。

就算一位女孩受到誘惑、欺騙、玷汙，被當作玩物對待，因為痛苦或瘋狂而垂死，那並不關他們的事。但是要把她當成罪犯處死又是另一回事，他們一想到這個可憐的受害者脖子上套著繩索被絞死，不由得噁心作嘔。各處出現反對的呼聲：「從創世紀以來不曾見過如此顛覆法律的邪惡行為：誘拐罪的刑罰被顛倒過來，女孩因為順從被判處死刑，引誘者反而害被害人被絞死！」

在艾克斯城（幾乎只有法官、教士、上流社會人士的小城）發生出乎意料的事，突然有一群人強烈地表達意見。來自各階層的人成群前往烏里蘇拉女修會。他們要求見卡帝耶母女。人們高喊：「小姐，請您放心。我們和您在一起……不用怕。」

偉大的十八世紀被海格爾稱為「精神統治」的時代可說名符其實，但它更是「人性統治」的時代。一些高貴的貴族夫人，比如塞維尼夫人（Madame de Sévigné）的迷人孫女西米雅涅夫人（de Simiane）就收養貧窮女孩，給予庇護。更動人的是，極端講究純潔、彼此對待極端嚴苛、嚴厲的詹森教派貴婦，在這個非常狀態下放棄法律，選擇慈悲寬

②一位仍然在世的教廷神學顧問向我們傳送了相關細節。

③我說的不是民眾自行進行的處決。二百年前在普羅旺斯的一個村落，一位老婦向地主要施捨金遭拒，讓她勃然大怒，說道：「你明天就會死去！」他突然病發死去。整個村子的人（不只是貧窮農民，還包括最正派的村民）聚集起來抓住老婦。他們用葡萄藤升起火堆，將她活活燒死。最高法院佯裝展開調查，卻沒有任何人被定罪處罰。直到今日，那個村子的村民都被其他人稱為 brulo-fenno（燒死女人的人）。

容，張開雙臂擁抱受到威脅的可憐少女，以吻額禮讓她恢復純潔，以淚水為她再施洗禮。

如果說普羅旺斯的人們個性激烈，這樣的特性在這種時刻更顯可敬，他們展現極致的寬容和真正的高尚情操。這一幕偉大的革命場景，一場石破天驚的揭竿起義，人們挺身對抗愚昧的政府和弗勒里主教寵愛的耶穌會，已經預言一場更偉大的革命。人們基於人性和惻隱之心挺身而出，捍衛被殘忍犧牲的一個少女。耶穌會則是號召了他們的群眾，一群受他們保護的平民和乞丐，給他們搖鈴和棍子以迎擊所謂的凱薩琳黨。馬賽的群眾扛起律師夏東的兒子高呼勝利。土倫人甚至為了凱薩琳燒毀耶穌會會所。

其中最感人的支持，來自奧利烏勒修道院。那裡有一名羞怯的寄宿生安涅絲，她跟隨內心的衝動，撰寫為凱薩琳辯護的小冊子，並將小冊子印製出來，投入激烈的論戰。最高法院內部也大起波瀾，那幾位詹森派教徒突然重新振作、堅定起來，甚至無視上層的威脅及耶穌會的有力靠山——樞機主教弗勒里（Fleury）可能的閃電攻擊④。

吉哈爾的友人眼看同陣營的人數逐漸減少，要求立即進行判決。審判在一七三一年十月十一日舉行。

在群情激憤下，沒有人敢重提檢察官當初的殘酷建議，對凱薩琳施以絞刑。有十二名顧問以己身名譽擔保，宣告吉哈爾無罪；而另外十二名（其中幾名為詹森派教徒），以巫師罪名判處吉哈爾火刑；三或四位較理性的顧問以惡棍罪名判處他死刑。十二票對十二票，庭長勒伯（Lebret）將投下關鍵的一票。他同意吉哈爾無罪。吉哈爾這下擺脫巫師和其他有死刑之虞的罪名，由於他身為教士和神父，於是被移送到宗教法庭，接受土倫宗教法官拉穆迪厄的判決。

整體來說，冷眼旁觀的觀眾大致都滿意了，判決結果已經不重要，以致法柏（Fabre）先生和梅里（Méry）先生先後表示：「兩造都被宣告無罪」。但這不盡正確。凱薩琳被判誹謗罪，必須眼睜睜看著自己的訴狀和辯護書被撕碎、燒毀。

凱薩琳被判誹謗罪以後，耶穌會修士想必繼續暗中運作，利用對弗勒里樞機主教的影響力，對她恣意施以祕密的處罰。這是艾克斯城居民的看法。他們感覺最高法院並不會釋放她，而是將她交到耶穌會修士手裡。因此群眾對勒伯庭長的怒火一發不可收拾，飽受威脅的他，甚至得要求法蘭德斯軍團的保護。

吉哈爾搭乘有篷馬車逃跑，但被人認出，如果不是逃進耶穌會教堂，這位惡棍恐怕會被殺死。他成功逃回多爾（Dole），受到耶穌會的敬重和讚頌，在一七三三年有尊嚴地離世。勒伯庭長則在一七三五年辭世。

樞機主教弗勒里極盡所能迎合耶穌會的要求。他在艾克斯、土倫、馬賽大舉流放、

④一則滑稽的小故事完美地象徵、表達最高法院的狀況。一位推事正讀著自己的報告，包括他對這次巫術審判的意見，對魔鬼是否參與其中的判斷。突然傳來巨大的響聲。一個全身漆黑的男人從煙囪掉出來……所有人驚慌而逃，只有推事被袍子絆住而動彈不得……男人表示歉意。這不過是一個搞錯煙囪的掃煙囪工人（帕朋〔Pappon〕第四卷）。可以說巨大的恐懼、對民眾的畏懼、對輿論怒火這個魔鬼的懼意，令最高法院動彈不得，就像那位被袍子絆住的推事。

驅逐、監禁反對耶穌會的人，尤其是那些高舉吉哈爾肖像，頭戴耶穌會修士神聖三角帽遊街的土倫人。

根據判決結果，凱薩琳原本應該可以回到土倫和母親團聚。可是我敢斷定，她無法獲准回到故鄉，回到那鄉親曾熱情激昂聲援她的故里。她後來怎麼了？現今仍無人知曉。

如果光是對她的事表示關注都會換來牢獄之災，我們可以肯定，這個可憐的女孩也逃不過監禁，耶穌會修士輕易就能取得監禁她的王令，讓這件無比難堪的案件和她一起銷聲匿跡。他們大概等到大眾的注意力轉移才會再度伸出魔爪，把她送入某處不為人知的修道院，在地牢裡度過餘生。

判決的那年，她芳齡二十一，而她始終說自己活不久，祈求上帝讓她得償所願⑤。

---

⑤對凱薩琳．卡帝耶的迫害不曾停歇，遭篡改的文件被付梓出版，當代的歷史學家也對她毫不留情。甚至在我們的主要參考文獻《吉哈爾神父和卡帝耶訴訟案》（一七三三年對開本）裡附有精心編撰的索引，在凱薩琳的部分依序完整羅列（當做已證實的事實）她受到的所有指控、抨擊，不過未提及她曾撤回藥力作用下的證言。在吉哈爾的部份幾乎完全空白，只列出許多相關條目，讓有耐心的讀者自行一一查詢。—幾冊書在裝禎時添加吉哈爾的辯護文，附於該書正文之前，彷彿是先行服用的一劑解毒劑。伏爾泰輕率看待此案，他嘲笑兩方陣營，特別是詹森派信徒。—現今的歷史學家卡帕斯（Cabasse）、法柏、梅里肯定未曾讀過《訴訟案》一書，他們自認「公正無私」，對凱薩琳充滿譴責非難。

結語

一位天才橫溢的女人在強大的內心衝動下，以為看見中世紀時對戰的聖靈和魔鬼終於彼此理解、變得親近，而後融合為一。兩者仔細端詳對方時，這才後知後覺地發現彼此的相似處。如果他們本來就是血濃於水的兄弟呢？長久以來的鬥爭只不過是誤會呢？相互傾訴衷腸之後，雙方的態度軟化。高傲的被放逐者和心地溫和的迫害者盡釋前嫌，投向彼此的懷抱（如同喬治桑的《康素愛羅》〔*Consuelo*〕）。

這是女人的美好想像。其他人也做著同樣的美夢。溫柔的蒙塔內利（Montanelli）以一首絕妙詩篇呈現這個觀念。啊！誰不願抱持這樣迷人的期望，就讓世上的鬥爭平息，由交戰雙方動人的擁抱作結束呢？

智者梅林對此有何看法？唯有他的目光能穿透平靜如鏡的湖面望入深淵，這樣的他看見了什麼？在奎內特（Edgar Quinet）一八六〇年所著的巍峨史詩裡，魔法師梅林說了什麼呢？他說，就算撒旦有朝一日繳械投降，只可能是最後審判日那一天。那時，達成和解的兩方這才並肩躺下來長眠。

只要扭曲本性，雙方想必輕易能達成妥協。長久鬥爭所導致的衰弱無力更增進彼此融合的可能。最後一章的內容顯示魔鬼和耶穌的影子在謊言裡達成和解，互助一臂之力，魔鬼成為羅耀拉（Loyola, 1491-1556，譯註：耶穌會創辦者）的友人，信仰狂熱和魔鬼附身比肩同行，地獄逐漸融進耶穌聖心。

這是一段和平時期，仇恨大減。人們幾乎只對朋友才抱持敵意。我見到衛理公會教徒讚揚耶穌會教士。我看見被中世紀教會稱為撒旦子嗣的律師和醫生謹慎地和昔日的敗將魔鬼講和。

不過，暫且先擱下這些看似達成和解的例子。那些認真期待撒旦來休戰和談的人，他們真正審慎考量過其中存在的問題嗎？

障礙並不在於殘存的仇恨。死者已矣。數百萬的受害者，阿爾比派教徒、瓦勒度派教徒、清教徒、摩爾人、猶太人、北美印第安人，他們平靜地長眠。中世紀普遍的受虐者女巫也沉默無言。她的骨灰已隨風而逝。

你們可知道強力將魔鬼和耶穌分隔開來，阻止他們接近的障礙是什麼嗎？即是過去五世紀來逐漸成形的龐大現實。那是教會曾經詛咒的龐然大物、由科學和現代制度構築而成的巍峨建築，教會逐一拆下它的一磚一瓦，一次次的咒罵卻讓它的規模越發宏偉，又往上竄高一層樓。就你們所知，可有任何一門科學初萌芽時不是被視為反抗威權的嗎？

只有唯一一種方式能讓聖靈和魔鬼和解，即是讓兩方教派合而為一。即是摧毀新的聖靈，甫出現就宣告它有罪、應受譴責。如果可以，就讓我們消滅所有自然科學，摧毀天文台、博物館、植物園、醫學院和現代圖書館。就讓我們燒毀法規、法典。就讓我們回到由教會法主宰的世界。

一切的新興學科都是魔鬼。所有的進步發展都是魔鬼的罪行。

正是這位邪惡的邏輯學家無視教會法，維持、翻新了哲學家和法學家以自由意志信仰為基礎的法規。

正是這位危險的魔法師，在教會人士忙著討論天使的性別和其他同樣崇高的問題時，熱中投入現實，創造了化學、物理學和數學。是的！數學。必須讓這門學科重新復興，它是另一個對抗權威的反叛起義。因為有人說三等於三而被燒死（譯註：等於否認三位一體）。

醫學尤其是貨真價實的魔鬼崇拜，對抗疾病，等於反抗上帝賜下的災禍。半路攔截正要前往天國的靈魂，讓他再度回到人間，顯然是罪大惡極的行為！

如何補償這一切？如何消滅、擊潰現代生活所充斥的這些反抗和叛亂行徑，以便再度進入天使的道路呢？撒旦會摧毀這座龐然建築嗎？不可能！因為它有三座永恆的基石：理性、法律和大自然。

新的聖靈大獲全勝，意氣風發的它忘卻了過去的艱辛奮鬥，現今幾乎不屑再想起勝利。

讓它重新憶起曾有的苦難開端，並非全然無益的事。想起它還受迫害時候的卑微、粗糙、野蠻、極其可笑的樣貌，那時有一位女人，不幸的女巫在民間推動促進科學的發展。她遠比異端份子、心存懷疑的名義上基督徒、一腳仍踩在神聖之環裡的學者更為大膽勇敢，她熱切地逃離限制，前往自由之土，以荒地裡的粗糙石塊試著為自己蓋一座祭壇。

她也走上滅亡，她不得不滅亡。但是以什麼方式呢？主要是因為由她開啟的科學日益突飛猛進，她曾助一臂之力的醫生和博物學家們將她送上覆亡之路。

女巫就此永遠消失，仙女卻仍然存在。她以此不朽的形貌再度現身世間。過去數世紀的女人忙於男人的事務，以致失落了女人本性真正的作用：治癒和安慰，讓人恢復健康的仙女職責。

這是她真正的聖職。不管教會如何說，這是她的神聖天職。

以她的靈敏感官、對細節的喜愛、對生命的溫柔理解，她受到召喚，成為科學的盟友。由於善良心腸、憐憫、本能的仁慈，她是天生的療癒者。病人和孩子幾乎沒有差別。他們都需要女人的照料。

她走進科學領域，為它注入溫柔和人性，宛如大自然展露的一抹笑靨。

反大自然者日趨式微，他們有朝一日會完全地消失，讓人類迎來幸福的曙光。

神祇們消失，上帝繼續存在。神祇越是凋零，上帝越發強大。祂有如時明時暗的燈塔，在黯淡之後的光芒越加強烈明亮。

人們公開討論這些事，甚至就在報紙上辯論，是極好的徵兆。可以感覺到所有的問題回歸到至高無上的基礎問題（教育、組織、孩子、女人）。上帝即是如此，世界即是如此。

這表示時機已然成熟。

宗教的黎明已經如此接近，我一再以為在書寫此書的荒漠裡看到第一道曙光。

我的荒漠如此光亮、崎嶇、美麗啊！我的住所是土倫港山岩上由蘆薈、柏樹、仙人掌和野玫瑰圍繞的一棟樸實別墅。前方是熠熠生輝的浩瀚大海，後方是三級會議代表們可自在就座的、空蕩蕩的露天劇場。

相當具有非洲風情的這個地方，白天的光線猶如銀色鋼刃耀眼刺目。然而冬天的早晨，特別是十二月的時候，充滿不可思議的神祕氣氛。我通常在六點鐘起床，那時從兵工廠傳來一天工作開始的炮聲信號。我從六點到七點享有美妙的時刻。星辰令月亮相形見絀的強烈（或者容我稱為銳利？）光芒抵禦著將到來的黎明。曙光乍現前後，白日和黑夜雙方光芒尚在交戰搏鬥的時候，四周空氣出奇透明的空氣，我能看見、聽見極遠之處的動靜。我可以看清八公里外的所有東西。遠處山脈的任何微小細節，樹木、岩石、屋子、土地皺褶，一切清晰可辨。我的感官知覺敏銳度似乎倍增，我覺得煥然一新，像長了翅膀一樣無拘無束、自由自在。多麼澄澈、樸實、純粹的時刻！……我心想：「什麼？我現在仍是人類嗎？」

一種無法形容的青藍色（粉紅色的黎明對它表示尊重、完全不敢侵犯），一種神聖的天空，一種精神，讓整個大自然成為崇高的聖靈。

然而可以感覺到在進展中，有一種循序漸進的緩慢轉變。一個偉大的奇蹟就要發生，綻放的光輝就要使這一切黯然失色。我們靜候它的到來，不加催促。即將到來的改變，迷人的白日光輝，絲毫未損神聖夜晚裡尚存的深沉魅力，一個依舊籠罩在半明半滅裡的神奇幻境……陽光！現身吧！我們已經愛慕著你，卻也享受最後片刻的夢境……

黎明就要升起……讓我們虔敬地引頸企盼。

全書註釋和說明

【註釋1】——巫術的地理分類

我書寫的這個黑暗主題如同大海。經常潛入其中的人逐漸學會看見海裡乾坤。需要創造出感覺和辨識力。福布斯（Forbes）提過一種居住在海底最深處的獨特魚類 Pertica astrolabus，能目擊這種魚的人得培養出攫取、凝聚海底光線的驚人眼力。乍看巫術的第一眼，我覺得它是全然漆黑的黑夜。接著我漸漸看出它的多樣性和殊異處。它在法國各省之間已存在巨大的差異。在接近德國的洛林區，巫術似乎更為陰沉，它只崇尚黑色動物。在巴斯克地區，撒旦是活潑、詼諧的魔術師。在法國中部，他是愉快的朋友，他放掉的飛鳥看來像討喜可親的預言者，象徵自由的願望。——跨出法國，巫術在不同民族、種族之間更是千變萬化，對比更是強烈。

就我所知，沒有人觀察到這一點。——為什麼？想像力、虛妄幼稚的詩歌模糊、混淆了一切。只有眼淚和鮮血的這個可怕主題提供人們消遣。我呢，我把這個主題掛在心上。我不管人們熱衷的荒誕想像和模糊朦朧幻象。生命的真正意義在形形色色的分歧差異裡顫動，讓人感覺、讓人看見那樣的多采多姿。它辨識區別，它描繪特徵。它們不再是影子和故事，而是受苦的活生生的人類，它們顯現差別，各自劃入不同類別。

科學就此逐漸深入鑽研。以下即是一般的想法。先排除赤道兩端、極地、黑人、拉普人（Lapons）。——排除美洲的野蠻人等等。只有歐洲對魔鬼有清楚明確的想像，只有歐洲的人尋求、想要、崇拜絕對的惡（或說至少是人們相信的絕對的惡）。

1. 在德國，魔鬼強壯驍勇。他與礦場和森林甚是合稱。不過細瞧以後，可看見他受到北方神話餘波的影響。例如在溫柔的霍兒達（Holda）之外，哥德人部族創造出完全對比的殘暴安波兒達（Unbolda）（見格林〔F. Grimm〕著作）。魔鬼是女人。他擁有龐大的一隊精靈、地精等等隨行。他是工業家，懂得辛勤工作，他是建築工人、泥瓦工人、冶金工人、煉金術士等等。

2. 在英國，魔鬼崇拜僅屬次要，佔主要地位的是某些家庭精靈、邪惡家畜，乖戾、憤怒女人藉它們實施詭計、復仇（托馬斯・懷特〔Thomas Wright〕，第一卷）。在Goddam（神罰你入地獄）是通俗粗話（十五世紀審判貞德的時期，以及更早以前）的國度，奇怪的是人們願意被上帝罰入地獄，卻不願將自己出賣給魔鬼。英國人儘可能保持戒備。幾乎不見明確、正式的魔鬼契約。不見盛大的巫魔會（懷特〔Wright〕，第一卷）。「小精靈蟲子」通常棲息在狗貓身上、躲在羊毛堆裡，或是某個只有女人知道的酒瓶裡，等待機會為非作歹。女主人以各種稀奇古怪的名字，諸如 tyffin、pyggin、batch、calicot 等等稱呼他們。她甚少和魔鬼打交道，較少上升到那樣的層級。

還有另一個原因阻止魔鬼在英國取得進展。他們處置他的方式簡直少得可憐。女巫在燒死前就被吊死、絞死。這樣的處決方式下，缺乏歐洲大陸的火刑柴堆、驅魔、驅逐了教會所營造的可怕詩意。那裡的魔鬼並沒有修士撰寫的豐富文獻。因而無法發展。他需要教會文化才得以茁壯成長。

3. 依我之見，在法國，純粹的魔鬼崇拜只存在於十四世紀。懷特的看法和我相同。只不過，他認為是在「法國和義大利」。我倒不認為可把義大利納入（巴爾多魯〔Barthole〕一三五七年、司比納〔Spina〕一四五八年、格瑞蘭迪俄斯〔Grillandas〕一五二四年等），我不認為義大利有過最駭人形式的巫魔會，那樣的黑彌撒、對耶穌的正式挑釁。我甚至認為西班牙也不曾有過。在邊界的巴斯克區，人們白日敬拜耶穌，夜裡崇拜撒旦，不偏袒任何一方。算得上是過度的自由，而不是仇恨和狂熱。光之國度西班牙、義大利看來離黑暗宗教和絕望沒那麼遙遠。那裡的人們生活簡樸，習慣於貧困。南歐的自然環境提供先決條件。想像力凌駕一切。西班牙有鹽土荒漠特有的海市蜃樓、牧羊人和山羊的荒野詩意等等。在義大利是歇斯底里的欲望，比如有人嗜血，悄悄潛入他人家裡喝小孩的血。瘋狂和幻影，一切如同賀茲山（Harz）和黑森林的黑暗夢境。

在法國，一切似乎較為明亮清晰。所謂的女巫異端似乎正常地發生，在大迫害之後，成為最大的異端。所以遭到迫害，被迫於夜晚活動，冒著祕密結社風險的教派走向魔鬼崇拜，逐漸接近可怕的極致狀態（於一三〇〇年達成）。不過從公元一千年即開始對奧爾良異端份子的控訴（參見杰拉爾〔Guérard〕《夏爾特修道院文件集》〔*Cartulaire de l'abbaye de Saint-Père de Chartres*〕，一八四〇年），始終針對他們夜裡的狂歡聚會等等。控訴內容真假交雜，卻帶來越來越大的效果，將被放逐者、可疑份子歸結為夜間集會者。甚至純潔派教徒（卡塔爾派〔Caihares〕、阿比爾派〔Albigeois〕）經過十三世紀的可怕滅亡後陷入絕望，大舉投入巫術，崇拜起魔鬼。伏多瓦派即是如此，在十二世紀原是純潔基督徒（梅波士〔Walter Mapes〕也承認），最後也成為巫師，到了十五世紀，伏多瓦教已經成為巫術的同義詞。

在我看來，法國的女巫並不像其他地方是想像力、歇斯底里等等的產物。這個不幸階級的許多人，或許是絕大多數人，出自法國殘酷的宗教革命。

魔鬼崇拜和巫術的歷史從孕育它們的異端歷史汲取光明。培拉（Peyrat）在一間神聖、始終不變的保管室找到這個消失的世界、妥善保存的教派傳統。出乎意料的發現！將一個氏族封起的地牢被重新找到，十三世紀的一個人曾經如此談及那個廣大的地底世界：「他們挖出那麼多的坑洞、地下室、囚室、地牢，以致庇里牛斯山不再有足夠的石頭。」

【註釋2】——宗教審判原始紀錄

只有兩份紀錄完整出版（請參見林比奇〔Limburch〕），原件在土魯斯，期間橫跨一三〇六年到一三二六年。馬基（Magi）節錄另外兩份紀錄（《土魯斯學院》〔*Académie de Toulouse*〕，四開本，一七九〇年，第四卷）。拉莫特·朗貢（Lamothe-Langon）也從卡爾卡松的幾份審判紀錄節錄內容（《法國宗教審判史》〔*Hist. de l'Inquisition en France*〕，

第三卷），羅倫特則是擷取西班牙的審判紀錄。——這些存放在土魯斯的神祕紀錄（在他處大概也是同樣狀況）被封存在袋子裡，高高懸在牆上，袋子兩邊完全縫合，除非拆開整個袋子，否則無法讀到裡頭文件的內容。這些紀錄等於是一個珍貴的樣本，讓我們得以理解歐洲所有的宗教審判，因為各處的程序完全相同。（參見依麥瑞〔Nicolai Eymerici〕，《宗教法官手冊》〔*Directorium Inquisitorum*〕，一三五八年）。——這些紀錄令人震驚的不只是被處死者的數量有多驚人，被處以終生監禁的人數量同樣龐大，他們被關入小石室（camerula）或是終身監禁的地牢，只靠麵包和水維生。所謂的 Crozats 數量也一樣多，他們必須在衣服的胸前和身後縫上紅色十字架。這些是待遇最好的受刑人，可以暫時回家居住。不過每到週日，他們得在彌撒過後去接受本堂神父的鞭打（一三二六年的法令，根據拉莫特．朗貢在第三卷引述的卡爾卡松檔案）。——最殘酷的部分，特別是對女人來說，在於小孩也無情地嘲笑她們。即使沒有新的事由，他們隨時可再被抓起來監禁。他們的兒孫始終被視為嫌疑犯，極其輕易就能被囚禁。

在十三世紀，一切都是異端；到了十四世紀，一切都是魔法、巫術。轉變輕而易舉。根據當時的粗淺理論，異端和魔鬼附身無甚差別；任何錯誤的信仰就像所有的罪惡一樣，都相當於得用酷刑或鞭打驅逐的魔鬼。因為魔鬼對疼痛極度敏感（根據普塞洛斯〔Michel Psellus〕的看法）。Crozats 和被懷疑為異端份子的人被禁止接觸巫術（唐維賽特〔Dom Vaissette〕、朗〔Lang〕的看法）。——從異端到巫術的演變使得恐怖統治更變本加厲，宗教法官必然從中得到好處。他在審判異端份子時（多數嫌疑犯是男人）有陪審法官和其他的列席者。但是審判魔法、巫術案的時候，受審者幾乎都是女人，他有權獨自面對被告。

巫術這樣可怕的稱號逐漸囊括所有微不足道的迷信、古老詩歌裡的家神、田野小妖精和仙子。然而哪個女人能無罪脫身呢？即使信仰最虔誠的女基督徒也相信這一切田野傳說。她總是在上床前，對聖母瑪利亞禱告前，為小家神留一點牛奶。少女、好妻子在夜裡為仙子留一盆火，白日則為聖徒、聖女獻上花束。

什麼！她因為這些行為就被視為女巫！被帶到黑衣法官面前。他提出詰問（始終是一樣的問題，和盤問祕密社團、阿比爾派教徒、聖殿騎士團等等的問題如出一轍）。讓她好好考慮，劊子手已經在隔鄰的拱頂房間做好準備，吊刑、酷刑架、木靴子、破膝機。她嚇得昏厥，胡言亂語起來：「不是我……我絕對不會再犯……是我的媽媽，是我的姊姊，是我的堂姊強迫我、硬拉我去……我能怎麼辦？我怕她，我全身顫抖，不情不願地前往。」（Trepidabat; sororia sua Guilelma trahebat, et metu faciebat multa.）她渾身顫抖，她的姊姊維勒米娜出賣了她，她出於恐懼做了不少事。（林比奇〔Limbruch〕的土魯斯審判紀錄，一三〇七年）。

絕少有人能抵抗得住。在一三二九年，一位叫杰娜的女孩因為拒絕供出自己的父親而死去（拉莫特，卡爾卡松審判紀錄，第三卷）。不過他們有其他方法來對付這類頑固的反抗者。一位母親和她的三位女兒挨過嚴刑拷打。裁判官征服第二個女兒，和她做愛，以這種方式讓她安心，讓她背叛母親和姊妹（請參見林比奇和拉莫特〔Lamoth-Langon〕著作）。結果是母女四個人全被燒死！

恐怖的地牢則是比酷刑更讓人崩潰。不少女人被關在黑暗的小地牢裡而恐懼死去。可以在巴黎的蕩婦收容所庭院看到公開示眾的景象，艾思柯曼（Escoman）夫人被關在狗籠，躺臥在自己的排泄物裡。恐懼有時甚至引發癲癇。比如米歇利斯把十五歲的虛弱金髮少女瑪德琳送進年代久遠的地下藏骨所，讓她和死人骨骸同眠，迫使她供出其他人。在西班牙，地牢並非平靜的安息所，為了受害者的靈魂福祉，每天有人在固定的時間進入牢裡鞭笞她、折磨她。一位被判終生監禁的修士懇求法官處死他（羅倫特的紀錄）。至於火刑，請參閱林比奇書裡旁觀者的描述，或參考狄龍（Charles Dellon）的著作，他曾穿過火刑者的黃色地獄服（《果阿宗教裁判所》〔*Inquisition de Goa*〕，一六八八年）

十三、十四世紀以後，宗教審判帶來的恐懼如此巨大，社會地位極高的人士一旦被控告，他們寧願拋下地位、財富遠走高飛。愛爾蘭國務大臣的母親吉蒂勒（Alice Kyteler）被一位原為托缽修士的主教（一三二四年）指控行使巫術，她即是選擇逃跑。她的女僕卻受火刑而死。國務大臣賠禮道歉，地位也永遠一落千丈。（懷特〔Thomas Wright〕《吉蒂勒夫人審判案》〔*Proceedings against Dame Alice Kyteler*〕四開本，倫敦，一八四三年）

整個系統在一二〇〇到一三〇〇年之間逐漸成形。聖路易國王的母親於一二三三年在土魯斯建造終生監禁用的大牢。發生了什麼事？人們開始獻身給魔鬼。魔鬼契約這個字眼於一二二二年首次出現（凱撒利烏斯〔Caésar Heisterbach〕）。人們不再是異端分子或掛名的基督徒，而成了魔鬼崇拜者、反基督者。狂野的巫魔會圓舞於一三五三年出現

（拉莫特，土魯斯的訴訟案，第三卷），就在扎克雷起義的前夕。

【註釋3】

前兩章像是我的中世紀歷史課程的內容摘要，以當時社會的普遍狀態說明人類何以陷入絕望，而第三、四、五章以人的道德狀態說明女人何以特別容易陷入絕望，以致獻身給魔鬼而成為女巫。

教會於五五三年才做出殘酷的決議，將精靈或魔鬼（兩者在希臘文為同義詞）打入地獄，毫無轉圜或懺悔的餘地。它藉此師法聖奧古斯丁的非洲式暴力，而放棄希臘人、奧力振（d'Origéne）、古代的仁慈寬大看法（阿格〔Haag〕，《基督信理史》〔*Histoire des dogmes*〕第一卷）。——從那時期開始，神學家研究並確定精靈的性格和生理學：他們不一定擁有身體，能夠化為煙霧消散，他們喜歡熱氣，但害怕棍棒拷打等等。（普塞洛斯，《精靈或魔鬼的力量》〔*Energie des esprits ou démons*〕，一〇五〇年）。普塞洛斯對魔鬼的想法和西方傳奇如出一轍（請參見格林《神話學》〔*Mythologie*〕、莫里《仙女》〔*Fées*〕等書）。直到十四世紀，所有精靈才被清楚劃歸為魔鬼。——諾爾洛（Nodier）的《氈帽》（*Trilby*）和絕大多數的雷同故事都平庸乏味，因為它們未著墨小妻子發現忠實小妖精突然變身為魔鬼情人的悲劇性時刻。

第一部的第五章至第十二章，我試著探索女人如何能夠成為女巫。——這是棘手的研究——在我之前不曾有人嘗試過。先人們不曾去探問、瞭解，這個恐怖事實逐步形成的過程。他們眼裡的女巫彷彿突然從地底深處蹦出。這並非人類的天性。這個調查費去我九牛二虎之力。古代文獻極其稀少，夾雜、散布在十六世紀到十七世紀書籍裡的古代文本難以辨識區分。找到文本，如何確定它們書寫的時代，斷言：「這是十二世紀，這是十三世紀，這是十四世紀」呢？如果不是長期以來熟悉那些時代的文獻，持續鑽研格林、杜康日等人的著作，以及已完成《法國法起源》（*Origines du Droit* 一八三七年），我完全不可能冒險一試。那些經歷對我助益良多。在這些習慣用語，在這些幾乎千篇一律的慣用語法，似乎永久固定的習慣裡呈現出時代的歷史意義。其他時代有其他形式。我們可以學會辨認，學會從心理層面區分它們的時代。我們能完美分辨古代的憂鬱莊嚴口吻和較為近期的學究式叨絮。如果考古學家可從建築物的尖形拱肋形狀確定它屬於哪一個年代，那麼歷史心理學更能確認某個心理狀態專屬某個世紀，某個想法、某個熱情絕對不可能出現在更早或更晚的時期，而完完全全是某一個時代的狀況。事實上，歷史心理學的評斷標準又更不易出錯。因為巧妙完美複製的拱肋形狀，有時會讓考古學家判斷錯誤。而且在藝術年代學裡，某些形式可能重複出現。但在倫理生活方面絕不可能如此。我在這裡敘述的過往殘酷歷史，那樣的殘酷教義和可怕幻夢永遠不會重現。它們像青銅、鋼鐵一樣，永遠被凝固在時代的那個必然位置。

現在來談談我預期會引來批判的罪行。我對女巫直到一三〇〇年的演變進行了長篇的歷史和心理分析，我未陷入冗長拖拉的說明，反而時常以自傳式、戲劇化的脈絡，述說同一位女人在三百年期間的全部身世。——請注意，只用了六、七章的篇幅。即使是如此短的章節，輕易能感受到內容奠基於史實。舉例來說，我以托雷多（Tolède）做為巫師、魔法師的聖城，不只基於索爾多（Soldau）的嚴肅見解、德拉克（de Lancre）的長篇章節，還有兩段極為古老的文本。我們可以在凱撒利烏斯的著作裡讀到巴伐利亞、斯伐比亞的學生前往托雷多學習招魂卜卦術，這也是托雷多的一位大師受到宗教法官康拉德・馬爾布（Conrad de Marbourg）追捕的巫術罪行。

不過自西班牙或東方（如德維特里〔Jacques de Vitry〕所言）傳來的阿拉伯人迷信，以及古羅馬的赫卡忒或黛安娜崇拜只有次要的影響。憤怒的呼喊是巫魔會的真正意義，它揭露了截然不同的事。不只是肉體磨難、昔日苦難不幸的呼聲，更是痛苦的深淵。精神痛苦在聖路易國王、腓力四世時期達到最底層的深淵，特別是某些社會階層比昔日的農奴更受折磨。想必是一些模範農民、地方顯貴、富裕農民、身為村長的農奴，我留意到這些身分早在十二世紀即出現，到了十四世紀，在新的稅務制度下，他們成為收稅負責人（如同古羅馬的縉紳〔curiale〕），受到國王和男爵兩方的折磨、壓榨，如同生活在活生生的人間煉獄。絕望將他們推向寶藏精靈、財富的魔鬼。再加上嘲笑、凌辱，也許加速催生了魔鬼的新娘。

巫魔會首次被提及是在土魯斯一三五三年的一場審判，讓我得以猜測出確切的年代。有哪個年代更符合呢？黑死病席捲歐洲，奪去「三分之一人口」的生命。教皇的權力走向衰微。領主貴族被英國人擊敗，淪為俘虜，為了籌措贖金，他們將農奴壓榨一空。那個時代的災禍從癲癇開始，接著是內戰、扎克雷起義……不幸的災厄讓人們憤怒得只好跳舞發洩。

【註釋4】第九章和第十章——撒旦醫生、春藥等等

讀著當代卓越的科學史著作時，有一點讓我驚訝。作者似乎相信所有一切都是由醫生發現，那些始終被道袍、教義、經院哲學導致的可悲思考習慣及半經院哲學家居功厥偉。而其他人，那些毫無束縛的女巫什麼也沒有發現？這是難以置信的事。巴海塞斯的看法截然相反。從我們知曉的少數女巫處方，可以看出她們顯然有非凡的醫學常識。直到現今，女巫們時常使用的茄科植物仍被視為十四世紀可怕疾疫的特效藥。我很驚訝，在柯斯特（Coste）的作品（《身體發展史》〔*Histoire du Développement du corps*〕，第二卷）讀到杜博（Paul Dubois）對於在某些時刻應用冰水效果的看法，正好符合女巫在巫魔會使用冰水的目的。反過來看看那些時代，偉大醫生的愚蠢處方，諸如母騾尿液的神奇效果等等。（阿格里帕《論玄祕哲學》〔*De occulta philosophia*〕，第二卷，Lugduni 出版社，八開本）

至於她們的愛情靈藥、春藥等等，沒有人注意到愛人之間的盟約和朋友、戰友之間的盟約何其相似。後者的盟約可參考格林《德意志中心》（*Rechts Alterthümer*）和我的《法國法起源》。前者的盟約可參考卡爾卡格尼尼（Calcagnini）、斯普蘭格、格瑞蘭迪厄斯（Grillanbus）和其他許多作者的作品。兩種盟約有完全相同的特性。一貫都是請大自然為證，或是多少褻瀆宗教，例如使用教堂聖物，或是共飲共食，同喝一杯飲料或是共吃一塊糕餅、麵包。還有另一些形態的聖餐，血液或某一種排泄物。

儘管這些聖物看起來多麼私密、具個人性。愛情的聖餐一向是一塊神聖麥餅，一起分享這個吸收了神奇效能的麵餅。神奇效力有時來自做彌撒（參見格瑞蘭迪厄斯著作），有時來自碰觸和對方的汗水。在新婚之夜，為了催情，丈夫吃下新娘的麵糰（《迷信》〔*Superstitions*〕，第四卷）。同樣為了催情，丈夫被綁起，妻子餵他吃特別準備的麵糰等等。

【註釋5】——撒旦和扎克雷起義的關係

撒旦釋放的鳥兒振翅高飛，多美麗的象徵，足以讓法國的農民把這個精靈視為救星和解放者。然而，這一切很早就以血流成河壓制下來。在萊茵河畔，一切更清楚明瞭。那裡的王子也是主教，以雙重身分遭到怨恨，他們把撒旦看作個人的對手。儘管他們憎惡羅馬教廷宗教審判的約束，眼看十五世紀末巫術大行其道帶來迫在眉睫的危險，因而接受了宗教審判。到了十六世紀，人民運動改變了形式，成為農民戰爭。司各特（Walter Scott）述說的美麗傳統，讓我們看到巫術在蘇格蘭是全國抵抗運動的輔助。一隊中了魔法的軍隊在寬闊的洞穴裡等待戰爭號角響起。蘇格蘭低地的一位馬販賣了一匹黑馬給山區的一個老人。「我會付錢給你，」他說，「可是請在午夜前來盧根漢找我（艾登山脈的一處峰頂）。」事實上，他以非常古老的錢幣支付，接著告訴馬販：「到我家來。」當馬販看到放眼所及是一大群靜止不動的馬匹，每匹馬旁蹲伏著靜止不動的戰士，隊伍綿延無邊，他大驚失色。老人低聲對他說：「他們會在雪利弗謬爾（Sheriffmoor）戰役醒來。」洞穴裡掛著一支劍和號角。「用這支號角可以破除所有魔咒。」老人說。於是他慌張不安的馬販抓起號角，吹出聲音……馬匹瞬間開始嘶鳴、跺腳，搖動馬具。戰士們站起，響起刀和盔甲的撞擊聲。馬販嚇得要命，號角從他手裡落下……一切消失不見……有如巨人發出的可怕聲音，喊道：「在號角響起前沒抽出劍的懦夫，願不幸降臨你們身上。」——全國性的偉大見解，更不乏多次的親身實踐，對這些在準備就緒前總是大聲喧嚷，讓敵人有所防範的野蠻部族，這是很好的意見。可鄙的馬販被一陣龍捲風刮出洞穴，不管日後再怎麼嘗試，他再也找不到洞穴的入口。

【註釋6】——巫魔會的最後一幕

當人類從兩千年的神奇夢境完全醒來，可以冷靜地評斷中世紀的基督教社會，他們注意到兩件史無前例的事實：第一，出軌是當時的習俗，普遍常見、受到認可和尊重，在所有貴族文學、中產階級文學的不朽作品，在所有詩歌和寓言詩裡受到歌頌、讚美。第二，亂倫是農奴的普遍狀態，在巫魔會完全地顯現，那樣的聚會是他們唯一的自由時刻，能夠真實表露自我的真實人生。

我懷疑亂倫是否如德拉克所言，在巫魔會正式、公開地進行。不過我不懷疑亂倫的存在。

特別是基於節約的亂倫，那是農奴悲慘狀態帶來的後果。——工作效益不高的女人被視為吃閒飯的人。一個家庭有一位女人即足夠。生出女兒是讓人痛苦流涕的不幸災厄（參見《法國法起源》）。女兒幾乎不受到照料。倖存下來的應該不多。只有長子會成婚，以基督教信仰掩蓋一妻多夫的實情。他們之間對不生育一事有共識。這正是此一可悲祕密的本質，那麼多的證人證實這個事實，卻不理解它的真意。

在我看來，其中最重要的一位人物是博蓋（Boguet），嚴肅、正直、有責任心的他，想必在遙遠偏僻的汝拉（Jura），在聖克勞德山區（Saint-Claude），找到比其他地區更忠實保存的古老習俗，那裡的農民以因循舊習的韌性，忠誠地承襲昔日舊俗。博蓋也注意兩個重要事實，一是亂倫，甚至是母子之間的亂倫。二是不繁衍子嗣也毫無歡愉可言的肉體享樂，完全不可能生育孩子。

想到不同民族的女人都順從這樣的褻瀆行為，多讓人驚恐。我特別強調：不同民族。巫魔會是盛大的集會（巴斯克地區的一個小鎮就聚集了一萬二千人，參見德拉克著作；在米蘭道爾的一間小屋裡就曾聚集了六千人，參見司比納〔Spina〕著作）。這個重大、可怕的事實顯示教會的道德影響力有多微不足道。他們以為用拉丁文和教士本身也不理解的拜占庭玄學可以讓人民信奉基督教。唉！就在一個人自由自在，可以展露真實本性的時刻，他的作為比異教徒更糟。私利、計算考量和家庭凝聚力比教會所有這些空泛教誨更有效果。以這樣的方向來看，父女的亂倫沒有必要，也罕有聽聞。母子的亂倫尤其受到撒旦的推崇。為什麼？因為在那些野蠻的種族裡，年輕男人的肉慾一旦被喚醒，他會逃離家庭，而他的勞動力對家庭彌足珍貴，他的離家將是一大損失。

家人認為用如此強而有力的羈絆可以將他留在家裡，無論如何能牽絆他很長的一段時間：「就讓母親為了他下地獄。」

但是，她如何能同意這樣的一件事？我們只能說，可以慶幸的是，現今已罕有這樣的案例。這樣的事只發生在極度悲慘不幸的狀況。說來殘酷，卻也是事實：過多的不幸讓人道德敗壞、走向墮落。已經破碎的心靈不再有抵抗的力量，它已經虛弱、軟弱。可憐的人們在幾乎野蠻的生活裡，在一無所有的赤貧狀況下仍然過度寵愛孩子。在貧窮的寡婦或被遺棄的妻子家裡，孩子是家裡的主宰，當孩子長大以後，母親無力對抗他。她在中世紀更是受盡壓迫！女人被三方面的支配壓垮。

教會將她視為最低等的人（她是夏娃，也就是罪惡化身）。她在家裡遭到毒打，在巫魔會自我犧牲，我們已經讀過相關內容。處於底層的她既不屬於撒旦，也不屬於耶穌基督。她什麼也不是，她不擁有任何東西。她早該在童年時就死去。不過創造出如此不幸的女人時得萬分留意，因為在接連不斷的痛苦折磨下，那些非痛苦的部分，比如溫柔和體貼會轉為狂暴。這即是中世紀的恐怖之處。在教會的樣貌下，它從底層翻攪起應該留在那裡的不可置信事物。它在靈魂底下的泥漿裡又撈又挖。

儘管如此，受苦的可憐女人會樂於阻止這一切。她和出身高貴的夫人截然不同，她只會出於服從而犯下罪行。她的丈夫希望如此，撒旦希望如此。她覺得害怕，為此哭泣，但是沒人顧慮她的遲疑。然而，就算她受到強迫，同樣造成道德觀念的敗壞和心智的墮落。這是人間地獄。她深受驚嚇，因為懊悔和熱情而陷入半瘋半癲。如果兒子成功逼迫了母親，他把父親看作敵人。家裡瀰漫弒父的氣氛。如此不道德、分裂的家庭戴著沉重的鉛面具，憂鬱、沉默地前進，而手持權杖的愚蠢當權者視而不見，自以為至高無上，想像這樣的社會是什麼樣子，足以讓人不寒而慄。怎樣的虔誠羊群啊！怎樣愚蠢的牧羊人啊！眼前就有一隻不幸、痛苦、罪惡的怪物。前所未見也不曾再出現的驚人奇景。不過他們只是讀書、學習，重複空洞的詞語。字詞！字詞！這就是他們的歷史。他們的意義就是舌頭，不斷說出字句，僅此而已。一個名字會永遠跟隨他們：說教者。

【註釋7】——巫術文學

它約在一四〇〇年開始。作者分為兩類和兩個時期。一是十五世紀的教士宗教法官。二是亨利四世和路易十三世時期的世俗法官。

獻給宗教法官尼塔爾（Nitard）的龐大里昂選集重現許多修士文章。我一一比較每一篇，有時也和古代的版本做比較。它們實際上毫無內容可言。不斷重複的內容令人厭倦。最早的一位作者（約為一四四〇年）是無人出其右的傻子、一個日耳曼笨蛋——多明我會修士奈德（Nider）。他的《蟻丘》（*Formicarius*）一書，每個章節以比較螞蟻和異端份子或巫師或死罪的相似處做為開端。簡直近乎愚蠢。他完美地說明貞德得受火刑處死的理由。這本書看來如此迷人，大部分同主題的作品皆抄襲它，特別是斯普蘭格（Sprenger），我曾特別強調他作品的優點。但是內容毫無新意，蠢話多容易耗盡啊！「Fe-mina 字源為 fe 和 minus，因為女人的信仰比男人薄弱。」兩句之後：「她確實輕率和輕信一切，總是傾向相信任何事。」所羅門王言之有理，他說：「美麗而無見識的女人就像把金環掛在豬鼻上。她的舌頭像油一樣柔滑，但是舌頭下方像苦艾一樣苦。」而且，有什麼可驚訝的？她不是用一根彎曲的肋骨造的嗎？也就是一根扭曲刺向男人自己的肋骨嗎？

斯普蘭格的《女巫之錘》（*Marteau*）是代表性作品，隨後是其他的指南手冊《鞭打》（*Fouets*）、《棒打》（*Fustigations*）；再來有司比納、賈克耶（Jacquier）、卡斯特羅（Castro）、格瑞蘭迪厄斯等人的著作。格瑞蘭迪厄斯這位佛羅倫斯人、阿雷佐（Arezzo）的宗教法官，記述了和春藥相關的幾則有趣故事。從他的紀錄可以清楚看到，除了實際進行的巫魔會，還有想像的巫魔會，許多驚恐的人以為自己曾經前往，特別是夜裡在田野裡遊蕩的夢遊女人。一個年輕男人在天色甫亮時沿著小溪穿越田野，聽見一個十分溫柔但是驚慌、顫抖的聲音在叫喚他。他轉向聲音的來處，看到令人憐憫的景象——只穿著內褲，幾乎全裸的雪白女人身軀。她羞怯、渾身顫抖躲在荊棘叢裡。他認出她，是一位鄰居，她乞求他的幫助。「您在這裡做什麼？」「我在找家裡的驢子。」——他不相信她的話，她突然嚎啕大哭。可能在夢遊中溜下床的可憐女人開始認罪。魔鬼帶她去參加巫魔會，送她回家的途中，他聽見教堂鐘聲，於是拋下她。她以送他一頂帽子、一雙靴子和三塊乳酪為條件，請他嚴守祕密。可惜愚蠢的男人守不住祕密，誇大所見的一切。她被逮捕。當時不在當地的格瑞蘭迪厄斯無法主持她的審判，總之她仍舊被火刑處死。他得意地表示（就像對肉塊品頭論足的屠夫）：「她很漂亮，相當的豐滿。」（pulchra et satis pinguis）。

一位又一位教士投入相關寫作，雪球越滾越巨大。到了一六〇〇年左右，這些編撰者的作品也被他人收錄，加上後期其他作者的一些文章，成為西班牙人德里歐（Del Rio）的鉅作《巫術審判》（*Disquisitiones magicae*）。在〈洛格羅諾火刑判決〉（Auto-da-féde Logroño）一文（後由德拉克重新印行）裡，他詳細描述一場巫魔會，內容相當稀奇古怪，卻是史上最愚蠢的文章之一。宴會的第一道餐是孩童的碎肉，第二道菜是從墓裡挖出的巫師屍體。認得每位賓客的撒旦送他們離場，手裡的火把是還未受洗就死亡的孩子屍體手臂。諸如此類的內容。

這些還不夠荒謬愚蠢嗎？還不夠。獎座和冠冕要頒給多明我會教士米歇利斯（一六一〇年的格弗里迪神父案）。他描述的巫魔會最讓人難以相信其真實性。首先以「號角聲」召集眾人（被逮住的絕佳方式）。「每天」都舉行巫魔會。每天有不同的罪行，也劃分給不同的層級。新手、可憐人從殺死嬰兒入門。高階層的人，那些巫師負責褻瀆、挑戰、侮辱上帝。他們用不著施咒語或法術，有僕役和女僕代勞，這一群人是介於貴族巫師和農民巫師之間的中間階層。

根據同一時期的其他敘述，撒旦參考大學的做法，讓嚮往成為巫師的人接受嚴格測驗，以檢驗他們的能力，將他們記入簿冊，授與文憑和證書。他有時要求為時漫長的入門啟蒙，幾乎像修道院的見習期。或是按照手工業者行會的規定，推行學徒制，並要求交出結業的傑作。

【註釋8】——女巫的衰落等

值得注意的一件事是，撒旦的敵人，也就是教會，非但沒有擊敗他，還接連兩次讓他贏得勝利。十三世紀殲滅阿比爾派（Albigeois）教徒以後，教會獲勝了嗎？正好相反。撒旦在十四世紀大行其道。在聖巴爾多祿茂日（Saint-Barthélemy）的大屠殺以後，在三十年戰爭的殺戮期間，教會獲勝了嗎？正好相反。撒旦在路易十三統治時期大行其道。

我這本書的主題並非述說巫術的歷史，而是對女巫生活方式的簡單、有力歸納，在我之前的學者前輩始終過度闡述、著墨在細節，以致模糊女巫生活的真正樣貌。本書的優點在於，我並非從「魔鬼」，這個空洞的概念出發，而是從活生生的實體，有呼吸、有體溫、有建樹的女巫開始。教會只有魔鬼。它碰觸不到撒旦，而這是女巫的夢。

我試著概述她在一千年之間的事蹟、不同時期和年表。我描述了三件事，第一，她如何因為過度的不幸而成為女巫；有精靈協助的普通農奴妻子如何因為絕望的加劇，讓這個精靈逐漸演變，她被他糾纏、附身，變得兇暴，她不斷重新創造他，和他同化，最後和撒旦成為一體。第二，女巫如何躍居支配地位，接著又走上自我毀滅之路。充滿傲氣，因為仇恨而憤怒的女巫在大受歡迎後變得墮落、惡毒，她治癒疾病也帶來破壞，她越來越忙碌，什麼事都管，成為愛情和墮胎的代理人。第三，她從舞台消失，卻仍在鄉野流連。從著名的一些審判可以發現留存下來的不再是女巫，而是受蠱惑者（艾克斯、盧丹、盧維爾斯、卡帝耶案件等等）。

在我書寫《法國史》時，嘗試以分幕方式重建巫魔會過程，這個年表在我腦海裡尚未底定。我弄錯了第五幕。最初真正的女巫是孤獨的人，是魔鬼的修女，她沒有愛情或家人。即使是衰落期的女巫也不喜歡男人。她們接受不會懷孕的放蕩行為，在身上留下痕跡（據德拉克的說法），但是她們的個人愛好和修女、女囚犯沒有兩樣。她引誘懦弱、輕信的女人來參加祕密的小餐會（見維爾〔Wyer〕著作，第二十七章）。這些女人的丈夫大感嫉妒，闖入祕密聚會，毒打女巫，並且施加她們最畏懼的處罰，也就是懷上孩子。——女巫幾乎只在暴力凌辱下，非自願地懷上身孕。如果她生了兒子，根據魔鬼崇拜的要點，他會成為她的丈夫。因此這樣駭人聽聞的家庭和世代相承的巫師、女巫都狡猾、惡毒，甚至可以毒打或告發母親。在博蓋的書裡曾經描述這類的可怕場景。

較不為人知，卻也同樣可恥卑鄙的事，是顯貴人士雇用這些邪惡的家族來犯罪，由於害怕被送交到教士之手，這些巫師、女巫甘受支配，顯貴們藉此賺取大筆金錢（參見斯普蘭格著作）。

至於巫術的沒落和最後遭受的迫害，我建議讀者參考索丹（Soldan）和懷特的出色作品。至於巫術和動物磁氣、招魂術、靈動桌的關連，在一本饒有趣味的作品，費吉耶（Figuier）的《神奇事件歷史》（*Histoire du mereilleux*）裡可以找到豐富的細節。

【註釋9】

我提到土倫兩次。帶給我這麼多快樂的這個地方，我永遠也說得不夠。在陽光普照的土地完成如此陰暗的故事對我而言意義重大。從我們的作品裡可感受到寫作地點的影響。大自然和我們一起工作。我必須感激如此神祕的同伴，對我的守護神致謝。

我棲身的小屋座落在拉馬格（Lamalgue）堡的山腳，在坡度相當陡峭的岩石荒地上，相當適合沉思。興建這間幽靜住所的醫生，在此完成一本獨特的作品《臨終和死亡》（*L'Agonie et la Mort*）。他最近才在屋子裡辭世。熱情激昂的他過去每天從土倫來此傾吐紛雜的思緒。這些思緒在這裡銘刻下來。圍牆裡相當寬闊的土地種有葡萄和橄欖樹，為了達到雙重的隔絕，他建造了一個相當狹小的內花園，以非洲風格的牆圍起，內有一個小水池。裡頭仍有他喜愛的異國植物和他從阿爾及利亞頹圮墳墓搶救來的白色大理石，上頭刻滿阿拉伯文。三十年的柏樹頂天而立，蘆薈和仙人掌長得巨大驚人。這一切顯得相當孤寂，毫無奢侈感，但是極富魅力。冬天時節，野薔薇到處綻放，到處可見百里香，各種植物芳香直撲鼻頭。眾所皆知，土倫港的錨地是世界奇景之一。有更廣闊的港口，但是沒有一處比它更美麗，經過如此精心的設計。八公里寬的港灣通向大海，兩個半島像彎曲的蟹腳將它環抱。內部景觀多變，有海角、岩礁、險峻崖角、荒野、葡萄樹、松樹林。顯現出特別的魅力、高貴和樸實無華。

我無法望見錨地底部，但是看得到兩支巨大手臂：右邊的塔馬里（Tamaris）（從今以後不朽），左邊是吉安斯（Giens）和黃金島的神奇地平線，那裡是偉大的拉伯雷（Rabelais）會選擇的離世地點。

在後方，在高聳的光禿山脈下方，港口的熱鬧喧囂、藍色海面、來來往往的船隻，造就驚人的對比。飄揚的旗幟，抖動的三角旗，快艇載送軍官和海軍將領往返，一切生機蓬勃，令人感興趣。每天中午前往城裡的路上，我會爬到城堡的最高處，從那裡可見到遼闊的全景，延伸到耶爾（Hyères）的山脈、大海、港口，從那裡所見的小鎮迷人極了。任何首次看見此景的人會高喊：「土倫真是漂亮的女人！」

我在那裡得到多親切的接待！我在那裡找到多麼熱心的朋友！公共機構、三座圖書館、科學課程是急匆匆的觀光客、準備上船的旅客想像不到的豐富資源。對定居在此已有很長一段時間，成為真正土倫人的我來說，比較今昔土倫是我持續的興趣。和別的地方相比，我在土倫更能清楚感覺城市隨著時代的美好演進。城裡的博學圖書館員提供的卡帝耶案件資料只更增添它的鮮明色彩。

每一天，一棟建築物特別吸引我的目光，這棟海軍醫院前身是柯爾貝爾（Colbert）創立的隨軍神父神學院，由耶穌會負責指導，隨著法國海軍的沒落，以如此可憎的方式吸引民眾的注意。

保存如此呈現兩個時代對比的建築物是好事。那個時代是無聊、空洞和卑鄙的虛偽。這個時代有真誠的光明，工作的熱切，有研究和科學，這裡的科學是仁慈的科學，完全轉向紓緩痛苦，為人類生活提供安慰！

現在走進去，我們會發現屋子已稍微變動過。如果敵人宣稱這樣的進展是魔鬼的做為，他們必須承認魔鬼已經改變了方法。

他現今的魔法，是二樓館藏豐富的美麗醫學圖書館，年輕的外科醫生們犧牲娛樂攢下金錢，不斷為它增添藏書。舞會、情人都少了。有更多的科學和兄弟愛。

往日的破壞者，今天是創造者，魔鬼在化學實驗室裡辛勤工作，準備可能治癒可憐水手病痛的處方。如果動刀成為必要，女巫尋求的無感覺，也促使她們第一次研發麻醉藥，這樣的神奇效果由傑克遜（Charles Jackson）發現的魔法（一八四七年）達成。

那些時代懷抱夢想。這個時代實踐。它的魔鬼是普羅米修斯。在巨大的撒旦兵工廠裡，我指的是這家醫院設備齊備的物理學室，我看到中世紀的夢想和渴望，那些往昔最異想天開的狂想成真。——為了穿越空間，他們說：「我需要力量……」現在有蒸汽，它時而是翅膀，時而是泰坦巨人的手臂，——「我想要閃電……」現在你手中握有順從、可操控的閃電。它被置入瓶子裡，可增強，可減弱，可發出火花，需要它就能送過去。——我們確實不再騎掃帚飛天，魔鬼蒙戈費埃（Montgolfier）發明了熱氣球。——最後，崇高的心願，想遠距離交流的終極渴望，連結這一端和另一端的想法和心意，這個奇蹟達成了。不只如此，整個世界由廣大的電力網絡連結起來。人類第一次每一分鐘都完全意識到自己的存在，心靈達成相通！……確實是神聖的魔法！……如果是撒旦做的，我們得向他表達敬意，承認他畢竟是上帝的一個面向。

【內容簡介】

被污名化的女巫 史詩般壯麗淒美

本書為法國浪漫主義歷史學家、哲學家及詩人朱爾．米榭勒（Jules Michelet, 1798-1874）著作第一本中文譯本。

米榭勒曾投入三十六年心血寫就鉅作《法國史》（*Histoire de France*）共六卷，奠定其史學大師地位，其他重要著作有《法國革命史》（*Histoire de la Révolution française*）、《人民》（*Le Peuple*）等，著作等身。其史學研究不僅著眼於人類的歷史，更包含人與自然，乃至超自然的世界，寫作核心充滿人道關懷與人文省思。威爾森（Edmund Wilson）在《前往芬蘭車站》（*To the Finland Station*）中，將米榭勒視為第一位社會主義的歷史學家。

《女巫》成書於一八六二年，是米榭勒在撰寫《法國史》漫長歷程中的犀利發現。在他飽覽中世紀、文藝復興時代到偉大世紀（指法國十七世紀）的歷史更迭中「所接觸過的所有駭人的巫術相關文獻」，並首次於其中看出悲劇的殘酷後續：女巫，一個本該在文藝復興初期消聲匿跡的角色，既受敬重又遭迫害，她不是單一的個體，而是一種女性類型。米榭勒強調，他是以史學家而非小說家的角色，講述「同一位女人的三百年生命」。

《女巫》全書以一位女巫為精神代表，貫穿歷代，虛構想像與真實史料併陳，筆法完全不落歷史書寫的窠臼。米榭勒從中世紀教會大獲全勝的「諸神之死」談起，重溫盧維爾（Louviers）、盧丹（Loudun）、艾克斯普羅旺斯（Aix-en-Provence）的集體著魔事件，以及對惡魔附身、獵巫行動和巫術的審判，探討「女巫」此一社會角色的歷史演變與消亡，具體呈現波特萊爾譴責撒旦時的悲劇性期望，一位從人類起義行動和侵略性夢想脫胎誕生的撒旦」，根據《女巫》的結語，她「極可能是上帝的某一個面向」。

「我對古代女巫從想像、憐憫、滿懷柔情到平反……書寫主題歸屬於人類，歸屬於女人。」《女巫》一書的微妙辨證有時讓人暈眩，一種著魔似的昏眩感。不過它也驅魔，任何願意聆聽的人都聽見米榭勒的宣告，他說這個淒慘人物的本身比她的苦難更值得探討。米榭勒透過再現史實，令真相得以「復活」。

【作者簡介】

朱爾・米榭勒（Jules Michelet）

法國十九世紀著名歷史學家。一七九八年八月二十一日生於巴黎，一八七四年二月九日卒於耶爾。他主張「完整地復活過去」，其寫作歷史的目的，在以重建過去來顯示公義，並期待以此改造社會，被視為年鑒派史學的鼻祖。

米榭勒關懷的層面十分廣泛，無論政治、法律、宗教、商業、語言、藝術、民俗、傳說等均在他涉獵之內，以其著作的目的就是從過去的歷史中重現法蘭西精神，被學術界稱為「法國最早和最偉大的民族主義和浪漫主義歷史學家」。

米榭勒著作等身，包括《法國簡史》、《羅馬共和國史》、《法國史》、《法國革命史》、《鳥》、《蟲》、《山》、《海》、《人民》、《愛情》、《婦女》與《女巫》，米榭勒慣以文學風格的語言撰寫歷史著作，令人讀來興趣盎然，更以歷史學家的淵博來寫作散文，情理交融，曲盡其妙。

國家圖書館出版品預行編目 (CIP) 資料

女巫／朱爾．米榭勒（Jules Michelet）著；張穎綺譯．
-- 二版．-- 新北市：立緒文化，民 105.04
面；　公分．--（新世紀叢書）
譯自 :La Sorcière
ISBN 978-986-360-055-8（平裝）

1. 巫術 2. 中古史

295.2　　　　10500006

女巫（第二版）

La Sorcière

出版——立緒文化事業有限公司（於中華民國 84 年元月由郝碧蓮、鍾惠民創辦）
作者——朱爾．米榭勒（Jules Michelet）
譯者——張穎綺
校訂——梁永安、鄧伯宸

發行人——郝碧蓮
顧問——鍾惠民

地址——新北市新店區中央六街 62 號 1 樓
電話—— (02) 2219-2173
傳真—— (02) 2219-4998
E-mail Address —— service@ncp.com.tw
劃撥帳號—— 1839142-0 號 立緒文化事業有限公司帳戶
行政院新聞局局版臺業字第 6426 號

總經銷——大和書報圖書股份有限公司
電話—— (02) 8990-2588
傳真—— (02) 2290-1658
地址——新北市新莊區五工五路 2 號
排版——菩薩蠻數位文化有限公司
印刷——祥新印刷股份有限公司

法律顧問——敦旭法律事務所吳展旭律師

分類號碼——295.2
ISBN——978-986-360-055-8
出版日期——中華民國 101 年 12 月～102 年 3 月初版　一～二刷（1～3,500）
中華民國 105 年4 月～107 年 2 月二版　一～三刷（1～2,200）
中華民國 110 年 3 月二版　四刷（2,201～2,700）

本書獲法國在台協會《胡品清出版補助計畫》支持出版
Cet ouvrage, publié dans le cadre du Programme d'Aide à la Publication《Hu Pinching》 bénéficie du soutien du Bureau Français de Taipei.

定價◎ 390 元